땅에서 본 세상 하늘에서 본 세상

김항욱 지음

하움

목차

PART 1

땅에서 본 세상 하늘에서 본 세상

지인의 소개로 입문한 하늘의 세계는 삼차원의 세상에서 벗어나 또 다른 세상을 보는 눈을 뜨는 경험을 하게 하였다. 백 마력의 조그만 엔진을 장착한 세스나 150 경비행기는 조그만 동체를 가지고 있지만, 예상외로 많은 기능을 가지고 필자에게 또 다른 눈으로 세상을 보는 특별한 순간을 갖게 하였고, 이 기회를 얻도록 도와준 아내에게 감사한다.

노숙자 사역을 하는 목사가 무슨 돈으로 비행을 하였는지는 천천히 설명하겠지만 내 주머니에서 돈이 나갈 때마다 나는 이 돈을 어떻게 회수할지 곰곰이 생각해야만 했다. 그 비용이 적지 않았기 때문이다. 그러다 보니 교관이 되어 적은 수입이라도 있어야 할 것 같아 그 길을 달려 보았지만, 여건이 허락되지 않아 중간에 단념하게 되었다. 그럼에도 불구하고 여기서 얻은 많은 경험과 깨달음이 있었고, 그 생각을 여러분과 나누고자 한다. 하지만 그것보다 더 필자가 소개하고자 하는 것은 하늘 그 이상의 세계를 보는 것이다.

이처럼 우리는 인생에 주어진 많은 기회와 계기를 통하여 세상을 바라보는 다른 눈을 갖게 되는데, 필자가 찾아낸 또 다른 눈은 세상이 취급하기 꺼리는 곳에 숨겨진 보물을 본 것이다. 이것 역시 하늘에서 본 것처럼 특별하고 귀한 것이기 때문에 그것을 끄집어내어 모두에게 보여주고 싶은 것이다. 이것을 보기 위해서는 우선 세상이 거부하는 것이 무엇인지 보아야 할 것이다.

필자가 거주하는 뉴저지 패터슨은 범죄와 마약에 찌들어 삶을 포기한 채 죽어가는 사람이 다수 거주하는 곳이다. 매일 아침 따뜻한 커피를 마시기 위해 찾아오는 이들에게 어떻게 하면 이들의 삶에 동기를 줄 수 있을까 고민한 지 벌써 26년이 지났다. 그동안 여러 가지 방법으로 이들에게 삶의 의미를 부여하려고 노력하였고, 이 노력은 오랜 시간이 지났지만 여전히 큰 성과를 내지 못하고 같은 목적으로 매일 아침에 이들을 맞이하고 있다. 패터슨은 필자가 거주하던 북부 뉴저지 한인 타운에서 약 30분 거리지만 이곳의 삶의 수준과 형편은 너무나 이색적이라 도무지 미국이라고 생각할 수 없을 정도이다. 패터슨은 미국의 건립자 중 한 사람이자 첫 재무장관을 지낸 Alexander Hamilton(1755/57~1804)이 새로운 땅의 산업 발전을 위해 패터슨 폭포로 에너지를 만들어 공업 지대로 선정한 도시다. 도시 이름은 동시대에 함께 헌법 제정자인 William Paterson(1745~1806)의 이름을 딴 곳이다.

한때 산업 도시였고, 특히 실크 산업과 기차 Cort 총기 공장 등으로 20세기에 들어올 때까지 활발한 산업 도시였다. 세계 2차대전 이후 실크 산업이 막을 내리고, 공장들이 하나둘씩 문을 닫거나 외곽 지역으로 떠나며 도시는 점점 폐건물로 낙후되어 가고 있었다.

하지만 필자가 이곳을 처음 찾아왔던 1996년 도시는 조금씩 활력을 찾고 있었고, 지금은 많은 남미 이민자들의 보금자리가 되어 나름대로 활력을 갖게 된 것이다. 그럼에도 불구하고 패터슨은 예나 지금이나 북부 뉴저지에 마약 유통 경로이고 주변 도시에서 마약을 구입하기 위해 찾는 곳이다. 그렇게 처음에는 호기심이나 오락용으로 사용하다가 약에 중독되어 몸과 마음이 망가진 사람들이 패터슨으로 흘러 들어와 모든 창의적인 방법을 동원해서 하루하루 마약을 위해 모든 것을 다 버리게 되는 것이다.

그중에 사람을 제일 망가지게 하는 것이 바로 오피오이드를 사용한 마약이고, 그 외에 코카인, K2 등 여러 가지 환각제가 수많은 사람들에게 팔려나간다. 호기심으로 친구들과 장난삼아 시험하다가 중독된 사람이 있는가 하면, 의사에게 처방받은 진통제를 사용하다가 더 센 약을 찾다가 거리에서 구입한 마약에 중독된 사람이 상당수이다. 마약 중독에 대하여 더 알기 원해서 석사 학위를 받았지만 아무리 공부해 봐도 그 환각 상태까지 이해할 수 없으니 약을 한번 복용해 보고 싶은 호기심이 생겼지만 그럴 수는 없었다. 왜냐면 한번 시작으로 다시 사용하지 않으리라는 보장도 없고, 그동안 중독으로 사망한 사람을 너무 많이 보았기 때문이다.

필자는 처음부터 마약과 술 중독, 그리고 전과자들에 대한 관심이 있었던 것은 아니다. 애초에 나의 관심은 한 아기에게 있었다. 크리스마스를 좀 더 의미 있게 하려고 필자가 지도하던 중고등부 학생들과 가난한 아이들에게 선물을 전달하러 방문한 집에서 전혀 기대하지 않은 만남이 있었고, 이 만남은 내 삶의 전환점이 되어 오늘에 이르게 한 것이다.

그 아이는 갓난아이였고 피부색은 검은색이었다. 아이의 부모 중 한 분인지 두 분인지 기억은 없지만 형무소에 수감되어 있었고, 아마도 아기를 안고 계신 분은 할아버지였던 것으로 기억하고 있다. 기저귀가 오줌으로 부풀어서 금방이라도 터질 것 같아 보였고 아기의 자지러지는 울음으로 내 귀가 몹시 부담된 기억이 있다.

그때는 냉큼 선물을 건네고 집을 빠져나가는 것이 목적이었지만, 그날 이후 수도 없는 '멍때리는 순간'을 갖게 되는데 신을 믿는 나에게 이 아기의 목격은 나에게 참 어려운 질문을 하게 했다.

왜, 아기에게 무슨 잘못이 있어서 부모의 사랑이 가장 필요한 이 순간에 기저귀 하나 제대로 갈아줄 사람이 이 아기에게는 없는 것일까? 참으로 불공평한 아기의 처지가 신이 존재한다고 믿는 나에게 이해하기 어려웠다. 때마침 둘째 아기를 선물 받았던 나는 오 년 전에 첫째가 태어났을 때 못 하였던 기저귀 가는 일을 배우고 있었고, 그제야 내가 아버지라는 것을 깨닫고 있던 차였다.

비록 나는 부족한 남편이고 아빠였지만 그래도 모든 아기에게 부모가 있어야 한다고 생각한 나에게, 이 검은 피부의 아기는 신의 존재와 인간의 운명이라는 많은 복잡한 생각으로 내 속으로 밀고 들어온 것이다. 그리고 이 질문은 신학교에서 배우지 못한 과정인지라 스스로 문제의 답을 찾아보겠다고 흑인들이 다수 거주하는 뉴저지 패터슨으로 찾아가게 되었다.

필자가 거주하던 곳은 뉴저지 북부 버겐카운티였다. 그리고 버겐카운티에서 또 북부 해링턴 파크다. 그때는 잘 몰랐지만 그 동네가 그렇게 안전하고 점잖은 동네라는 것은 패터슨을 방문한 후에야 알게 되었다. 더 나아가 미국 내에 패터슨 같은 동네가 존재하는 것을 알지도 못했고 상상도 할 수 없었다.

필자가 신학교 재학 중 카자흐스탄, 케냐, 브라질 등을 방문하였지만 필자가 처음 뉴저지 패터슨을 찾아갔을 때는 그야말로 제삼세계보다 더 험하고 열악한 환경이었다고 생각된다. 특히 언제 지었는지 너무 오래된 학교 건물에 얼마나 많은 도둑님이 출입하셨는지, 창마다 다 쇠창살로 막혀있고 거리에 굴러다니는 쓰레기와 빈 병들이 그나마 자연에 둘러싸인 브라질과 케냐보다 더 열악한 환경으로 비추어진 것이다.

그때 찍은 사진 중에 지금도 컴퓨터에 저장되어 있는 사진이 있다. 20대 초반의 젊은 여자가 마약에 취해 거리에 쓰러져 있던 모습인데, 문 앞 계단에 앉아 약에 취해 정신을 잃고 쓰러진 것이다. 거리는 쓰레기로 덮여있고 건물은 폐허로 방치되고, 사람은 여기저기 마약으로 쓰러져 있던 모습이 26년 전 패터슨 모습이지만, 그 상황은 여전히 미국 대도시 한구석에 가난한 사람들이 모여 사는 곳의 현재 상황인 것이다.

그럼에도 불구하고 나의 질문에 답을 찾고자 섬기던 교회를 사임하고 패터슨 거리에서 마약을 구하기 위해 떠도는 사람들처럼 필자도 떠돌이 방랑살이가 시작되었다. 물론 이 원정은 오직 아내의 허락으로 가능하게 된 것임을 인정하지 않을 수 없다. 그 당시 장모님과 아내가 식당을 운영하였고 비록 소규모 식당이었지만 필자에게 거리로 뛰쳐나갈 수 있는 자유를 아내가 허락한 것이다.

지금 생각해도 잘 이해가 안 되는 것은 검은색 피부의 아기에서 시작된 이 여정이 왜 고장 난 어른들의 삶에 엮이게 된 것인가다.

물론 완전히 상관관계가 없는 것은 아니지만, 그래도 이 질문에 대한 확실한 답을 찾지 못하였고 여전히 의문점으로 남아있다. 때가 되면 이해가 될까? 물론 지금도 희미하게나마 이해하게 되었지만 아마도 앞으로 몇 년의 시간이 지나면 좀 더 선명해지리라 믿는다.

　아무튼 길거리에서 만나는 사람들에게 빈손으로 찾아가 대화하기보다, 간단한 커피와 도넛이라도 준비하면 사람들에게 좀 더 쉽게 접근하리라 생각하고 일주에 몇 번씩 이들에게 커피와 도넛을 사다 나르기 시작하였다. 그때 만난 노숙자 중 필자와 비슷한 나이로 약 30대 후반인 백인 남성은 마약과 관련된 범죄로 형량을 채우고 최근 석방된 사람이었다. 너무 멀쩡하고 예의가 바른 사람인지라 하루의 대부분을 이분과 동행하며 서로에 대하여 알게 되었고, 또 필자가 하고자 하는 일에 도움을 주고자 노력하는 것을 느끼게 되어 많은 시간을 함께 보냈다.

　이 친구는 지나온 과거를 후회하며 더 이상 마약에 손을 대지 않고 똑바로 살아보려고 노력하였다. 그 이유 중 하나가 이 친구에게 사춘기 딸이 있는데, 이 딸에게 제대로 된 아빠가 되고 싶었다. 하지만 수감된 동안 아내는 이미 재혼을 하였고 친구의 딸은 재소자 아버지보다 새 아빠를 선택하였던 것이다. 친구는 아내를 탓하지 않았고 자신의 잘못을 인정하고 새로운 삶을 살아가려고 노력하였지만, 딸의 외면은 견딜 수 없이 힘들었던 것이다.

　나는 이 친구에게 새로운 삶의 방향을 제시하며 인생을 다시 출발하도록 도우려 하였지만, 그 노력도 얼마 가지 못하고 끝나고 말았다. 이 친구와 함께 숙소에서 지내던 분을 통해 이 친구가 더 이상 이 세상 사람이 아닌 것을 알게 되었다. 이것이 패터슨에서 체험한 첫 번째 사망이다. 함께 숙소에 머물던 분이 알려준 소식은 이 친구가 며칠 전 아침에 마약 과복용으로 정신을 잃었지만, 응급 심폐소생술로 다시 숨을 쉬게 하여 모두 회복된 것으로 보았다고 한다. 그때까지는 단순한 마약 과복용으로 생각하였지만 저녁에 다시 과복용을 일부러 시도하여 숨을 거두었는데, 그제야 시설 관계자들이 처음부터 자살을 마음먹었고 결국 친구의 계획대로 이루었다는 소식이었다.

참담하고 가슴 아픈 소식을 접한 후 이 일을 중단해야 하나 깊은 고민에 빠졌다. 너무나 큰 문제에 부딪힌 나는 더 이상 앞으로 나갈 길이 보이지 않았다. 그때 2박 3일 금식하며 기도해 보았지만 진퇴양난에 빠져 앞으로 갈 수도 없고 다시 떠나온 교회로 돌아갈 형편도 못 되었다. 이때 내가 이 일을 포기하였다면 모두 기대하던 바대로 되었기 때문이다.

필자가 이 일을 하기 전에 교육 목사로 섬기던 교회의 목사님이 나에게 솔직히 말씀하시기를, 내가 이 길에서 이렇게 사역을 계속하게 될 줄을 몰랐다고 하셨다. 당시 내가 갈 길이 보이지 않을 때 나는 하나님이 무슨 사인을 주셔서 내가 가는 이 길이 잘못된 길이라고 알려주시기를 바랐다. 하지만 아무런 사인도 없었고 나는 내 자존심 때문이라도 이 길을 계속 가야만 했다.

할 수 없이 나는 자리를 털고 일어나 죽이 되든 밥이 되든 앞으로 전진하였고, 그냥 안개에 싸인 숲에서 손으로 더듬으며 길을 찾는 사람처럼 계속 길을 찾아 헤맸다.

그 후로 한 가지 연결점을 찾게 되는데, 피부색 검은 아기와 나이 먹은 백인 친구가 서로 다른 입장이지만 같은 운명의 숙제를 가지고 있다는 것이다. 그때부터 아기들을 위한 기관은 이미 정부에서 운영하는 많은 프로그램이 있으니 일단 죽음의 문 앞에 서서 운명과 내기하는 노숙자, 약물 중독자들에게 친구가 되어보려고 결심한 것이다. 물론 이 결심도 그리 오래가지 못하였다.

이유인즉, 이들에게 커피와 도넛으로는 부족하여 잠자리와 일자리를 만들어 보려고 내 딴에는 백방으로 이들에게 길을 마련해 주려고 노력하였지만, 나의 모든 노력과 수고가 이들에게는 모두 약을 구하는 수단에 불과한 것이기 때문이다.

그때 나는 비교적 간단한 목공예 기술을 가르쳐 생산성 있는 공장을 만들어 보려고 패터슨 내에 조그만 공장을 렌트하여 비록 무허가지만 이 친구들이 먹고, 자고, 일하는 공간을 마련하였다.

당연히 나무를 자르고 다듬고 색칠하는 장비를 구입하였고, 나무는 길 건너에 있던 목공소에서 구입하거나 가끔은 자르고 남는 나무를 얻어 오기도 했다. 그런데 이상하게 공구가 자꾸 없어지는 것이었다. 엿 바꿔 먹은 게 아니라 약 사는 데 돈이 필요하여 팔아먹은 것이다.

이 친구들이 약을 하는 방법은 비교적 쉽게 알 수 있다. 지금은 인터넷에서 구입한 소변 검사기로 약을 적발할 수 있지만, 그때는 아무것도 몰랐다. 서서히 깨달은 것은 약을 하는 친구들은 화장실을 자주 가고, 또 그 속에서 10분이고 20분 동안 뭔가를 한다는 것이다.

이렇게 이 친구들은 겉으로는 친구라고 하지만 속으로는 계속해서 나를 약을 구하는 통로로 사용한 것이다. 그런데 점점 더 과감하게 물건을 빼내던 친구들이 드디어 필자의 옷까지 손을 대기 시작하였다. 2인 1조가 되어 한 사람은 신호를 주고 다른 한 사람은 내가 벗어 놓은 바지가 있는 사무실로 들어가 내 주머니까지 손을 대었다. 그때는 이들의 행동이 큰 배신으로 느껴졌지만, 그것은 내가 마약의 세계를 아직도 잘 몰랐기 때문이다. 죄는 미워해도 사람은 미워하지 말라는 말처럼 마약의 생리를 알게 되면 그 힘에 복종해야 하는 사람이 불쌍하게 여겨지게 된다. 그때 사무실에 들어가 돈을 가져간 친구는 에릭과 게일인데, 둘 다 이미 사망한 상태이다.

마약 하는 친구들은 대부분 60을 넘기지 못한다. 개중에는 20대에 사망하는 친구도 몇 명 선교회를 거쳐 갔다. 미국 내 마약 문제는 더 이상 도시 문제가 아니다. 필자의 딸이 다니던 학교는 다들 안정된 가정에서 자라난 아이들이지만 여기서도 마약 문제가 종종 발견되는데, 딸아이와 안면이 있는 친구가 죽었다는 소리에 딸이 많이 놀란 기억이 있다. 물론 장례식에 참석한 딸아이도 사망 이유는 몰랐지만 확실한 이유가 없다는 것은 '마약'이 주범인 경우가 대부분이다.

마약으로 숨진 또 한 사람을 소개하자면 선교회에서 구입한 아파트에서 어머니와 함께 거주하던 청년이다. 어머니는 일주일에 5일 일하시며 생활을 책임지셨는데, 칼로는 필자와 비슷한 나이지만 마약 중독자가 되어 특정 직업은 없었고 고철이나 깡통을 주워 팔아 자기 습관을 유지하였다. 그런데 이 친구가 아파트 지하실에 어떻게 들어갔는지 보일러 파이프를 잘라내 조금씩 팔아먹었던 것이다.

나는 이 사건을 칼로의 어머니에게 알리고 아들이 더 이상 지하실에 들어가지 못하게 당부하였다. 그때 이분의 아파트에 들어가 놀란 것은 어머니 방에 자물통을 채워 아들이 들어가지 못하게 준비를 단단히 한 것이다. 아들은 사랑하지만, 아들의 습관을 막아야 했기 때문이다.

이렇게 어머니와 약물 중독된 아들이 함께 살 수는 있지만 이런 상태로 시간이 오래 지나면 어머니의 사랑도 식고 결국은 둘 다 패배자가 될 수 있다. 칼로는 오래 지나지 않아 사망하였는데 그 소식은 뉴스에서 듣기 전에 이미 길거리에 소문이 나 있었다.

이 친구의 사망 경로는 좀 특이하다. 타살이었다. 그것도 패터슨 시청 건너편에 위치한 맥도날드 앞에서 야구 방망이로 머리를 가격당한 살인이었다.

이유는 '돈'이었다. 외상 마약값을 계속 미루다가 무차별 폭력으로 또 하나의 목숨이 떠나간 것이다. 칼로를 떠나보낸 어머니를 위로하고자 그달 렌트는 받지 않았지만, 장례식장으로 향하는 상복을 입은 어머니의 모습이 너무 쓸쓸해 보였다. 무엇보다도 어머니의 시선에서 나는 황량함을 보았는데 어디를 보고 계신지 초점이 없었다. 아무것도 없는 공간에 그분의 시선이 멈춰 있었고 앞으로 이분이 무엇을 보고 살아야 할지 방향이 없었던 것이다. 이분의 결정은 아들을 품고 사는 것이었다. 그리고 이분의 결정에 나는 깊은 경의를 표하는 바이다. 자식을 길거리로 내보내야 하는지, 아니면 한 집에서 죽이 되든 밥이 되든 함께 살아야 하는지 나로서는 정답은 없다. 하지만 일단 중독증을 보인 사람은 부모가 상대할 수준이 아니다. 일단 그곳이 병원이든 길거리든 내보내어 'hitting the bottom(더 이상 떨어질 곳이 없는 상태)'을 겪어 봐야 정신이 든다는 것이다. 탕자의 비유처럼 아들이 자기의 위치를 파악할 때까지 기다리는 것이 부모가 할 수 있는 유일한 방법이다.

목공소에서 발생한 사건 중 더 필자를 낙심시킨 사건이 있었다. 한 달 동안 먹이고 재우고 일을 가르쳐 겨우 만들어낸 몇 가지 작품을 그동안 후원해 주던 교회와 장로님께 선물로 드렸는데, 여기서 며칠 놀고먹던 친구가 그 돈이 자기 것이라고 난리를 피운 것이다. 믿는 도끼에 발등 찍힌다고, 비슷한 나이의 흑인 친구가 그 돈에서 자기 몫을 떼어 주지 않으면 내 발을 부러뜨리겠다고 협박하였다.

물론 원하는 금액을 줘서 보냈지만 우리가 만든 수제품은 아직 판매할 수준도 못 되었고, 이 목적에 공감하는 분들께 감사를 표시하기 위해 제품을 몇 개 전달한 것이 이 친구에게는 판매로 인식 되었던 것이다.

그때 나에게 절망을 준 것은 이 친구에게 돈을 다 빼앗긴 게 아까워서가 아니다. 이 친구는 필자가 패터슨 초창기에 만난 한 친구다. 남보다 더 많은 시간을 함께 보냈고 더군다나 예수께서 하라고 하신 대로 몇은 안 되어도 이 친구의 발을 필자가 씻긴 것이다. 내 딴에는 제자들의 발을 씻기신 예수를 본받아 나도 해보려 하였는데, 내가 적수를 잘못 고른 것이 노숙자 생활 수십 년에 발목에 때가 소나무 껍질처럼 단단하게 붙어있어서 물로 씻기지 않았던 것이다. 이 껍질을 벗기려면 뜨거운 물에 한 30분 담갔다 하든지 아니면 과도로 살살 껍질을 벗기든지 해야 할 것이다. 더 보고 있으면 토할 것 같아 비누로 대충 닦고 세족식을 종료하였다.

이렇게 예수의 마음도 없으면서 세족식을 하였기 때문일까? 나는 이 친구가 이렇게까지 적대감을 가지고 덤벼들 거라고는 전혀 상상하지 못했다. 이 동네는 정녕 친구도 친절도 아무것도 존재하지 않는 것일까? 물론 이 친구는 돈을 가지고 떠나 더 이상 공장에서 일하지 않았지만, 이후에도 계속해서 커피를 마시러 찾아왔고 관계는 더 이상 좋아지지도 나빠지지도 않았다.

계속해서 상심하고 좌절하였지만 검은 피부의 아기가 아직도 나의 발목을 잡는 것인지 미련은 쉽게 떠나지 않았고, 오히려 일은 더 커지고 말았다. 2003년 봄에 우연히 파킹랏에 앉아 있던 중년의 남성이 눈에 띄었고, 나는 다짜고짜 혹시 이 파킹랏이 당신 소유냐고 물어보았다. 그때 파킹랏에 For Sale 사인이 있었는지 없었는지는 생각이 나지 않지만, 파킹랏 주인은 마침 한 집 건너에 화재로 방치된 건물도 소유하고 있었다.

그 자리에서 가격을 흥정하고 가격이 책정되었다. 물론 가지고 있던 돈으로는 어림도 없었다. 그렇지만 주인에게 일단 불탄 건물을 사용하는 조건으로 건물 세금을 내가 지불하겠다고 약속하고, 그때부터 야외 사역을 종료하고 건물 안에 자리를 마련하게 되었다. 그런데 이 건물은 몇 년 동안 화재로 방치된 건물이어서 아무런 시설이 없었고 전기, 수도 등 모두 다 새로 공사가 필요한 상태였다.

이때부터 선교회는 이 자리에서 사역하였고 지금의 주소가 되었다. 그렇게 일 년 정도 렌트로 사용하다가 후원하시는 분과 집사람의 도움으로 이 건물을 구입하였고, 나는 전혀 해보지 않았던 건축가가 되어 콘크리트를 부수는 일로 시작하여 건축에 관한 모든 일을 배우게 되었다. 물론 전문인들의 도움으로 설계 도면을 마련하고 또 면허를 소유한 분들이 도와주셔서 하나미션은 2005년에 주 정부 허가를 소유한 Halfway house로 운영하게 되었다.

Halfway house를 한국어로 번역하면 "반쪽 집"이라고 하는데,

영문 뜻은 노숙자들과 약물 중독자들이 사회로 돌아가기 이전에 함께 생활하며 서로의 이탈을 막고 약물의 위험을 함께 극복하는 공동체를 의미한다. 필자의 의도가 어떠하던 그때부터 반쪽 집을 거쳐 간 사람은 150여 명인데, 충격적인 사실은 이들 중 대부분이 이미 사망하였다는 것이다. 이것이 약물 중독의 현실이지만 대부분의 사람은 이를 모르거나 이런 프로그램을 운영하는 대부분의 기관이 이런 통계를 보이기를 꺼리기 때문이다.

이처럼 약물에 중독된 사람은 대부분 조기 사망하는데, 현재까지 이 문제를 치료하는 방법이 없다. 바로 여기에서 나는 일반 사람이 보지 못하는 하나님의 숨겨 놓은 보물을 발견하게 되는데, 그것은 하나님의 관점으로 사람을 보는 일이고 아침 안개 같은 이생에서 영원한 자유를 보게 된 것이다.

PART 2

사람의 눈으로 보는 관점

|||||||||||||||||||||||||||||||||||||||||||||||||||||||||||||||||||

이렇게 불탄 건물도 구입하고 주 정부에서 허락받은 기관이 탄생하였지만, 산 넘어 산이라고 갈 길은 멀고도 험해서 만일 이 험한 길을 미리 알았다면 나는 애초에 출발을 하지 않았을 것이다.

지금까지 필자가 이 사역을 하면서 가장 큰 어려움은 약물 중독자와 노숙자들에게서 오는 게 아니다. 필자가 느낀 가장 큰 어려움은 하나님은 믿지만 여전히 사람의 관점으로 이 세상을 보는 교회와 교인들이었다. 미리 밝혀두지만 필자는 교회와 교인을 비난하고자 하는 것이 아니다. 다만 필자가 발견한 하나님의 관점을 이 시대의 교회와 성도들에게 보여주고 무엇을 빠뜨리고 가고 있는지 같은 성도로서 알려주고 싶은 것이다.

미국에서 생활한 지도 벌써 40년이 넘었지만, 미국 뉴스만큼 한국 뉴스를 보고 있고 한국교회에서 일어나는 모습에 왜 이런 일이 일어나고 있는지 필자에게 감이 온다. 바로 우리는 사람의 눈으로 세상을 보고 있다는 것이다. 나는 우리가 하나님의 눈으로 세상을 보지 못하는 이유를 우선 우리가 가진 믿음의 정의에서 문제가 있다고 생각한다.

나는 현대의 기독교가 사람의 관점으로 세상을 보는 가장 큰 문제는 바로, '우리의 믿음에 큰 허점이 있기 때문'이라고 생각한다. 우리는 오직 믿음을 강조하면서 그 외의 사생활은 개인의 취향에 따라 신앙생활을 하고 있는 것이다. 필자 역시 믿음은 기독교의 밑바닥이고 신과 인간을 묶는 끈인 것을 교회와 함께하는 바이다. 하지만 필자가 생각하는 믿음은 개신교의 기반을 세운 마틴 루터의 오직 성경, 오직 은혜, 오직 믿음 그 이상이다. 물론 믿음의 신학적 논리는 더 말할 나위 없이 완벽하다. 오직 믿음으로 죄를 용서받고 의인의 상태로 여겨져 구원받는 것은 논쟁의 필요가 없는 부분이다. 하지만 필자가 주목하고 싶은 것은 믿음의 대상은 구원이 아니라는 것이다. 많은 성도가 믿음의 목적은 구원이라고 생각하기 때문에 목적을 완수한 가벼운 마음으로 세상을 살아가게 되는데, 바로 이러한 태도가 하나님의 관점을 상실한 채 여전히 사람의 관점으로 세상을 보고 그 안에서 세상의 물결과 함께 흘러가고 있는 거라고 필자는 생각한다. 물론 믿음으로 의에 이른다는 논리는 모두 알고 있지만 '의'라는 추상적인 형태보다 오히려 '구원'의 개념이 더 뚜렷하다 보니 대부분 성도들이 믿음의 목표로 구원을 내세우는 것이다. 더 좋은 것을 갖고 싶어 하는 사람의 마음을 충족시키는 인간의 본능에 "더 좋은 세상"이 우리 귀에 더 잘 들리는 것이다. 그렇다. 세상에서 실패하고 좌절한 사람들에게 이보다 더 귀에 솔깃한 단어가 또 있을까? 이렇게 소망 없는 땅에서 구원을 받아 화려한 천국에 들어갈 수 있다는 뉴스는 누구라도 반가워할 것이다. 하지만 믿음의 순서와 과정을 바로 안다면 우리는 예수를 따르기 전 좀 더 신중하게 생각하게 될 것이다.

필자가 생각하는 믿음을 정리하자면, 먼저 예수의 말씀 중에 "내가 율법이나 선지자를 폐하러 온 줄로 생각지 말라 폐하러 온 것이 아니요 완전케 하려 함이로다."(마 5:17)를 어떻게 보느냐에서 출발하고자 한다. 아마도 대부분의 목사님과 성도들은 율법을 완성하신 분은 예수 한 분이시고 예수께서 완성한 열차에 우리는 올라타면 되는 것이다.

물론 틀린 말은 아니지만, 나에게 이 믿음은 예수의 율법 완성을 통해 내가 하나님의 의에 이른다는 지식적인 변화 그 이상이다. 나의 믿음은 하나님의 은혜가 우리에게 임하실 때 이 믿음을 통해 예수처럼 자기를 희생하여 율법의 완성을 시도하게 된다는 것이다. 우리는 실패를 두려워하기 때문에 슬럼프에 빠지기도 하고 경기를 포기하기도 한다. 하지만 내가 챔피언이 될 것이라는 사실을 이미 못박아 두고 경기를 시작한다면 우리의 경기는 출발부터 달라질 것이다. 몇 번을 실패해도 아무 두려움 없이 재도전을 하게 될 것이다. 구약의 율법은 하나님의 진노가 두려워 지켜야 했다면 우리는 진노를 벗어나 자유의 몸으로 이 율법을 완성하는 기쁨에 참여하게 된 것이다. 마치 아무리 시험에서 떨어져도 똑같은 상을 여전히 받기 때문에 두려움 없이 우리의 한계를 시험하고 더 높은 곳, 완벽한 율법의 완성을 향하여 매일 노력하는 것이다.

물론 이 완성은 우리 일생에서 완전히 이루어지는 건 아니다. 평생 노력해도 우리에게 완전한 것은 없기 때문이다. 하지만 이 믿음을 소유한 사람은 "의에 주리고 목마른 자."(마 5:6)의 심정을 알게 되는 것이다. 내가 이해하는 '의에 주리고 목마른 자'는 누가복음 2장에 예수를 안은 시므온과 같은 사람이다. 이스라엘의 위로를 기다리다가 예수를 안고서야 하나님의 의를 완성하시는 장본인임을 알아보고

"주재여, 이제는 말씀하신 대로 종을 평안히 놓아주시는도다."(29절) 하시며 이 땅과 작별 인사를 나누시는 것이었다.

무엇이 그리워 죽지 못하고 살아야 했고, 또 그 완전한 모습을 보게 될 때 더 이상 이 땅에 미련 없이 평안히 놓음을 받기 원하셨을까? 아마도 하나님의 '의에 주리고 목마른 자'의 모습이 이런 모습이 아닐까? 필자가 만난 예수의 의는 단순히 믿음으로 의에 이르는 논리나 영적인 해석이 아니다.

나는 그 의를 타인의 고통을 보면서 알게 되었는데, 바로 내가 할 수 있는 일이 없고 힘이 없어도 하나님은 나를 통해 이들에게 사랑을 주시기 원하신 것을 알게 되었다. 그리고 고통받는 이들과 함께 울고 함께 웃을 때, 이들의 고통이 나의 고통이 되었고 그때 하나님은 나에게 배부름을 주셨고 그것이 하나님의 의를 완성하는 과정인 것을 알게 된 것이다. 예수께서 자신의 피로 완전하게 하신 율법을 우리가 믿음을 가지고 동참할 때, 우리도 그리스도의 고난에 참여하게 되고 그 결과가 그리스도의 영광에 동참하는 길인 것이다.(벧전 4:12-14) 그래서 예수께서 제자들에게 그리스도의 길은 "자기를 부인하는 길이고 십자가를 져야 하는 길"(마 16:24)이라고 하셨고 사도 바울도 그리스도의 고난에 참여하여 부활의 권능을 채험하기 원한 것이다.(빌 3:10)

여기에서 그리스도의 고난을 좀 더 살펴보면 나의 죄뿐만 아니라 '누구든지' 죄로 인해 고통받는 자를 위해 십자가를 지신 것이다. 그래서 우리가 그리스도의 고난에 동참한다는 말은 죄를 지고 아파하는 사람을 위해 그 사람이 누구든지 그 사람을 위해 고통을 받으라는 말이 된다. 바로 남의 죗값을 함께 짊어질 때 그리스도의 고난에 동참하는 길이고 이 길에는 율법의 완성이 기다리고 있다. 하지만 교회와 교인은 우리 죄를 용서하신 하나님께 감사하고 찬양하지만 남이 죄를 지면 손가락질하며 자신을 거룩한 백성으로 분리하고 세상은 사단의 무리라고 단정하는 실수를 수천 년을 반복해 왔다.

"하나님이 세상을 이처럼 사랑하사 독생자를 주셨으니"(요 3:16) 이는 저를 믿는 사람들이 영생을 얻어 "우리도 형제들을 위하여 목숨을 버리는 것"(요1 3:16)에 동의하도록 인도하셨다. 예수께서 죄인 된 우리를 위해 오신 것처럼 영생을 얻은 우리가 제2 예수, 제3 예수 제1,000 예수가 되어 죄 속에 갇혀 있는 영혼을 위해 죽음에 동참하라는 제시다.

이같이 엄청난 예수의 제안에 어떤 사람은 발길을 돌려 떠나가지만, 의에 주리고 목마른 사람은 하나님의 은혜가 엄청나서 결국 예수의 희생을 이 땅에서, 천국에 이르기 전에 저질러 버린다는 것이다. 이렇게 예수의 희생을 실천할 때 우리의 영이 배부름을 체험하는데 이 체험은 방언이나 예언처럼 사람의 눈과 귀에 보이는 현상이 아니다. 바로 내가 희생 제물이 되어 다른 사람들이 우리의 희생을 밟고 하나님 앞으로 나가게 되는 것이다.

한 사람을 죽음에서 생명으로 옮기는 데는 많은 희생을 치른다. 나를 위해 그리스도께서 희생하신 것처럼 예수께서 나에게 나와 전혀 상관없는 사람들을 위해 희생을 치르라고 하신다. 나는 많은 시간 방황하였고 반항도 하였다. 그렇게 26년의 시간이 흐르더니 이제야, 늦게나마 내가 왜 이들을 위해 나의 생명을 주어야 하는지 조금은 알 것 같다.

구약과 신약의 징검다리

|||||||||||||||||||||||||||||||||||||||||||||||||||||||||||||||||

율법의 완성을 위해서 오신 예수의 의도를 이해하기 위해 율법이 추구한 것이 무엇인지 먼저 살펴보면, 그것은 하나님과 인간의 관계를 회복하는 것이라고 할 수 있다. 하지만 인간은 하나님을 두려워한 것이지 실질적으로 인간이 원하는 관계와 창조주께서 의도하는 회복과는 뚜렷한 차이가 있다.

인간이 바라는 것은 우리 죄의 속성에 따라 이 땅에서 부귀영화를 누리는 일이고 신은 이러한 인간의 기대를 충족시키는 마술사 지니와 비슷한 존재였다. 아브라함의 조상도 이런 목적으로 신을 믿었고(**벧전 1:18**) 인간 역사에 나오는 모든 신의 이름은 우리의 소원을 비는 대상이었다고 해도 과언이 아닐 것이다.

그런데 하나님은 아브라함이라는 '별종'에게 다가오셨다. 아마도 필자 생각에 이분은 가로세로 재는 사람이 아니고 나름대로 인간 앞에 놓여 있는 수많은 길에서 바른길을 찾고자 하는 간절한 마음이 있었기 때문이 아니었을까 생각한다.

그렇게 하나님은 인간과의 관계를 회복하시기 위해 한 사람을 택하셨고, 이 만남으로 율법의 역사가 시작된 것이다. 한 사람이 한 가족이 되었고 한 가족이 한 무리로, 그리고 이스라엘이라는 사회를 이룰 즈음에 하나님은 이들에게 법을 주셨다. 다름 아닌 하나님과 인간의 관계 그리고 인간과 인간의 관계를 규정하는 법이다.

물론 이 법을 주신 하나님은 사람들이 정해주신 규정대로 순순히 따라올 것이라고 기대하신 것은 아니다. 다만 이 법을 범하는 과정과 이유를 인간들이 깨닫게 되는 목적을 가지고 주신 것이다. (갈 3:25)

여기에서 이스라엘은 물론이고 모든 인간이 왜 하나님의 율법을 지킬 수 없는 것일까 잠깐 생각해 보고자 한다. 첫째, 율법은 인간의 생존 법칙을 위반한다. 인간은 누구를 위해 존재하는 이타적인 생물이 아니다. 자신의 생존과 자신의 소유를 위해 존재하는 지극히 이기적인 개체이다. 그런 인간에게 하나님의 요구는 이기적인 목적을 달성하는 데 거추장스러운 장애물일 뿐이다. 신을 두려워하여 어쩔 수 없이 신이 요구하는 제물을 가져올 수는 있겠지만, 이 세상이 주는 아름다운 것을 나의 것으로 삼고자 하는 욕구를 거부할 수 없는 것이다. 그 욕구에 순종하여 사람은 바벨탑을 쌓았고 하나님이 이를 막으셨지만 인간의 끊임없는 욕구는 계속해서 사회와 국가를 그리고 왕국을 건설하여 신권보다 왕권 그리고 왕권보다 인권을 가지는 현시점까지 온 것이다.

둘째, 율법은 인간의 자기지향적인 내면의 욕구를 죄로 규정한다.

사람의 욕구는 일차적인 육체적 생존을 만족시키고 그 위에 정신적 만족, 즉 자아 성취를 위해 사용되는데 이 과정에서 하나님의 법을 벗어나는 죄의 자리에 도달하는 것이다. 이스라엘 역시 공동 자아 성취를 위하여 하나님의 의를 바탕으로 만들어진 신권 나라보다 왕권 체제를 요구하였다.(삼상 8) 이에 대하여 사무엘은 왕권 나라가 가져오는 피해를 경고하였고 왕들은 사무엘의 경고보다 더 많은 것을 백성에게 빼앗았는데, 그중에 밧세바 사건이 있다.

하나님이 선택한 왕에 대하여 주제넘게 할 소리가 아닌 줄 알지만, 어느 시대를 막론하고 아무리 하나님의 마음에 합한 사람이라 하여도 우리 내면의 욕구를 완전히 물리칠 수 없다는 것이다. 다만 한 가지 차이가 있다면 죄를 죄로 보느냐 아니냐는 차이다. 여기에 율법이 등장하여 사람에게 죄를 죄로 인정하게 하는 단서를 제공하고 더 나가서 이 죄에 대한 대속물을 하나님께 바치게 하여 용서를 구하게 하는 길을 열어준 것이다.

여기서 나의 질문은 율법 시대의 인간이 범죄하였을 때 하나님께 용서를 받을 수 있었는가다. 이미 위에서 증명한 것처럼 인간은 율법을 거스를 수밖에 없지만 그래도 죄를 죄로 인정하고 하나님께 용서를 구하면 하나님이 용서해 주신 사건이 허다하다. 선지자 나단이 다윗의 죄를 지적하였고 다윗은 그 죄를 고하므로 죗값을 치르고 용서를 받은 것처럼. 그렇다면 죄를 용서받는 일 이외에 인간에게 더 필요한 것이 무엇이 있을까? 이 땅에 살면서 우리가 원하는 것을 얻기 위해 열심히 노력하고 그 노력의 대가를 누리고 살다가 혹시 우리가 잘못한 일이 있다면 하나님께 죄를 고하여 용서받고 그러다가 죽으면 되는 게 아닌가? 인간의 삶이 이 땅에 잠시 머물다가 언제 있었는지도 모르게 사라져 버린다면 하나님의 용서로 우리는 충분히 살아갈 수 있을 것이다.

그런데 문제는 그 후에, 우리의 생명이 이 땅에서 멈추는 날, 또 다른 세상이 펼쳐지고 우리가 어떤 모습으로 그 세상을 살게 되는가이다. 하나님께 용서는 받았지만 사람은 여전히 율법을 거부하는 죄인이고 하나님의 거룩한 지경, 의에 도달할 방법이 없다는 것이다. 그래서 우리는 이 땅에 살 동안에 율법을 완성해야 하는 '사명'이 있는데 하지만 세상의 요구가 이를 제어하고 결국은 하나님의 의를 이루고자 하는 동기가 상실되는 것이다. 그래서 하나님이 준비하신 다음 길을 인간 세상에 보여주시는데 그 길이 바로 그리스도 예수이시다.

예수께서 하신 일을 이미 교인이 아닌 분들도 아는 일이니 다시 정리할 필요는 없지만, 예수께서 우리에게 주시고자 한 것이 무엇인지 살펴볼 필요가 있다. 이미 구약 시대에도 하나님의 용서가 있었던 것처럼 예수의 목적은 인간이 하나님께 용서받는 것보다 더 큰 목적이 있다고 봐야 한다.

그 목적은 사람이 하나님과 같이 선과 악을 구별하는 능력을 가지고 자의로 선을 선택하는 의로운 상태로 만드는 것이라고 필자는 생각한다.

"이 약속으로 말미암아 너희가 정욕 때문에 세상에서 썩어질 것을 피하여 신성한 성품에 참여하는 자가 되게 하려 하셨느니라."(벧전 1:4) 어쩌면 이것은 첫째 아담도 원하던 바였지만 하나님의 계획보다 먼저 유혹에 넘어가 먼 길을 돌아온 게 아닌가 하는 상상도 해보게 된다.(창 3:5)

예수의 목적을 일차 이차로 구분하여 그 최종 목표가 인간에게 하나님처럼 신의 성품에 참여하는 길을 열어주신 것이라면 과연 이것이 인간에게 얼마나 관심을 가질 수 있을까? 어쩌면 사람들의 관심은 일차 목표, 죄의 용서 그리고 이차 목표 천국에서 멈추고 궁극적인 목표에는 관심이 없는 게 아닐까? 필자가 본 교회사는 바로 이 점에서 현대 교회와 공통점을 가지고 있는데, 우리의 관심은 신의 영역이 아니라 우리가 이 땅에 살아가면서 저지르는 죄에 대한 사면과 예수의 의를 통하여 하나님의 자녀가 되는 것이다.

틀린 점은 하나 없지만 인간을 창조하신 하나님의 목적에 못 미친다는 것이 나의 주장이다. 다시 말해서 믿음을 통하여 우리가 받고 싶은 것은 다 받지만, 나의 것을 내주지는 못한다는 것이다.

무엇을 내주어야 신의 영역에 참여할 수 있는 것일까? '전부 다'이다. 바로 **빌립보서 2장** 말씀처럼 "자기를 비워... 죽기까지 복종"하라는 것이다. 여기에서 우리는 제자들처럼 질문할 수 있다.

"그렇다면 누가 구원을 얻을 수 얻으리이까?" 그들의 질문에 예수의 답은, "너희는 할 수 없으나 하나님은 하실 수 있다."였다. 사람은 자기를 비울 생각도 없고 더군다나 우리가 가지고 있는 욕구를 버린다면 인간이기를 포기하는 것이다. 그렇다면 하나님은 어떻게 이것이 가능하다고 하시는 것일까?

필자가 60년 시간을 보낸 후 알게 된 것은 하나님은 시간에 구애를 받지 않으신다는 것이다. 지나온 나의 삶에 하나님을 원망한 때도 있고 하나님 때문에(?) 내가 고통을 받고 있다고 생각한 적이 있다. 내 마음대로 길을 정하고 그 길에서 넘어져 코가 깨지면 그것이 다 하나님 탓인 것이다. 그런데 이제 와 알게 된 사실은 코피가 나더라도 그 이상 더 망가지지 않도록 하나님은 보이지 않는 손으로 나를 막으셨다는 것이다.

이 같은 방법은 하나님이 자녀로 택한 사람에게 모두 똑같이 나타나는 현상이다. 우리는 개인이 택한 길에서 실패와 상처를 보게 되고 우리의 욕구가 가져오는 결과로 아픔도 가져본다. 그러는 사이에 우리의 욕심이 얼마나 무지하고 무가치한 것인지 천천히 인식하게 된다. 하나님은 장기전에 우리를 끌어들이시고 엎치락뒤치락 주물러 가시면서 원하시는 바를 성취하시는 것이다. 한 번 잡히면 그 누구도 빠져나올 수 없는 사랑의 손으로.

그리고 하나님이 우리가 누리기 원하시는 선물을 주시는데 그것이 바로 신의 성품에 참여하는 일이다. 그래서 나는 그리스도를 따라가는 성도들에게 신의 성품에 참여하자고 응원하고자 한다.

그런데 필자가 이렇게 이 율법과 믿음을 힘겹게 정리하는 이유는 이제껏 본 교회사에서 바른 목적을 가지고 있는 교회보다 엉뚱한 방향으로 가는 교회가 더 많았기 때문이다. 그 상황은 지금도 마찬가지다. 필자가 가진 생각이 틀릴 수도 있지만, 이제껏 내가 본 교회의 모습은 내면보다 외면에 관심을 가지고 있다는 것이다.

그 이유로 첫 번째, 교회의 목표가 전도라고 생각하는 교회가 많고 둘째, 예수의 지상 명령, 선교하는 교회로 알려진 교회가 대다수이다. 그리고 그 외에 영적 체험이나 세대주의에 빠진 교회 등 대부분이 외모와 관련된 것으로 보이기 때문이다. 그러다 보니 중세 시대의 교회와 마찬가지로 이 시대의 교회 역시 혼돈 상태에 빠져 무엇이 진리인지 더 이상 구분이 어려운 상황이 된 것이다.

초대 교회는 온 백성에게 칭송을 받았는데 이 시대의 교회는 온 백성에게 골칫거리가 되었다고 하면 과언일까? 나는 교회의 목적을 신의 성품에 참여하는 것이라고 고치고 싶다. 그리고 위해서는 신의 성품을 알아야 하는데 그 시작이 율법이고 그 완성이 예수시다. 그래서 예수께서 완성하신 율법을 우리도 이해하고 똑같은 방법으로 완성하기 위해 매일 노력하는 것이 성도의 삶이다.

율법의 기본은 행위다. 물론 행위가 구원을 주는 것이 아니라고 미리 못 박아 두고자 한다. 그러나 이 시대에 행위를 강조하는 교회가 부족하다 보니 나는 어떡하든 더 많은 야고보서의 행위를 성경에서 허락하는 한 강조하고자 한다. 종교 예식 중에 행위는 빠질 수 없는 절차다. 유대교, 힌두교, 이슬람 등 모든 종교에 행위는 구원으로 가는 길이다. 우리는 행위 자체가 신의 성품에 이르게 할 수 없다고 믿고 있지만, 반대로 행위가 부족한 종교가 기독교인 것이다. 그 이유는 바로 우리의 믿음의 종착역이 용서, 구원, 천국 등을 목표로 하고 최종 목표를 잊고 있기 때문이다. 하나님이 이스라엘에게 주신 율법의 행위 중 많은 부분은 더 이상 필요 없는 제사 행위지만 하나님께서 강조한 가장 중요한 행위 중 하나가 개와 고양이를 보살피는 일이다. 물론 필자는 동물보호 운동가는 아니다. 다만 동물을 사랑하고 불쌍히 보는 눈을 가진 것뿐이다. 개와 고양이를 사랑하라는 것은 성경 말씀이 아니지만, 잠언에 한 구절을 소개하고자 한다.

"의인은 그 육축의 생명을 돌아보나 악인의 긍휼은 잔인이니라."(잠 12:10)

의인과 육축의 관계를 어떻게 설명하면 좋을까? 사실 이 시대에 많은 사람들은 개와 고양이에게 많은 애정과 관심을 쏟고 있다.

필자가 즐겨 보는 유튜브 역시 동물 관련 내용물이다. 물론 하나님의 말씀을 순종해서 이렇게 많은 사람이 동물과 함께 먹고 자고 생활하는 것은 아니지만, 여기서 주목해야 하는 하나님의 마음은 자비하심이다.

히브리 원어 חֶסֶד (ḥe·seḏ)를 영어로 Mercy, kindness 로 해석하는데 인간에게는 이 자비함이 선천적으로 부재하기 때문에 하나님께서 이스라엘에게 자비를 베푸는 방법을 구체적으로 이스라엘에게 지시하신 것이다. 바로 자비는 신의 성품의 기초이고 의인은 인간에 대한 하나님의 관점을 알게 되어 인간뿐만 아니라 더 나아가 동물의 필요까지 챙기는 자비한 마음을 가지게 되는 것이다. 하지만 이 시대의 풍조는 동물 선(先) 인간 후(後)로 뒤바뀌어 하나님의 관점과는 전혀 상관없는 방향으로 흘러가는 중이다. 우리는 예수의 의로 하나님께 나간다고 고백하면서 의인이 갖추어야 하는 자비에 대하여 얼마나 알고 있으며 어떻게 실천하고 있는 것일까?

안타깝게도 자비의 정의나 실천 방법은 믿음으로 의에 이른 이 시대의 성도들에게 관심 주제가 되지 못한다. 더 이상 구원의 필수 과목이 아니라고 생각하니, 자비의 대상이 된 것에 대하여 감사는 드리지만 어떻게 자비를 베풀어야 하는지는 제대로 배우지 못한 것이다.

선교회를 찾아오는 봉사자들은 대체로 두 부류로 나눌 수 있다. 교회에서 추진하는 사역에 함께 온 성도들과 개인적으로 찾아와 조용히 봉사하는 성도들이다. 물론 모두 감사드리는 바이지만 필자의 기억에 남는 사람들은 대부분 개인적으로 봉사하시는 분들이다. 교회 행사로 참여하시는 분들도 나름대로 배우는 바가 있고 섬김의 실천을 경험할 수 있지만, 결국은 교회 행사에 참여한 것으로 끝나고 마는 것이다. 하지만 개인적으로 찾아오시는 분은 어떤 경로를 통해서 마음이 움직이셨는지 몰라도 무엇인가에 이끌려 오셨다. 그것이 긍휼한 마음인지 동정심인지 모르지만, 마음이 움직인 것이다.

그리고 그 섬김은 누구를 돕기 위해서라기보다 자기의 신앙을 위해서 꾸준히 지속된다. 나는 먼저 교회의 지도자들이, 특히 목사들이 자비와 긍휼을 배워야 성도들에게 그 이유와 방법을 설명할 수 있는데 사실 목사들이 이 부분에 약해서 성도들을 가르치는 것이 쉽지 않다. 왜냐하면 이 부분은 책에서 배워지는 것이 아니기 때문이다. 그래서일까, 고래 배에서 삼 일을 고생하고도 요나는 여전히 자비가 무엇인지 몰랐던 것을 볼 수 있다. 우리에게는 하나님의 선지자로 알려졌지만, 요나도 여전히 하나님의 자비보다 내 머리를 햇님으로부터 보호해 준 박 넝쿨이 더 중요하였던 것이다. 자비를 배운다는 것은 현실적으로 어렵지만, 불가능한 것은 아니다. 왜냐하면 마음만 먹으면 우리 주위에 자비를 기다리는 이웃이 널려 있기 때문이다.

예수께서 베다니 시몬의 집에서 식사하실 때 한 여인이 값비싼 향유를 자신의 머리에 부을 때, 제자들이 분개하였다고 마태 26장에 기록되어 있다. 과연 제자들이 가난한 사람을 위해 분개한 것인지 알 수는 없지만 나는 예수의 답에 우리의 시선을 모아보고자 한다.

"가난한 자들은 항상 너희와 함께 있거니와."

나는 떠나가지만 너희와 함께 가난한 자들이 항상 있으니 하나님의 자비를 실천하라는 것이다. 자비를 설교하는 목사님은 많지만, 자비를 실천하는 교회가 부족하다 보니 우리 주위의 가난한 자들이 교회를 향해 손가락질하는 것이 아닐까? 자비는 마음을 먹는다고 배워지는 것이 아니다. 몸이 직접 자비를 베푸는 자리에 있어야 하고 우리의 손길이 다른 사람과 교통하고 그들의 아픔이 나의 아픔이 될 때 하나님의 성품을 조금씩 이해하게 되는 것이다. 그러기 위해서는 자비가 필요한 사람을 찾아내야 일이 진행되는데 그러기에는 우리의 시간이 부족하다. 생업에 바치는 시간 외에 교회도 가야 하고 여러 가지 모임과 취미 활동 등, 모두 시간을 내서 톱니바퀴처럼 돌아가는데 나에게 되돌아오는 혜택이 전무한 자비의 장소는 그렇게 쉽게 만들어지지 않는다.

바로 여기서 우리는 자비(행함)가 성도의 책임이 아닌 하나의 옵션, 즉 구원에 꼭 필요한 사항이 아닌 것으로 단정해야 마음이 편한 것이다. 마찬가지로 대부분의 교역자들이 하나님께 예배하는 것은 절대적이지만 자비를 배울 수 있는 행함은 부수적이라는 것이다. 과연 자비를 빼놓고 신의 성품에 이르는 하나님의 백성이 될 수 있을까?

"누구든지 하나님을 사랑하노라 하고 그 형제를 미워하면 이는 거짓말하는 자니 보는바 그 형제를 사랑하지 아니하는 자는 보지 못하는바 하나님을 사랑할 수 없느니라."(요1 4:20)

위의 구절에서 형제를 사랑함이란 바로 의인, 즉 자비를 가지고 동물을 보살피듯이 우리 주위에서 자비의 손길을 기다리는 이웃을 가리키는 말이다. 보이는 사람에게 자비를 베풀지 않고서 어떻게 하나님을 사랑하고 그의 백성이 될 수 있을까? 하지만 '오직 믿음'을 외치는 교회는 일단 '예'라고 강조하며 교인들을 안정시키고 있는 것이다.

필자는 우리가 전수받고 또 전파하는 복음주의 신앙에 심각한 오류가 발생하였다고 생각하는데, 그 이유를 이해하기 위해서 1517년 10월 31일로 돌아가고자 한다. 우리는 이날을 마틴 루터가 위튼버그 교회 문에 붙인 95개 조항의 종교 개혁을 통하여 타락한 로마 교회로부터 그리스도의 본질을 되찾아 교회를 정화시키고 복음주의 신앙을 세우는 바탕이 되었다고 기억하고 있다.

당시 교회는 세상의 부와 교회의 권위를 통째로 차지한 채, 로마 교황은 자신이 베드로의 후예인지 아니면 로마제국 시저(Caesar)의 후예인지 분간조차 제대로 하지 못하고 그리스도의 이름으로 부와 권세를 쌓는 데 급급한 암울한 시대였다고 롤랜드 허버트 베인튼(Ronald. H. Bainton) 교수는 소개하고 있다.

교회 부패의 한 예로 교황 레오 10세(Leo X, 1475~1521)가 앨버트(Albert of Hohenzollern)에게 판매한 면죄부의 내역을 살펴보면 교회의 타락이 어느 정도였는지 실감할 수 있을 것이다. 앨버트는 이미 어린 나이에 맞지 않는 주교 자리를 두 개나 차지하고 있었지만, 면죄부를 판매할 수 있는 대주교의 자리를 얻기 위해 레오 10세에게 그 자리를 얼마에 살 수 있는지를 문의한다. 레오 10세는 그 자릿값으로 12,000두캇(ducats)을 요구하였고 앨버트는 7,000 두캇으로 가격을 낮춰달라고 요구한다. 결국 레오 10세는 자릿값은 10,000두캇으로 하되 면죄부 판매는 앞으로 8년 동안 허락하며 수입의 절반은 앨버트에게, 나머지 절반은 베드로 성당 건립 비용으로 쓰일 것에 합의하는 조건으로 판매가 성립되었다.[1]

교황과 주교 사이에 이루어지는 이 거래는 마치 이탈리안 마피아들이 미국 이민 초창기에 지하 상권의 지역권을 나눠 갖기 위해서 보스들이 모여 회의를 하는 모습을 상상하게 한다. 앨버트에게 반을 주고 나머지는 성당 건립에 쓰였다고는 하지만 그 건물은 아름다운 문화재로 기억될 뿐, 사람을 살리는 교회와는 처음부터 전혀 상관없는 교회라고 필자는 생각한다.

---

1 The Reformation of the Sixteenth Century, Roland H. Bainton, Beacon Press. 1985. P. 38

이렇게 타락한 로마교회의 모습에 도전장을 내민 마틴 루터는 그동안 가난한 자를 착취하고 부정부패로 가득한 로마교회를 향하여 구원은 면죄부와 전혀 상관없는 '믿음'으로 이루어지는 것임을 강조하고, '오직 믿음'이 구원의 길임을 공표하게 된다. 행위를 강조하던 로마교회에게 우리의 행위는 이차적인 정표이고 믿음이 우선임을 강조하다 보니 루터에게 행위가 강조된 야고보서는 제1차 복음(요한, 바울서신, 베드로서)과 일치하지 않는다고 하여 어떤 면에서 '혐오'의 대상이 되었다.[2]

우리는 이제까지 마틴 루터의 종교 개혁을 복음주의 신학의 발단으로 여기고 개신교의 출발은 루터의 '오직 믿음'임을 의심하지 않았다.

그러나 루터의 혐오증이 현대 교회에 적용된 것일까? 정작 믿음의 증거가 되는 '착한 행실'(마 5:16)이 무엇인지는 우리의 관심을 끌지 못하는 것이다. 뉴욕 칼리지에서 심리학을 가르치는 버나드 스타 교수의 『검열받지 않은 예수』라는 책을 읽은 후 시간이 아깝다는 생각이 들었지만, 동시에 과연 우리가 이 시대에 교회에서 가르치는 복음이 그리스도의 삶과 얼마나 관계가 있는지 다른 각도에서 조명하게 되었다. 버나드 교수는 예수가 그리스도인지 아닌지는 나중에 알게 될 것이니 그런 논쟁에 휘말리지 말고 그리스도인도 유대인도 예수의 삶과 가르침에서 배우자는 학자다운 논리를 제시하고 있다. 이러한 논리를 펼쳐가는 과정에서 우리가 유지하고 있는 기독교는 유럽인들에 의하여 검색되어 만든, 예수의 삶과 전혀 관계없는 새로

---

2   Ibid., P. 45

운 종교 집단이라는 것이 버나드 교수의 주장이다.

필자는 버나드 교수의 의견에 동의하지는 않지만 상당한 교회의 형식과 태도가 유럽 신학에 영향을 받은 것은 부정할 수 없고, 더 나아가 어떤 면에서 교회의 신념은 이미 루터 시대 이전 콘스탄티누스 대제의 밀라노 칙령(313년) 이후 많은 부분에서 그리스도의 가난한 마음을 잊고 표류하는 기독교가 된 것이라 생각하게 되었다. 밀라노 칙령 이전의 교회가 그리스도의 사랑과 희생의 종교였다면, 칙령 이후 교회는 부와 명예의 자리로 탈바꿈하게 되었고 이 시대의 많은 교회가 지탄을 받은 이유도 아마 교회에 '돈'이 너무 많이 쌓이기 시작하면서부터 사랑과 희생보다 부와 명예에 우리의 시선이 고정되었기 때문이라고 생각한다.

여하튼 버나드 교수의 이론과 비슷한 기류가 미국 땅에서 일어나고 있는데 이들은 1996년 딘&수잔 휠록(Dean & Susan Wheelock)이라는 부부가 크리스천과 유대교를 종합하여 '메시아 예수'의 율법을 따르는 히브루 룻(Hebrew Roots)[3]이라는 단체다. 우리가 주목하여야 할 부분은 이 무브먼트에 가담하는 많은 크리스천들이 이 시대의 교회가 세속화된 것에 대한 반발과 무의미한 행사에 식상한 결과라는 것이다.

나에게 믿음은 신의 성품에 다다를 수 있는 유일한 길이다. 그리고 믿음으로 그리스도와 함께 신의 성품을 향해 여행을 시작하는 것이다. 믿음으로 구원에 이르는 이론에 반론을 제기하는 것이 아니다. '오직 믿음'이라는 두 단어는 구원을 가장 쉽고 짧게 표현했지

---

3   http://www.hebrewroots.net/

만, 그 부작용이 우리에게 자기 만족적인 신앙을 만들어 낸 것이라고 나는 생각한다. 필자는 이 시대의 교회가 지닌 문제점 중에 가장 큰 부분이 바로 행함이 사라진 믿음으로 생각한다. 바로 자비가 빠진 것이다. 자비를 모르는 교회의 증상은 분열이고 분파이다. 그렇다 보니 교회가 정부를 상대로 소송을 제기하는가 하면 성도가 성도를 소송하고 교회가 위치한 땅과 건물값을 위해 서로 투쟁하고 싸우게 되는 것이다. 필자가 오래전에 노숙자 형제들과 북부 뉴저지에 위치한 교회에서 작은 보수 공사에 참여한 적이 있다. 그때 이 일을 소개하신 분은 교회를 관리하시던 분이셨고 이분과 함께 이 공사에 참여했다.

그런데 안타까운 소식을 듣게 되었다. 이분이 섬기던 교회와 임금 문제로 분쟁이 생긴 것이다. 물론 변호사를 선임하여 일은 일단락됐지만 교회와 성도 간에 이런 문제가 발생하였다는 것에 대하여 우리는 스스로를 진단해 봐야 할 것이다. 그 후로 이 교회는 계속해서 북부 뉴저지 교인들의 입에 오르내리다가 결국은 교회가 문을 닫게 되었다는 소식을 들었다. 그로부터 몇 년 후, 필자가 이 교회 앞을 지날 일이 있어 건물 간판을 보게 되었는데 더 이상 교회 건물이 아니었고 이슬람과 관계되는 종교 기관이 그 건물에 자리 잡고 있었다.

그렇다. 그 이유가 무엇이 되었던 자비가 없는 교회는 팔려나간다. 믿음이 천국이고 믿음이 구원이라고 노래하고 자랑해도 하나님의 자비가 없는 믿음이란 그저 자기 최면일 뿐이다. 믿음은 출발이다. 하나님의 의를 완성하기 위해서 뛰어야 하는 마라톤이다.

필자가 이 글을 통하여 증거하고자 하는 것은 우리의 믿음은 이제 출발선에 서서 율법의 완성체가 되신 예수의 모습을 닮기 위해 경주하는 것이다. 인간의 몸을 입고 있는 우리가 어떻게 거룩한 주님의 모습을 닮을 수 있다는 말인가? 인간의 생각으로는 불가능한 일이다. 하지만 여기에 바로 믿음이 필요한 것이다.

"사람으로는 할 수 없으나 하나님으로서는 다 하실 수 있느니라."(마 19:26)

우리가 거룩한 자리에 갈 수 있도록 준비시키시는 분이 있고 그 분과 같이 '신의 성품'에 참여할 수 있다고 믿고 이를 향하여 오늘도 묵묵히 발걸음을 옮기는 것이다. 이렇게 완전한 하나님의 본체와 하나가 되는 길에 꼭 필요한 행위가 있는데 바로 자비함이다. 그리고 우리는 하나님의 자비함을 공부해야 하고 실전 연습을 통해 배워 나가야 한다. 세상 사람들이 먹고, 입고, 가진 것을 똑같이 따라 하기에는 시간이 부족한 것이다. 교회에 나가 헌금하고 회개하였다고 죽고 나면 의에 동참하는 것이 아니다. 우리에게 허락하신 모든 방법을 동원하여 하나님의 의를 달성하기 위해 믿음을 가지고 뛰어야 하는 것이다. 이런 면에서 나는 유대인들에게 호감을 가지고 부러움을 갖고 있다.

유대인들의 가르침에 사용되는 『미슈나』에 다음과 같은 구절이 있다.

> 의인 시몬은 대회의 마지막 사람 중 한 사람이었습니다. 그는 이렇게 말하곤 했습니다. 세상은 세 가지, 즉 토라, 성전 예배, 경건한 행위의 실천 위에 세워져 있습니다.(Pirkei Avot 1.2)

여기에서 미슈나를 잠깐 설명하자면 『모세오경(토라)』에 기록되지 않은 구전 율법을 글로 적은 것인데, 당시(200 AD) 로마의 핍박으로 이스라엘을 떠나야 했던 유대인들이 자손들의 신앙을 지키기 위해 준비한 책이다. 이후에 미슈나를 연구한 랍비들이 탈무드를 발행하였고 이스라엘 민족은 이를 바탕으로 자신들의 신앙 유산을 대대손손 물려주고 있다.

이렇게 수천 년이 지나도 든든하게 버티고 있는 유대교를 지탱하는 것은 당연히 모세오경이다. 그리고 토라는 하나님과 인간의 관계에 필요한 조건뿐만 아니라 사람과 사람의 조건을 자세히 기록하고 있다. 필자가 보는 기독교의 약점이 바로 사람과 사람의 관계에 필요한 기본 조건이다. 개신교 역시 모세오경을 믿고는 있지만 사실상 그 비중은 지극히 미약하다. 왜냐하면 모세오경의 대표적인 율법은 하나님과 인간의 관계인데 이 부분에 절대적으로 필요한 조건이 제사이다 보니 신약에 와서 예수의 피로 대속받은 사람에게 더 이상 제사의 필요가 없어졌고 그러다 보니 제사와 덩달아 사라진 것이 오경 안에 포함된 사람과 사람의 관계이다. 사람과 사람의 관계에 관하여 신약에서 예수께서 더 깊이 있게 다루시는데 그것이 바로 산상수훈이다.

"옛사람에게 말한다", "너희가 들었으나" 하지만 "나는 너희에게 이르노니"를 반복하시면서 더 깊은 사람의 관계를 가르치신 것이다. 하지만 안타깝게도 예수의 가르침은 우리가 받아들이기에 적합하지 못한 내용물이다. 왜냐하면 우리는 아직 오경의 기본 조건도 소화하지 못한 상태인데 그보다 한 단계 위인 예수의 완성된 율법은 이제 막 구구단을 마친 아이에게 미적분을 가르치는 바와 다르지 않기 때문이다. 그렇기 때문에 하나님이 원하시는 사람과 사람의 관계를 이

해하지 못한다면 우리의 믿음은 아직도 죽은 믿음이라고 야고보서에서 지적하고 있다.(약 2:26)

그렇다면 구약에서 지적한 사람과 사람의 관계를 먼저 이해하고 그다음에 예수께서 이르시는 새로운 정의를 다루고자 한다. 나는 구약의 인간관계를 한마디로 가장 잘 정리한 구절로 미가서 6장 8절을 사용하고자 한다.

"사람아 주께서 선한 것이 무엇임을 네게 보이셨나니 여호와께서 네게 구하시는 것은 오직 공의를 행하며 인자를 사랑하며 겸손하게 네 하나님과 함께 행하는 것이 아니냐."

나는 이 말씀이 하나님이 설계하신 인간의 최종 작품이고 이 완성 작품을 만들기 위해 그리스도 예수를 보내신 것이라고 생각한다. 하나님과 함께 겸손히 행하는 길에 반드시 필요한 조건이 바로 사람과 사람 사이에 행하여야 하는 공의와 자비이다. 하지만 공의와 자비는 인간관계에서 꼭 필요한 조건이 아니다. 더군다나 공의와 자비는 우리가 생존하는 데 장애물로 걸리적거리는 경우가 허다하다. 왜냐하면 우리에게 주어진 시간은 그리 많지 않고 그 안에 더 많은 것을 이루어야 하는 강박관념에 모두 엄청난 에너지를 경주와 경쟁에 사용하고 있기 때문이다.

필자가 버스에서 커피를 나눠줄 때 정기적으로 나를 찾아온 청년이 있다. 30대 초반이었고 이 친구가 사랑하는 여인은 자폐아 증상을 가진 20대 초반이었다. 두 사람 모두 달동네 사람들처럼 정이 많은 나의 친구였다. 그런데 이 여인이 살해당하였고 그의 남자친구는 용의자로 구치소에 수감되었다. 나는 이 사실이 믿어지지 않아 구치소를 찾아가 이 친구와 대면하였는데, 놀랍게도 이 친구는 살인을 부인하기보다는 자신이 마약에 취하여 무엇을 했는지 기억이 나지 않는다고 말했다. 그리고 애인의 죽음을 진심으로 슬퍼하는 것이었다. 두 사람의 관계를 잘 알고 있던 나로서는 이 친구가 자신의 애인을 살해하였다고 믿어지지 않았고, 나는 이 친구의 변호를 맡을 변호사를 알아보았다.

하지만 모두 막다른 골목이었다. 살인 사건을 맡는 변호사도 부족하였고 어떤 사무실은 일단 1만 불이라는 큰 비용을 선불로 요구하였다. 결국 국선 변호인을 통하여 살인죄를 인정하고 20여 년의 형을 선고받았다. 만일 이 친구가 재력이 있는 친구였다면, OJ Simpson처럼 자비로 최고의 변호인을 꾸릴 수 있었다면 상황은 크게 변하지 않았을까? 이 친구가 과연 애인을 살해하였을까? 나는 아직도 이 친구가 아닌 다른 사람이 살해하였다고 생각한다. 하지만 사회는 이 친구가 애인을 죽였는지보다 빨리 이 케이스를 종결하고 다음 사건을 다루어야 하고, 변호사 역시 돈이 생기지 않는 케이스는 맡을 이유가 없는 것이 현실이다. 우리의 에너지는 최소한의 시간에 최대한의 이익을 남기는 경주를 하는 데 사용해야 하고 이 법이 사회는 물론 교회에도 사용되는 것이다.

필자가 26년 동안 지역 교회는 물론 기독교 단체들이 운영하는 다양한 프로그램을 접하면서 매번 느끼는 것은 바로 프로그램에 공의와 자비라는 파운데이션이 결핍되었다는 것이다. 바라기는 기독교 행사라면 그것이 무엇이든지 '자비'와 '공의'를 바탕으로 한 행사가 되기를 바란다. 자비의 바탕이 없다면 결국 그 행사는 보여주기식 행사가 되거나 상처로 남는 안 한 것보다 못한 행사가 되는 것이다. 필자가 참석한 많은 행사 중에 두 개만 뽑는다면 하나는 어느 대형 교회에서 준비한 선교대회고, 또 하나는 선교회를 후원하기 위해 준비한 찬양 대회다. 두 행사의 공통점은 필자와 선교회가 들러리 였다는 것이다. 그리고 그 행사 후에 나는 이용당한 느낌으로 몇 날을 지냈다. 차라리 나는 부르지 말고 당신들끼리 하시지, 이것은 마치 낙하산 인사 채용을 위한 껍데기 후보자가 된 기분이었다. 결국은 그 교회에서 마련한 자리에 그 교회에서 출범한 기관을 세워 그 기관을 후원하기 위해 나와 선교회가 참여한 듯한 묘한 기운을 남긴 것이다. 찬양 집회도 마찬가지였다. 거기에는 자비와 긍휼은 전무하고 그냥 우리 눈과 귀에 화려한 예술의 전당이고 퍼포먼스의 일부라고 나는 생각한다.

공의와 자비를 가장 잘 나타내주는 율법으로 필자는 구약에서 **출애굽기 22장 26-27**과 신약에서 **마태복음 5장 4절**을 꼽을 수 있다. 먼저 구약에서 가르치는 자비는 돈을 무이자로(25절) 빌려주는 것도 부족해 전당 잡은 옷을 해가 지기 전에 돌려주고 아침에 다시 그 옷을 받아오는 수고를 돈을 갚을 때까지 반복하라는 것이다.

돈을 빌려 간 사람이 전당 잡은 옷까지 챙겨주며 그자의 잠자리까지 걱정하라는 것이다. 이 시대에 과연 무이자로 돈을 빌려줄 사람이 얼마나 될까? 감사드리는 것은 그런 사람이 가뭄에 콩 나듯 있는데 바로 이런 사람들이 필자와 선교회를 위해 기도해 주고 있다는 것이다. 돈을 빌려주는 것만 해도 감사한데 빌려준 사람에게 이런 수고를 더해야 한다면 미안한 마음이 들어서라도 그 빚을 갚기 위해 백 프로 노력을 하게 될 것이다. 또한 채권자는 돈을 빌려 간 사람의 인격을 존중하여 채무자의 집에 들어가지 말라고 **신명기 24장**에 구체적으로 지시하고 있다. 이와 같이 하나님은 갖지 못한 자의 편에서 이들을 보호하시고 또한 가진 자가 쉽게 범할 수 있는 갑의 횡포를 사전에 막게 하신 것이다.

인간 사회는 돈을 잘 굴리는 사람을 숭상한다. 잠자다가도 돈 버는 기회가 생기면 뛰쳐나가는 본능은 필자도 부인할 수 없다. 그런데 이렇게 귀한 돈을 변리도 받지 말고 빌려주라는 계명을 이 시대의 교회와 교인들에게 지키라고 한다면 누가 교회에 나올 수 있을까? 물론 교회에 드리는 헌금은 하나님께 감사하는 마음으로 드린다고 하지만, 순이와 철수에게 무이자로 빌려주는 일은 그렇게 쉬운 일이 아님을 모두 알고 있다. 그런데 여기에 예수께서 **출애굽기 22**에 "**너희가 들었으나**", "**나는 너희에게 이르노니**" 주식에 돈 넣지 말고 가난한 자를 위해 쓰라고 하신다면 예배당에 사람이 남아 있기나 할까? 물론 나는 가장 황당한 예를 들고 있지만 예수께서 가르치신 산상수훈이 바로 이것이라고 주장하는 것이다.

선교회에서 지난 2023년 8월 경매를 통해 구입한 3층 건물은 사연이 많은 건물이다. 약 8년 전에 이 건물 주인과 나는 판매 조건을 맞추기 위해 몇 번 만난 적이 있다. 그렇게 가격을 흥정하던 중 이분이 갑자기 심장마비로 사망한 것이다. 다시 생각해 보면 필자는 죽음을 몰고 다니는 사자가 아닌가 하는 생각도 든다. 이분이 사망한 후로 아들이 건물을 물려받았고 이 친구는 아버지가 제시한 금액에서 10만 달러를 더 요구하였다. 나로서는 때가 아니다 싶어 그렇게 몇 년이 지나고 팬데믹이 찾아왔다. 그때 이 친구가 입주자들로부터 렌트비를 받지 못하였고 자연히 융자금을 일 년 넘게 지불하지 못한 채 은행으로부터 차압을 당한 것이다. 은행은 경매를 통하여 건물을 처리하였고 선교회는 앞뒤 생각할 겨를이 없이 경매에 참여하였다. 일단 경매가의 25%를 가지고 있던 자금으로 지불하고 나머지 75% 융자를 신청하였다. 하지만 7개의 은행 중에 비영리 단체에게 융자해 주는 곳은 단 한 군데뿐이었는데, 한인이 운영하는 PCB 은행이다. 그때 은행장으로 계시던 Marie Lee 님께 이 자리에서 다시 한번 감사드리는 바이다. 많은 은행이 있지만 교회와 비영리단체를 다루는 은행은 찾기 어려웠다. 이유인즉 교회도 다른 비영리 단체와 마찬가지로 사기 사건이 빈번하게 일어나기 때문이라는 것이다. 그래서인지 PCB 은행에서 요구하는 서류가 만만치 않았다. 홈 모기지는 평균 2~3달 걸리는 데 비해 선교회 융자를 받기까지는 6달이 걸린 것이다. 은행에서 융자가 나오는지 확신은 없고 경매 금액의 잔고는 30일 내에 지불해야 하는데 나는 지난 25년 동안 이 사역을 해오며 그렇게 '돈'에 매달려 본 적이 없다.

왜냐하면 내가 하는 모든 일이 안 되면 그만이었던 것이다. 선교회 역시 없어도 그만 있어도 그만. 하나님이 주시는 만큼 일하고 더 필요하면 주님이 주시겠지 하는 마음으로 욕심 없이, 어쩌면 책임 없이 이 일에 임하고 있었던 것이다. 그런데 25% 건물 비용을 지불하고 시간 내에 잔금을 갚지 못하면 어떤 일이 일어나는지 확실하지는 않지만 일이 복잡해지는 것은 모두 짐작할 수 있다.

나는 그때 내 체면이나 목회 철학은 뒤로하고 가까운 사람부터 부탁을 시작했다. 그렇게 마련한 자금이 $300,000인데 이를 도와준 4명의 선교회 친구가 모두 여성 성도라는 사실이다. 남자들은 돈이 없는 걸까? 다행히 이분들의 도움으로 한 달 만에 잔금을 지불하고 6개월 후 은행 융자로 이분들의 자금을 무사히 돌려 드릴 수 있었다. 지금은 모두 과거의 사건으로 일단락되었지만, 그때 자금을 받아서 관청 사무실로 몇 번을 오가던 기억은 마치 '미션임파서블'을 완성한 느낌이다. 일반적으로 300,000만 달러를 적금에 넣어두면 적게는 3% 많으면 5%를 받을 수 있다. 좀 더 똑똑한 사람은 장사를 해서 30%의 수입을 내고 더 똑똑한 사람은 투자를 공부해서 좀 쉽게 그리고 안정된 수익을 바랄 것이다. 그런데 선교회에 돈을 맡기면 나오는 수입이 전혀 없다. 세속적으로 말하면 헛수고인 것이다. 그래서 나는 이분들께 감사하고 평생 감사드릴 것이다. 그런데 위의 말씀, 출애굽기 22장에 의하면 돈을 무이자로 빌려준 것만으로 만족하지 말고 또 다른 필요가 없는지 살피라는 것이다. 무이자로 돈을 빌려주었는데 어떻게 더 섬길 수 있을까? 여기에서 억지로 말씀을 끼워 맞추어 본다면, 필자가 돈을 빌리러 이분들을 찾아갔는데 반대로 돈을 빌려주기 위해 필자를 찾아오는 수고를 더하는 것이다. 얼마나 얼토당토않은 말인가. 현대인의 시각에서 이 말씀은 너무 고리타분하고 비현실적인지라 더 이상 생각할 가치가 없는 것이다. 하지만 예수의 말씀처럼, "너희 중에는 그렇지 않아야 하나니."(마 20:26) 우리의 생각과 방법이 세상과 달라야 하는데 바로 섬기는 것이다. 그리고 섬김의 길이 복 받는 길이기 때문이다.

"누구든지 자기를 높이는 자는 낮아지고 누구든지 자기를 낮추는 자는 높아지리라."(마 23:12)

바로 이런 섬김이 하나님의 공의를 따르는 길이다.

당신에게 선택권이 주어진다면 ①일자무식 노숙자와 ②유식하고 돈 많은 사람 중에 누구를 택할 것인가. 노숙자의 친구와 돈 많은 친구 중. 물론 돈 많은 친구를 두려는 마음이 나도 더 크다. 내가 노숙자의 친구가 된 것은 자의에 의한 것이 아니다. 하지만 노숙자의 친구가 되는 길이 하나님이 원하시는 길이고 그 길에서 하나님의 자비를 만날 수 있다면. 그렇다면 노숙자와 여생을 같이 지낼 수 있을까? 하나님의 자비를 보기까지 나는 이들과의 만남을 후회하였다. 하지만 이들을 통하여 그분의 자비를 보았고 그 후에야 하나님의 관점으로 세상을 보는 눈을 가지게 되었다. 그러다 보니 세상이 추구하는 모든 열심이 이 땅에 속해 있고 그 안에서 교인과 교회가 똑같은 목적을 가지고 부와 명예를 추구하는 모습이 더 잘 내 눈에 보이게 된 것이다. 성공을 위해 노력하는 사람이 무슨 잘못이 있을까마는 성공의 결과를 어디까지 누리는 것이 옳은 것일까? 몇 년 전 오래전부터 알고 있던 장로님께서 기부할 물건이 있으니 가지러 오라고 연락하셨다. 장로님의 재력은 이미 한인 사회에 소문이 나 있고 선교회 초창기에 선교회도 이분의 도움을 받은 적이 있다. 하지만 워낙에 비싼 집을 소유하시다 보니 나는 꺼림칙한 마음으로 장로님 댁을 방문하였다. 오래간만에 장로님 사모님을 뵈었는데 그분의 인사말이 인상적이었다.

"너무 큰 집에 살아서 죄송해요". 꺼림칙한 내 마음을 읽으신 것인가? "죄송합니다."라는 말이 비록 형식적이라 하여도 나로서는 반가운 소리였고 그 집 현관문을 지날 때 나는 안도감이 들었다. 이 큰 집에 사시면서 무엇인가 깨달음이 있으셨던 것이 아닐까? 나의 꺼림칙한 마음은 성도의 겸손한 모습이 그 저택이 어울리지 않았기 때문이다. 이 부분에서 필자는 많은 저항을 받을 것이고 이 세대와 내가 얼마나 다른 생각을 가지고 있는지 필자도 인식하고 있다. 나의 생각에

44

동의하지 않는 분은 여기에서 중단하셔도 되지만 이왕이면 끝까지 읽으시고 그 후에 따져주시면 필자도 감사히 경청하고자 한다. 겸손은 마음이지 생활이 아니라고 하실 분이 많을 거라고 생각한다. 하지만 부가 쌓일 때 결국은 모든 가치관이 물질로 연결이 되고 그 물질은 예수께서 보여주신 부자 청년의 발걸음을 따라가게 하는 것이다.

이 땅에는 가진 자와 갖지 못한 자가 공존하고 있다. 갖지 못한 자는 천국을 소유할 약속을 믿고 감사하며 살아갈 것을 명하셨고 가진 자는 두려운 마음으로 갖지 못한 자를 섬겨야 하는 것이 바로 성경의 가르침이다. 하지만 세상은 그렇게 굴러가지 않기 때문에 가진 자와 갖지 못한 사람 사이에 끊임없는 전쟁이 일어나고 있다. 이 전쟁은 교회사의 큰 부분을 차지하는데, 유럽의 교회와 귀족 간의 갈등도 역시 돈과 권력이 원인이었고 심지어는 종교 개혁도 땅과 돈이 원인 중 하나가 된 것이다.

신약에서 **마태복음 5장 4절**을 꼽은 이유는 바로 이런 불평등한 세상에 대한 필자의 마음이다. 나는 세상을 가장 낮은 자리에서 보았고 또 하늘 위 조종석에서 내려다보았다. 다시 말해서 내가 갖지 못한 것, 보지 못한 것은 그리 많지 않다. 나는 더 이상 부족한 것이 없지만 세상의 불균형한 구조와 갖지 못한 자의 자리에서 본 세상의 모습이 나를 애통하게 하는 것이다.

피부색이 검은 아기와 딸아이를 보지 못하고 죽은 백인 아버지 모두 나를 애통하게 한다. 이 자리에 오기까지 무수한 사람의 죽음을 목격하였고 많은 사람의 목숨이 무의미하게, 무관심 속에 오늘 있다가 내일 사라지는 것을 가까이서 지켜보았다. 하나님이 창조하신 가장 귀한 피조물이 마치 아무 값어치 없는 작은 곤충처럼 그렇게 떠나간 것이다. 나는 이 시대의 교회와 성도들이 이 애통함에 참여하기를 바란다. 물론 이 감정은 낮은 곳에 와 봐야 가질 수 있는 마음이다. 그러므로 성도는 각자의 삶에서 그리고 교회의 이웃 중에 낮은 자를 찾으라고 강권하는 것이다. 예수께서 낮은 곳으로 우리를 찾아오신 것처럼 주일 예배 후에 그리고 주중에 낮은 곳을 방문하고 그들의 아픔에 참여한다면 예수의 말씀이 더 귀에 들려오고 하나님의 인자하심을 더 잘 깨닫게 될 것이다. 그리고 낮은 곳을 찾아갈 때 구체적으로 계획하고 이들의 삶에 일부가 되라고 부탁드린다.

나는 수많은 교인을 만나보았고 많은 교회와 협력 관계에 있지만 참 안타까운 일은 대부분의 봉사가 여전히 교회 행사에 머문다는 것이다. 그 이유 중 하나는 교회가 너무 많은 시간을 교회 행사에 할애하고 있다는 것이다. 목사님들이 좋아하는 구절 중에 **"모이기를 힘쓰라"**는 말이 있다.

"모이기를 폐하는 어떤 사람들의 습관과 같이 하지 말고 그날이 가까움을 볼수록 더욱 그리하자."(히 10:25)

필자는 모이기를 폐하라는 것이 절대 아니다. 필자는 컴맹은 아니지만 컴퓨터를 만들거나 프로그램을 쓰는 인재는 아니다. 하지만 이 시대는 빠르게 변하고 있고 '그날이 가까울수록' 모든 사람이 더 바빠지고 있는 것은 다 아는 사실이다. 시간이 부족한 것이다. 그런데 계속 교회에 모이기만 한다면 어떻게 공의를 실천하고 하나님의 자비를 세상에 알릴 수 있을까 목사님들께서 질문하시기를 바란다.

교인들을 언제 훈련시켜 사회에서 섬김을 실천하는 주의 종으로, 어둠을 밝히는 빛으로 내보낼 것인가? 언제까지 모든 행사를 교회 안에서 하고 나머지는 일하고 먹고 자는 데 사용하게 할 것인가?

또 한 가지 아쉬운 것은 교회에서 봉사하는 분들은 그룹으로 움직이다 보니 사역의 내용보다는 서로 대화하는 데 시간을 다 소모하고 있다는 것이다. 바라기는 사역 대상에 더 몰두하셔서 그 영혼의 위해 눈물 흘리며 하나님의 인자하심을 그 영혼을 통하여 발견하시기를 바란다. 한 영혼이 천하보다 귀하다고 하셨는데 그 영혼은 내가 아니다. 바로 내가 전해주는 커피 한 잔을 받아 든 노숙자와 길거리에 쓰러져 있는 술 취한 사람, 자녀를 홀로 키우시는 어머니 등 사회의 그늘에 사는 그 영혼들이 다 천하보다 귀한 하나님의 자녀들이다. 나는 교회가 이들을 위해 희생하기를 바란다. 그러기 위해 성도들은 훈련받아야 하고 섬김이 바로 예수의 길이라는 것을 명백하게 이 세상에 알려야 한다.

"애통하는 자는 복이 있나니 저희가 위로를 받을 것임이요."(마 5:4)

PART 4

교회의 빈자리

IIIIIIIIIIIIIIIIIIIIIIIIIIIIII

  한국교회가 지금까지 성장한 이유는 아마도 목표지향적인 목회
가 그 이유 중 하나일 것이다. 필자에게는 자비가 사역의 주재라면
그동안 성장한 교회의 주재는 전도와 선교였다고 생각한다. 교회의
'지상명령'이라는 슬로건 아래 교회가 해야 할 당연한 일이니 아무
도 문제를 제기하지 않고 꾸준하게 전도와 선교를 실천해 왔다. 하
지만 필자가 볼 때 교회의 파운데이션은 전도도 선교도 아니다. 구
약이나 신약 모두 하나님의 자비가 바탕이고 그것을 위해 무엇이든
존재해야 하는데, 다수의 교회는 이 지반이 없다는 것이다. 그나마
늦게라도 무엇인가 빠진 것을 느끼고 그 빈자리를 메꾸기 위해 여러
가지 방향에서 교회의 역할을 찾고 있지만 그래도 여전히 빈자리가
느껴지는 것은 필자만의 생각은 아닐 것이다.

  하나님의 자비가 빠진 선교는 모두 허상이었고 수많은 사람에게
상처를 남기게 되는데, 그 예는 기독교 역사는 물론 세계사에 잘 드
러나 있다. 한 예로 미국이든 한국이든 세계 어느 나라에서도 찾아
볼 수 있는 상품 중에 'Dole'이라는 통조림 파인애플이 있다. 하와
이가 미국에 속하기 이전에 개신교 선교사로 이곳을 찾은 Daniel

Dole(1808~1878)의 이름을 딴 회사이다. 선교사의 아들 Sanford Ballard Dole(1844~1926)은 호놀룰루에서 태어나 법학을 공부한 후 다시 하와이로 돌아와 본토 미국과 합병하는 데 큰 역할을 하게 된다. Sanford Dole은 1884년 하와이 왕국 입법부에 진출하였고 1887년 새로운 헌법을 제정하는 데 큰 공을 세운 사람이다. 그리고 Dole과 함께 이 헌법을 추진한 이들이 바로 미국과 영국에서 건너온 이민자들이고 몇 안 되는 하와이 유지들이었다. 다시 말해 돈 없고 교육받지 못한 하와이 사람들은 앉아서 당하고 만 것이다. 그리고 이 헌법을 적극 후원한 유지들이 Dole의 가족과 이들처럼 하와이에서 농업에 종사하던 이민자들이다. 그래서 이 헌법은 'Bayonet Constitution'이라는 이름을 얻게 되었는데 이는 창으로 얻은 헌법이라는 뜻이다. 하와이 마지막 국왕 Lil'iuokalani은 이 헌법을 물리고 다시 나라를 세우려 하였지만, 미국의 함대를 이끌고 온 John L. Stevens 앞에 무너지고 결국 나라를 빼앗기고 만다.

물론 하와이가 미국의 합법적인 주로 승격된 후 많은 도움을 받은 것은 부인할 수 없지만, 선교사의 후손들이 피부색과 언어가 다른 사람에게 그리스도의 사랑으로 섬기기보다 더 많은 부와 명예를 위해 총칼을 이용하였다는 것이다. 그러나 이것은 빙산의 일각이다. 왜냐하면 유럽 교회사와 미국 역사에 교회의 횡포가 끊이지 않고 일어났기 때문이다.

1494년 6월 7일 스페인과 포르투갈은 토르데시야스조약(Tordesillas Treaty)을 맺고 새로 발견된 아프리카, 아메리카 그리고 동방에서 누가 어느 땅을 차지할 것인지 결정하였는데 이것을 허락한 사람이 바로 교황 알렉산더 6세이다. 남의 집에 들어가는 손님이 주인에게 양해를 구하는 것이 아니라 이웃 사랑을 가르쳐야 할 교황이 침략을 허락하는 보증인(?!) 역할을 한 것이다. 스페인과 포르투갈이 왕성하게 영토를 넓혀나가자 이를 지켜볼 수만 없던 영국, 프랑스, 네덜란드, 이탈리아 국가들이 이에 참여하여 서로를 향해 총을 쏘며 새 땅을 차지하기 위해 죽음의 행렬을 계속하게 된 것이다.

과연 이들이 믿은 그리스도는 하늘에서 내려오신 하나님의 아들일까 아니면 그리스도와 전혀 상관없이 외모만 포장된 적그리스도일까? 그렇게 새 대륙의 역사는 총과 칼로 시작되었고 거대한 땅에서 더 많은 돈을 만들어 내려 값싼 노동력을 동원하는데 이것이 바로 필자가 어렸을 때 본 미국 드라마 「뿌리」다. 역사가 폴 쟌슨(Paul Johnson) 씨에 따르면 미국에 처음 도착한 흑인은 처음부터 노예가 아니었다고 한다. 한 문서 기록에 의하면 1600년대에 식민지로 건너온 흑인 중 Indentured Servants(고용 계약)가 있었고 일정 기간이 지나면 이들도 자유인이 되어 유럽인들처럼 땅을 소유할 수 있는 권한을 가지고 이 땅에 도착하였다는 것이다. [4]

그러므로 처음에는 이들에게도 자유가 보장되었지만 더 많은 노동력을 더 싼 값에 구입하려는 인간의 욕심은 결국 이들에게 보장된 자유마저 빼앗는 '비양심'적인 행위를 서슴지 않게 만들었다. 이런 유럽인들의 행위에 대하여 미국의 한 인디언 추장은 이렇게 야비한 모습은 '크리스천'이라고 자칭하는 사람들에게서만 볼 수 있는 행위라고 말하였다고 쟌슨 씨는 소개하고 있다.

---

4 Paul Johnson A History of the American People p.27

언제부터 교회는 이렇게 남의 땅을 탐내며 그리스도의 이름으로 그 땅을 차지하는 범행을 저지른 것일까? 성경에 나오는 비슷한 사건이 바로 나봇의 땅이다. 아합 왕이 자기 궁전 옆에 위치한 나봇의 포도원을 구입하고자 하였지만 이스라엘의 율법에 하나님께서 나눠주신 땅을 팔지 말라고 하셨기에 나봇은 왕의 명령을 어기게 되는데, 이를 보다 못한 아합의 아내 이세벨이 나봇에게 거짓 증인을 세워 돌로 쳐 죽이는 방법을 사용하고 나봇의 땅을 아합에게 주었다. 그 결과 엘리야 선지자는 아합과 이세벨에게 하나님의 진노를 전달하였고 후에 전쟁터에서 부상을 입고 사망한 아합의 피는 개가 핥아 먹고 이세벨은 창밖에 내던져져 지나가던 개들에게 뜯겨 먹혔다고 성경이 기록하고 있다.

똑같은 벌을 미국 땅에 내리신 것일까? 미국 역사상 가장 큰 희생을 치른 전쟁은 1861년부터 1865년도에 있었던 남북전쟁이다. 4년 전쟁에서 620,000명이 목숨을 잃었는데 이 숫자는 그동안 미국이 참전한 모든 전쟁에서 발생한 사망자 수와 비슷하다고 한다. 이 전쟁에서 우리가 주목해야 할 사건은 침례교단이다. 미국에서 가장 보수적인 교단 중 하나로 꼽히는 Southern Baptist Church(남침례교회)는 노예 문제로 당시에 생겨난 신종 교단이다. 1830년까지 하나로 유지되던 침례교단이 노예 제도를 놓고 심한 몸살을 앓게 된다. 이 과정에서 북쪽에 위치한 침례교회는 노예 제도를 후원하는 남침례교회에 선교 자금을 고립시키게 되고 결국은 1845년 남부 침례교회는 북쪽의 교회들과 단절하고 또 하나의 교단을 세우게 되는데, 그 교단이 바로 이 시대에 보수적이라고 하는 남침례교회이다. 이 시대 미국 땅에서 가장 하나님의 말씀에 바로 서고 순종하는 교단이라고는 하지만 '돈'이 연결된 면에서는 영락없이 양심을 저버리는 인간의 본성을 적나라하게 나타내는, 인간의 나약한 실제를 그대로 드러내는 역사의 한 단면이다. 나는 남침례교단을 꼭 집어 탓하는 게 아니다. 왜 이스라엘은 물론 이 시대의 교회 역시 피를 흘려서라도 이 땅을, 이 보물을 지키려 하는지 설명하는 것뿐이다. 우리의 몸이 구약 시대에 있든 신약 시대에 있든 속성은 바뀌지 않았고 그 피가 양의 피이든 예수의 피이든 우리가 원하는 것은 동일하다는 것이다. 다만 하나님의 의가 우리에게 새로운 길을 열어주셨고 이 길을 걷고자 하는 사람은 남의 피를 흘리는 것이 아니라 내 피가 흐를 때까지 죄와 싸워야 갈 수 있는 길이다.(히 12:4)

하지만 현실은 무자비, 무차별적이다. 미국 역사상 가장 처참한 전쟁을 치르는 동안 당시 교회가 사망의 음침한 골짜기를 지나갈 때도 교회는 그리스도 안에서 하나가 되어 회개하지 못하고 둘로 나뉘게 되었다.

교회의 빈자리는 그리스도의 모퉁잇돌이 빠져나간 자리다. 교회가 대형 세계지도를 걸어놓고 온 세계를 복음으로 전파하자고 외치지만 그 복음이 하나님의 자비하심으로 세상을 섬기러 찾아가는지 아니면 정복을 실천하고자 하는 것인지 구분이 안 되는 것이다. 이런 선교 방법은 지역 사회와 갈등을 초래하고 결국 그리스도의 피가 땅에 떨어지는 불상사를 낳는다. 스페인이 이렇게 십자가를 앞세워 땅을 정복하는 과정에서 그리스도의 보혈이 무참하게 짓밟혔고 이들을 따라나선 많은 기독교 국가가 새로운 땅을 정복하면서 무수한 인명을 앗아갔다. 이 역사는 기독교인으로서 부끄러워해야 하며 더 많은 역사가에 의해 밝혀져야 한다. 부끄러움을 모르는 교인은 결코 하나님의 의를 이해할 수 없기 때문이다. 모든 한국인이 일본의 사죄를 바란 것처럼 기독교 역시 세상에 많은 피를 흘린 것에 대하여 사죄하여야 한다.

필자가 최근 구입한 건물을 인수하는 과정에서 다수의 관계자들과 만나게 되었는데, 이중 상당수가 교회에 대한 부정적인 생각을 가지고 있었다. 필자가 목사임을 잘 아시는 분들이 자신들의 생각을 나에게 전달하는 이유가 있었다. 바로 교회에 대한 실망과 불신이었다. 뿐만 아니다. 얼마 전 아버지가 돌아가셔서 유품을 선교회에 기증하기 원하시는 젊은 부부를 만났다. Yale과 Columbia 대학을 나온 수재인데 교회에 대한 두려움을 가지고 있어 더 이상 참석하지 않고 있다고 필자에게 마음을 열었다. 부모님은 모두 교회에 다니셨지만 무슨 일을 겪은 것인지 더 이상 교회를 향해 마음을 열지 못하는 것이었다. 다행히 필자가 운영하는 '숲키친'에 관심을 가지고 2023년 크리스마스 디너에 함께 노숙자들에게 따뜻한 식사를 제공하였다. 이제 새로운 해가 열려 앞으로 이분들이 선교회와 어떻게 인연이 닿을지는 두고 볼 일이다.

필자는 이분들에게 먼저 위로의 말씀을 드리고 싶다. 내가 저지른 잘못도 아니지만 결국 어떤 목회자의 삶에서 아니면 어떤 이중적인 성도의 모습에서 이분들은 실망하거나 상처를 받은 것이다. 물론 필자도 미숙한 태도로 성도들에게 실망과 상처를 안겨준 기억이 있다. 잘못한 것을 바로잡고 싶지만, 엎어진 물인지라 하나님의 위로하심이 그분에게 함께하시며 나는 그 잘못을 되풀이하지 않기 위해 노력할 뿐이다. 이제 교회와 성도들에게 드리고 싶은 말은 우리는 거룩한 사람이 아니라는 것이다. 교회도 성도도 거룩한 것은 하나도 없다. 1996년 목사 안수를 받고 오늘에 이르기까지 내가 잘못한 것은 수도 없이 많아 일일이 기록할 수 없다. 내가 거룩하려고 노력해서 거룩해지는 것도 아니고 금식으로 수행하여 얻어지는 것도 아니다. 나의 경험으로 단정할 수는 없지만 우리가 거룩해지는 때는 마치 번갯불처럼 순간적이다. 기도로 정점에 다다를 때 찬양으로 내가 녹을 때 잠시나마 거룩을 느끼는 한순간을 체험하지만 눈을 다시 뜨고 나면, 찬양을 멈추고 나면 나는 다시 죄인의 몫을 감당해야 하고 또 잘못을 뉘우치는 똑같은 인간, 똑같은 죄인일 뿐이다.

필자가 8살쯤 되었을 때의 일이다. 외삼촌이 개척하시고 시무하시던 길음성결교회 예배당에서 사촌과 함께 뛰어놀고 있었는데 외삼촌이 야단을 치신 기억이 난다. 정확한 기억은 없지만 거룩한 재단에서 뛰지 말라는 것이다. 그 일이 일어난 시기는 아마도 1972년 정도 될 것이다. 그런데 비슷한 사건이 10여 년 전에 일어났다.

뉴저지 어느 교회 선교부 주최 예배에 설교를 맡게 되었는데 단상에 신발을 벗고 올라가야 했다. 정말로? 이 시대에? 청소하기 귀찮아서라면 이해를 하겠는데, 혹시라도 '거룩한' 곳이기 때문이라고 주장한다면? 과연 우리의 발길이 닿는 곳에 거룩한 곳이 얼마나 있을까? 사람의 모습에서, 건물에서 어떤 거룩함을 볼 수 있을까? 인간은 그 거룩함을 재현하기 위해 많은 교회당을 세우고 아름다운 스테인드글라스와 화려한 조각상, 그리고 그 시대를 대표하는 건축 양식으로 세계적인 건축물을 남겨 놓았다. 하지만 그곳에는 거룩함도 거룩한 성도도 없다.

아주 오래전에 영국의 교회를 방문한 기억이 있다. 아마 카자흐스탄으로 가는 길이었던 것 같다. 미국에서 영국으로 날아가서 카자흐스탄으로 향하는 비행기를 타기 전에 시간이 남아 영국의 교회 구경에 나섰다. 많은 방문객이 교회의 웅장함에 감탄하였고 우리는 사진을 몇 장 찍으려 하다가 그곳에서 사진 찍지 말라는 표시를 보고 단념해야 했다. 필요하면 사진을 구입하라는 것이었다. 이처럼 교회에 거룩함보다 건축물의 역사적 가치로 기억될 뿐 그곳은 더 이상 하나님이 계시는 '전'은 아니었다. 더군다나 러시아의 지하 조직에 팔려 향락의 메카가 되었다는 기사를 읽은 지도 수십 년 전 일이다. 나는 이러한 교회의 변천 과정에서 짚고 넘어가야 할 것이 있는데, 바로 교회의 바탕에 '자비'가 없는 곳일수록 더욱 외모의 화려함에 집중한다는 것이다. 가장 큰 교회당이 주목의 대상이 되기도 하고 가장 화려한 조명, 또한 가장 아름다운 음악의 전당 등 교회가 하나님께 영광을 돌리기 위해 나름대로 다양한 방법을 동원하지만, 모든 방법과 수고가 '울리는 꽹과리'에 불과한 것이다.

필자보다 먼저 이민 오셔서 필자의 가족을 초청해 주신 이모님은 주일 예배에 참석하시기 전에 항상 Robert H Schuller 목사님의 설교를 들으셨다. 이모부님도 이민 초창기 한인 사회에 공을 세우신 목사님이시지만, 남편의 설교와 함께 Shuller 목사님의 설교를 항상 좋아하셨다. 그때 필자의 나이가 십 대 후반이었지만 영어로 설교를 들을 만한 귀가 아직은 없었다. 이모님이 TV로 Schuller 목사님의 설교를 들으시며 나에게 저 Shuller 목사님의 교회가 얼마나 화려하고 아름다운지 설명해 주신 기억이 있다. 그때는 그런가 보다 하고 지났지만, 머리가 커가면서 과연 저 화려한 Christ Cathedral 교회가 하나님께서 받으시는 교회일까 하는 질문이 생겼고 그 질문은 답은 얻지 못한 채 또 시간은 흘러갔다. 그러다가 2010년, 이 교회는 파산 신청을 하였고 결국은 가톨릭교회 오렌지 교구로 팔려 가게 되었다. 그나마 다행이라고 해야 할까? 마피아 조직에 팔려 가지 않고 가톨릭 교구가 구입하였다니 말이다. 나는 이렇게 되풀이되는 유럽 교회와 이 시대의 교회의 모습에서 계속되는 실수를 찾아볼 수 있는데, 인간은 항상 화려한 것으로 포장을 하고 그곳으로 신을 초청하며 또한 그곳에서 신을 찾기 위한 노력을 되풀이하였다는 것이다. 말구유에 오신 그리스도 예수보다 크리스털 예배당에서 예수를 만나기 원하기 때문일까?

자비가 결여된 자리에 또 하나 거룩한 대표자가 최근에 등장하였는데, 신사도(新使徒) 운동과 신사도 운동은 아니라고 하지만 이들과 비슷하게 교인을 교육하고 관리하는 교회와 이단 교파다. 이들이 강조하는 포인트는 바로 '선택받음'이다. 물론 신학적인 이론에서 틀린 말은 없다. 모든 성도는 선택받았다고 John Calvin 신학자가 예정론을 정립하였고 필자가 졸업한 신학교 역시 Calvin 신학의 줄기이다. 다만 필자가 이들과 동의하지 않는 것은 이 역시 모래 위에 집을 짓는 똑같은 실수를 되풀이하고 있다는 것이다. 바로 하나님의 자비를 현실화하는 방법은 빼놓고 하나님의 자녀라고 축제를 이용하는 franchise marketing을 하고 있는것이다. 어린아이들부터 어른들까지 모두 축제의 분위기에 '거룩한 백성' 혹은 '축복받은 사람' 등 다양한 슬로건으로 참여자들에게 상승된 신분을 맛보게 하는 것이다. 다시 한번 신학적으로 틀린 말은 아니다. 하지만 자비를 상실한 이 교회나 단체가 선민이라든가 거룩한 백성을 운운할 때 그곳에는 자만이 흘러나오고 스스로 세상과 벽을 쌓은 채 내부는 천국 외부는 지옥으로 이분화하여 더욱 빛을 발하는 교회가 아니라 빛을 가두는 집단이 되고 만다.

　너희는 세상의 소금이니 세상을 위해 녹아져 부패함을 막으라고 하셨는데 이 시대는 세상이 교회를 향해 부패함을 손가락질하고 있으니 참으로 안타까운 일이다. 필자를 찾아온 사람 중에 '천공'이라는 선생의 가르침을 따르는 사람이 있었다. 일부러 나를 낚시질하러 오셨는지, 아니면 나의 길에 관심이 있어 오셨는지 모르지만 일 년간 나름대로 뭔가를 열심히 하시더니 작정한 일 년을 마치시고 떠나가셨다. 이분이 하신 일 중에 가장 기억에 남는 일은 닭장과 토끼장이다. 직접 나무를 사다가 집을 지으시고 근처 마켓에서 닭과 토끼를 사 오셔서 한동안 나는 동물농장을 경영하며 즐거워 한 기억이 있다. 지금 생각하면 이분은 나름대로 진리를 찾기 원하셨고 부단히 노력하신 것 같다. 그런데 이분이 무엇이 급하셨는지 아니면 천공의 가르침에 진리를 발견하셨는지 미련 없이 나와의 인연을 종료하시고 떠나신 것이다. 아마 더 계셨다 해도 그 인연은 오래 가지 못하였을 것이다. 이분은 계속해서 나에게 천공의 영상을 보내셨고 나는 아무리 들어도 모두 뜬금없는 구름 잡는 말이었기 때문이다. 무엇보다 나를 화나게 하는 것은 천공의 허무맹랑한 강의였다. 천공에게 예수는 조기 사망한 영웅이었고 예수가 일찍 죽지 않았으면 이렇게까지 유명해질 수 없었다는 논리였다. 그때 들은 영상이 지금도 존재하는지는 모르겠지만, 여하튼 이분은 계속해서 천공의 영상을 일주일 단위로 보내셔서 나는 조금씩 참을성을 잃어버리고 있던 차에 이분이 스스로 둥지를 옮기신 것이다.

　얼마 전에 마침 그분이 다니시던 교회에 바자회가 있어서 팔고

난 물건을 기증하신다고 하여 수거하러 갔다가 필자를 알아본 교인이 그분은 더 이상 이 교회 성도가 아니고 이상한 믿음으로 교회에 출석하지 않는다고 알려주셨다. 이분의 경우는 조금 예외지만 거룩한 백성을 지향하는 교회와 성도 그리고 천공을 추종하는 이분과의 공통점이 있다면 그것은 특별한 신분이라는 욕망이 아닐까 생각한다. 모든 사람이 공통적으로 가지고 있는 욕망 중에 최종 목표는 "self actualization(자아실현, Abraham Maslow's theory)"이라고 한다. 하지만 일반 직장인에게, 평범한 가정주부에게 자아실현은 꿈 같은 일이고 주말 연속극에서나 찾아볼 수 있는 주제이다. 하지만 자아실현을 단기간에 수료하는 곳이 있는데 바로 자비가 결여된 교회와 신사도주의 단체들이다. 하나님이 나를 잉태하기도 전에 아셨고 특별한 섭리 가운데 완벽하게 준비하여 이 땅에 보내셨다고 하니 그동안 우울하던 나에게 새로운 생기를 불어 넣기에 충분하지 않은가? 그러므로 우리는 매일 나의 존재를 특별한 신분으로 세탁하여 건조하고 따분한 생활을 극복하는 처방으로 사용하는 것이다. 과연 이것이 하나님이 말씀하시는 성도의 삶일까? 하나님의 자녀들이 가져야 할 공의와 자비보다 주입식 교육으로 달성한 성도의 상승된 자신감으로 과연 천국 문을 통과할 수 있을까?

필자가 보는 현시대의 교회와 교인의 모습은 어떤 면에서 최면에 걸린 상태이다. 할리우드의 명작 중 하나 「Matrix」에서 주인공 네오에게 모피어스가 두 알약을 내놓고 파란 약을 먹으면 이전의 현실로 되돌아가고, 빨간 약을 먹으면 진실을 알게 된다고 선택권을 준다. 오늘날 기독교는 과연 빨간 약과 파란 약 중에 어떤 약을 먹은 것일까? 간단하게 말해서 어느 시대를 막론하고 대중은 파란 약을 먹는다는 것이다. 이 순환을 가장 잘 보여준 것이 구약 시대 사사기이고 그 후로 왕국이 들어서 가장 화려한 이스라엘 역사를 만든다. 그리고 또다시 역사는 사사기 시대 같은 회전을 거듭한 후 그리스도를 맞이하는데 역시나 로마의 콘스탄틴 황제를 등에 업은 교회는 또다시 회전목마를 타게 된다. 그래서 하나님은 때마다 선지자를 보내어 잠든 백성을 깨우는데 미국에도 이런 시절이 있었다.

1741년에 '진노하신 하나님 손에 잡힌 죄인들'이라는 설교로 잠들어 가던 미국 교회를 깨우던 Johnathan Edward를 시작으로 영국에서 건너온 George Whitefield 목사님, 그리고 계속해서 시대마다 교회와 성도를 하나님 앞으로 나오게 한 운동을 미국 역사에 'Great Awakening(대각성 운동)'이라고 기록하고 있다.

사람이 어떻게 잠들지 않을 수 있을까? 예수께서 제자들에게 잠들지 말고 깨어 기도하라고 지시하였지만 밀려오는 잠을 참을 수가 없는 것처럼 대낮에 별을 볼 정도로 얻어맞지 않는 한 교회도 성도도 잠에 빠질 수밖에 없다. 물론 지금도 지구 곳곳에서 잠든 성도를 깨우기 위해 노력하는 목사와 선교사들이 있지만 어떤 면에서 이들의 노력이 역부족이다. 왜냐하면 세속화되어 가는 교회와 교인의 무리는 이미 하나님의 공의와 인자에 관하여 관심이 없기 때문이다.

그래서 예수께서 누가복음에서 이스라엘의 지도자들에게 다음과 같은 죄를 물으셨다.

"화 있을진저 너희는 선지자들의 무덤을 만드는도다. 그들을 죽인 자도 너희 조상들이로다. 이와 같이 그들은 죽이고 너희는 무덤을 만드니 너희가 너희 조상의 행한 일에 증인이 되어 옳게 여기는도다."(눅 11:47-48)

필자가 고등학생 때 어머니가 새벽 기도를 가기 위해 잠들어 있는 나를 깨우신 적이 있다. 나는 그때 어머니에게 심하게 짜증을 내고 다시 잠들어 버린 기억이 있다. 어머니가 돌아가시기 전에 사죄를 드리고 싶었는데 그때는 이 기억이 생각나지 않다가 지금에야 생각이 나는데, 나중에 천국에서 어머니를 만나면 그때 죄송했다고 꼭 말씀드리고 싶다.

그렇다. 잠든 사람을 깨우는 일은 쉽지 않은 일이다. 이렇게 어려운 일을 할 수 없이 감당해야 했던 사람들이 선지자였고 그중에 대표적인 사도 이사야는 톱으로 잘려 죽음을 당하였고(탈무드) 예레미야 선지자는 돌에 맞아 죽었다고 한다. 이 핍박은 신약에서 계속되었고 그중에 가장 대표적인 죽음이 그리스도 예수의 십자가이다.

시대가 바뀌고 나라가 바뀌어도 사람은 변하지 않는다. 눈에 보이는 것이 좋고 더 소유하고 더 만끽하고 더 자랑하고 싶은 것이다.

패터슨 한구석에서 이 글을 쓰고 있는 나는 간절한 마음으로 하나님께 기도한다. 내가 아무리 소리를 질러도 과연 몇 사람이나 나의 소리에 귀 기울일까. 하지만 나는 계속 소리를 지를 것이다. 내가 본 기독교는 내가 아는 예수와 너무나 다르다고 소리칠 것이다. 자비가 깔려 있는 교회가 아니라 자만이 고여 있는 거대 기업이 느껴진다. 사랑이 흘러나오는 겸허한 인격이 아니라 판단과 정죄함이 먼저 느껴지는 단단한 벽돌 같은 인상이 더 어울린다고 할까.

필자가 본 교회 중 가장 인상에 남는 교회는 마곡사에서 목회하시다가 소천하신 또 다른 이모부님이시다. 그때가 아마 필자 나이 9살 정도 되었던 듯하다. 51년 전의 일인데도 인식에 남아있는 기억은 이모부님이 차가운 바닥에서 방석 하나 놓고 전기도 없는 예배당에서 기억에 없을 만큼 오랜 시간 동안 기도로 새벽을 밝히고 계셨던 그 모습이다. 일본에서 대학을 졸업하시고 어쩌다가 산골에 들어가서 목회를 하셨는지 여쭈어보지는 않았지만, 나에게 그분은 목회의 모본이었고 교회의 따뜻함이었다. 또 하나의 기억은 그때 처음 Times 뉴스 매거진을 접하게 되었는데 지금 와 생각하면 1970년도에 Times 매거진을 본 사람은 몇 안 되지 않을까 생각하며 혼자서 흐뭇해한다.

아무것도 모르던 어린 나이에, 너무나 혹독한 추운 겨울에 난로도 없이 무릎 꿇고 기도하시는 모습이 너무 힘들어 보였던 것일까. 나는 그때 그 기억이 생각에 남았는지 화면으로 남았는지는 모르겠지만 아주 깊이 새겨졌다. 그리고 그 교회 그 목회자의 모습을 지금 이 시대에서 찾고 있으니 내가 생각해도 비현실적이다. 하지만 그래도 이 시대의 교회는 가진 것이 너무 많다고 생각한다. 우연히 아는 분과 주차장에서 대화하다가 이분이 다니시는 교회가 가지고 있는 돈이 몇십억 되는데 그 돈을 왜 주식에 투자해서 불리지 않는지 답답하다는 것이었다. 유명 대학, 정부 기관, 비영리 단체 모두 남는 돈이 있으면 다 주식에 투자한다고, 교회도 그렇게 해야 한다는 것이다. 과연 맞는 소리일까?

첫째, 교회가 그렇게 많은 돈을 가지고 있다면 나는 그 자체가 죄라고 생각한다. 그 돈으로 도와줄 사람이 없다면 차라리 선교지에 보내든가 그것도 못 한다면 동물보호센터에 기증하라고 권하고 싶다. 필자가 수거하는 물품 중에 사망하신 분들의 유품이 종종 나온다. 입던 옷, 신발 가방 등등. 한번은 갑자기 사망하신 성도분의 옷을 검은색 봉지로 백여 자루를 받아왔는데, 깡통 밴으로 세 번 정도

다녀온 것 같다. 이분이 입던 옷 중에 유명 브랜드 옷이 상당히 많았고 그중에 새옷이 많이 섞여 있었다. 돌아가신 분께 죄송하지만 이렇게 많은 옷을 왜 모으셨을까 속으로 궁금했고 옷을 수거해 오는 동안 한 번도 입지 않은 옷을 가져오는 마음이 편하지 않았다. 인생이 이런 것이다. 우리가 언제 이 땅을 떠날지 모르는데 계속 모으고, 쌓아 놓고 확장하다가 한순간에 무너져 버리는 것이다.

한국의 학교가 인구 부족으로 폐교하는 학교가 늘어난다고 뉴스에서 접한 바 있다. 교회도 마찬가지다. 오늘 있다가 내일 사라질 수 있는 것이 사람이고 또 사람이 다니는 교회도 모든 사물처럼 시들고 사라진다는 것이다. 이렇게 사라질 유형체에 돈을 사용하기보다 영원히 사라지지 않는 영혼, 특히 잃어버린 한 영혼을 위해 사용해야 할 것이다. 나는 교회 건물이 그만 세워지기를 바란다. 일주일 내내 비어 있는 그런 건물은 더 이상 사용 가치가 천국에도 이 땅에도 없다고 생각한다. 사람에게 사용되는 사람에게 득이 되는 건물이 지어져야 한다. 우리가 예배드리기 편하게 우리와 우리의 자손들을 위한 시설이 아니라 우리보다 환경이 어려운 분들이 충분히 편하게 사용할 수 있는 자리가 되어야 그 교회가 사명을 다하고 있다고 할 것이다.

하나님은 다윗 왕이 하나님의 전을 세우기 원했지만, 그 소원을 그의 아들 솔로몬이 이루도록 허락하셨다. 하지만 성전을 건축한 솔로몬은 자신이 세운 전은 하나님이 거하실 공간이 아니라 인간에게 더 필요하다는 것을 성전을 봉납할 때 한 기도문에 나타나 있다.

하나님이 참으로 땅에 거하시리이까 하늘과 하늘들의 하늘이라도 주를 용납지 못하겠거든 하물며 내가 건축한 이 전이오리이까

하나님이 계신 곳은 비록 이곳이 아니지만 이스라엘이 잘못하여 벌을 받을 때 "주의 종이 이곳을 향하여 비는 기도를 들으시옵소서"

마찬가지로 예수께서 제자들과 안식일에 밀밭 사이로 지나갈 때 제자들이 이삭을 자른 것에 대하여 바리새인들이 항의할 때 성전도 안식일도 사람을 위하여 있는 것이라고 말씀하신다.

"또 이르시되 안식일이 사람을 위하여 있는 것이요 사람이 안식일을 위하여 있는 것이 아니니"(막 2:27)라고 말씀하신다. 예수님이 말씀하시는 사람은 누구일까? 교회 나가는 사람인가 아니면 교회에 헌금을 내는 사람을 지칭하시는 것인가? 물론 둘 다 아니라고 생각한다. 여기에서 사람은 모든 죄인을 말씀하신 것이다.

나는 왜 교회가 세상과 같이 화려한 건축물을 선호하며 다른 사업과 마찬가지로 이 땅에서 지평을 널리기를 원하는지 생각해 보았다. 물론 우리는 '하나님의 영광'을 위한다고 하겠지만 필자가 생각하는 이유는 '과대평가'라고 본다. 우리는 태어나서 죽을 때까지 이렇게 자신을 과대평가하다가 스스로에게 속든가 다른 사람을 속이는 일을 반복하는 것이다. 분명히 자신은 정직하게 살았다고 생각하지만, 타인의 눈에는 사기꾼이 될 수 있고 내 생각에는 보편타당한 결정이 내 이웃에게는 억울한 결정이 될 수 있는 것이다. 그 이유는 바로 나의 생각을 과대평가하거나 타인을 과소평가하는 데서 발생한다. 내가 처음 패터슨을 찾았을 때 내가 그랬고 그 생각이 변하기까지는 수십 년의 세월이 필요하였다.

PART 5

나의 값어치

||||||||||||||||||||||||||||||

　우리가 거쳐온 자리에는 기록이 남아있다. 요즘은 스마트 폰 시대에 우리가 전화기를 가지고 움직인 동선을 Google이 정기적으로 업데이트해 주고 있다. 셀카로 찍는 사진도 컴퓨터와 연결되어 자동 저장되는 시대이다. 얼마 전에 28살 딸아이와 대화하다가 참 재미있는 사실을 깨달았다. 딸아이가 아직 어렸을 때 아빠가 이 층에서 컴퓨터를 접속할 때마다 아래층에 계신 할머니에게 "할머니 전화 끊으세요!" 하고 외치는 메신저 역할을 했다는 것이다.

　그때 잠시나마 내가 잊고 있던 것이 있는데, 다이얼 접속 시대를 지나온 지가 얼마 되지 않았다는 사실이다. 이대로 계속 기술이 향상된다면 과연 10년 후에 세상은 어떤 모습으로 변해 있을까? 지금은 이렇게 자동으로 기록을 저장해 주는 시대지만 과거의 기록은 종이에 남아있다. 우리가 지나온 학교와 졸업장 그리고 졸업 후에 얻어낸 면장, 자격증 등 다양한 전문인 자격을 얻게 되는데 제일 확실하게 자신의 값어치를 계산하는 방법이 이 "증(證)"을 바탕으로 계산하는 방법이다. 증이 몇 개인지, 어느 분야인지에 따라 개인의 급이 정해지고 이 급에 따라 연봉이 계산된다. 그러므로 이 시대는 증을 만들기 위해 어려서부터 정해진 코스를 따라 자라 나는데, 좀 더 어려운 증을 만들어 안정된 직업을 갖기 위해 부모와 자녀가 함께 뛰어다니는 모습을 쉽게 볼 수 있다.

2023년 필자가 운영하는 선교회에서 처음으로 대통령 봉사상을 시상하였다. 처음이라 시상식도 없었고 선교회와 협력하는 부모님 단체에 매달과 상장을 전달해 드린 것이다. 처음에는 어머니들의 요청으로 이 일에 참여하였는데 이제 2024년 1월에 접어들며 이 상장의 값어치가 대학 진학에 필자가 생각한 것보다 가치 있는 것임을 알게 되었고, 이를 위해 어머니들의 수고가 얼마나 큰지 새삼 느끼게 되었다. 대통령 금상을 받기 위해서 최소한 100시간을 봉사해야 하는데, 이 상장을 받기 위해 많은 학생이 참여하고 있고 이 중에 Ive Leage 대학을 진입하기 위해 일찌감치 계획하고 노력하는 아이들이 상당수다. 이처럼 남보다 어렵게 봉사 시간까지 더하여 받아낸 증과 학위를 바탕으로 우리는 이에 상응하는 위치에 올라 평범한 사람이 가질 수 없고 누릴 수 없는 권위와 혜택을 누리게 된다.

바로 이런 기대치가 있기 때문에 우리는 남보다 더 노력하고 그 노력의 대가를 누릴 수 있는 권리가 있다는 기대감으로 경쟁하고 있는 것이다. 이 대가를 받아낼 때 우리는 Maslow의 자아실현을 완성하고 사회로부터, 그리고 우리 스스로에게 이에 타당한 자신의 값어치를 부여하는 것이다. 교회 역시 이 땅에 발을 붙이고 있는 이상 이 값어치를 무시할 수 없고 사회의 연장선에서 똑같은 대접을 받으며 무의식적인 기대치가 존재하는 것이다. 그러다 보니 교회 안에도 가짜 증명서가 활발하고 목사들 사이에도 인터넷에서 다운로드 받은 가짜 졸업장도 있다고 한다. 그러나 이 기대치가 존재하지 않는 곳이 이 땅에도 존재한다. 바로 필자가 매일 마주치는 무식과 무뢰한의 전쟁터다. 예의도 없고 상식도 없고 인간의 존엄성을 포기한 사람들이 바로 미국 대도시에 그 숫자를 알 수 없을 정도로 번식하고 성장하고 있다. 물론 이 안에도 감추어진 아름다운 영혼이 있기에 필자는 이 영혼을 찾아내는 사냥을 매일 반복한다. 당연히 이들과 함께 생활하고 한 공간에 존재하다 보면 나에게 찾아오는 부수적 피해를 막을 수 없다. 그럼에도 불구하고 이 경험을 통해 얻어낸 보물이 있는데 바로 이들을 통해 발견한 나의 값어치이다.

물론 이 값어치는 내가 그동안 지니고 있었던 증과 아무런 상관이 없는 값어치이다. 필자는 1987 시카고에 위치한 DeVry 대학(당시에는 Institute)을 나와 93년 신학을 마치고 2002년에 상담학 석사를 받았다. 하지만 이 모든 학위와 자격증은 내가 발견한 값어치에 큰 도움을 주지는 못했다. 왜냐하면 나는 내가 얼마짜리 값어치가 있는지 찾아낸 게 아니고 내 눈앞에 있어도 보지 못하던 것을 어떤 사건들을 통해 볼 수 있도록 도움을 받은 것이다. 그 사건들이 바로 패터슨에서 만난 반항아들이다.

이들과 함께 동고동락하다 보니 내가 보게 된 것이 바로 나는 한 줌의 '흙'이라는 것이다. 나는 다르다고 생각했다. 나는 이들과 학력이 다르고 사고가 다르고 사회적 위치와 영향력이 다르다고 믿었다. 그래서 피부가 검은 아기를 만난 후 다짐했고 내 나이와 비슷한 백인 남성이 사망한 후 각오했다. 이곳에 소망을 심어보겠다고.

그때 나는 혈기 있는 청년이었고 뭐라도 하지 않으면 안 되는 '사명'을 받은 자였다. 그래서 마약을 더 잘 이해하고 치료하는 방법을 찾아보겠노라고 석사 학위에 도전하여 이론을 공부하고 이론을 실천하는 병원에서도 근무해 보았다. 그런데도 사람은 계속 죽어 나갔다. 내가 손을 얹고 기도한 사람도 죽고 병원에 찾아가 위로한 사람도 죽은 것이다. 누구든지 마약을 끊고 싶다고 하면 병원에 데려다주고 치료 기관을 알선하고 입원할 수 있도록 도와주었다. 그러나 병원도 할 수 있는 일이라고는 5일 동안 먹여주고 진통제 처방하는 일 외에 큰 도움을 주지 못했다. 설령 병원에서 추천하여 6개월 혹은 일 년 장기 프로그램을 찾아가도 대부분 중도에 탈락하고 다시 패터슨으로 돌아와 이들은 다시 나를 찾아와 도와 달라고 하는 것이다. 이렇게 다람쥐 쳇바퀴처럼 빙글 돌아가다가 어느 날 하나씩 기어코 사망의 식구가 되는 것이다. 이 중에 Joe라는 흑인 친구는 다른 마약 중독자와는 다른 점이 있었다. 최소한 마약을 구입하기 위해 남의 물건에 손대지 않았던 것이다. 수없이 많은 사람이 물건을 훔쳐내어 파는가 하면 오피스에 들어와 체크를 몇 장 훔쳐내어 위조 사인으로 돈을 빼내는 친구가 있었고 조금 더 똑똑한 친구들을 선교회에서 운영하는 재활용품 가게에서 물건을 빼돌리던 친구들이 허다하다. 더 놀란 사건은 내가 모르는 사이에 일어난 일인데, 선교회에 기숙하던 청년 중 하나가 패터슨에서 사업하시는 한국 분들을 찾아가 본인이 선교회에서 모금 운동을 위하여 보내진 일원으로 위장하고 수금을 하고 있었던 것이다. 이 청년을 대면한 한국분 한 분이 필자에게 전화하여 상황을 설명하시고 바로 다른 한국 자영업 하시는 분들께 경계 태세를 가지도록 연락을 취하신 것이다. 하나님은 사람에게 위대한 창조력과 지능을 주셨는데 악으로 사용되는 방법도 다양하여 종종 뒤통수를 맞는 것이다.

그런데 Joe는 달랐다. 기회만 되면 쓰레기 회사에 취업하여 정당한 주급을 받았고 그 돈으로 마약을 소비한 것이다. 워낙에 일을 잘해서 그런지 마약으로 주급을 다 탕진하고 돈이 떨어지면 다시 회사에서 일하게 되고 그렇게 20여 년을 살았던 것이다. 그 사이에 이 친구는 선교회에 몇 번 입퇴소를 반복하더니 마지막 입소하는 날 너무 피곤해서 더 이상 이렇게 못 살겠다고 마음에서 나오는 소리를 필자에게 하였다. 옆에서 돌아오기를 기다리던 나는 이 친구의 결정에 대하여 무척 고마웠고 반가웠다. 그렇게 이 친구는 평소보다 많은 시간을 필자와 이야기하다가 선교회 침실 중 하나에 들어가 몸을 뉘었다. 그다음 날 여느 때와 마찬가지로 아침 6시에 노숙자들에게 아침 식사를 대접하고 테이블을 치우는데 누군가 Joe가 이상하다고 하여 침실에 들어갔다. Joe는 반듯이 누워 있었고 두 팔은 가슴 위에 차분히 올려져 있었다. 참 편하게 너그러운 인상으로 자는 듯하였다. 물론 숨을 거둔 상태였다. 아마도 숙소에서 사람이 죽어 나가면 외부 사람에게는 충격이지만 필자에게는 충격보다 안도의 마음이 더 강했다. Joe가 더 이상 고생하지 않아도 되겠구나… 천국에서 만나자 친구야!

한 사람의 죽음은 그리 놀랄 만한 일이 아니다. 하도 많은 사람이 죽어 나가니 사람 목숨이 그리 대단한 게 아니구나 하고 피부로 느낀 것이다. 마약으로 심장마비를 일으켜 사망한 친구, 커피를 따르다가 갑자기 내 눈앞에서 심장마비를 일으켜 10분 만에 이승에서 저승으로 떠나간 친구, 보험금을 받아 기쁘게 센터에서 퇴소하여 다음 날 새벽 선교회 길 건너 벤치에 앉아 사망한 친구. 수도 없는 친구들이 나보다 어린 나이에 이미 숨을 멈추고 만 것이다. 이렇게 오랜 시간 동안 뛰어다녔는데 그동안 내가 살린 사람은 하나라도 있을까? 내 설교로 인생을 바꾼 사람이 과연 있을까?

이렇게 사람 하나 살려내지 못하는 무능한 목사지만 그럼에도 불구하고 나는 아직도 이들과 다르다고 믿었다. 그래서 나는 말귀를 못 알아먹는 '멍청이들' 일자무식에 고집만 남은 '인간 말종' 등 더 강하게 이들에 대한 판단을 아끼지 않았다. 이렇다 보니 매일 아침 이들에게 하나님 말씀을 전하는 나도 불편하였고 그 말씀 속에 사랑보다는 판단과 정죄함이 매복되어 있었다.

그러던 중 패터슨으로 스며 들어온 지 얼마 되지 않는 40대 중반의 백인 여성이 고함을 지르며 대항했다.

"Judgmental! So judgmental."

너는 우리를 판단할 자격이 없다고 고함을 치는 것이었다. 노숙자들이 대항하는 것은 처음 있는 일이 아니다. 어떤 친구는 "Be careful when running your mouth(너 입 놀릴 때 조심해)."라고 위협하는 사람이 있었는데, 이 친구 역시 지금은 오래된 친구가 되었다.

여하튼 이 용감한 여성에게 한 방 먹은 나는 한동안 충격을 받았고 내가 하고 있는 모든 일에 무슨 소망이 있을까 회의감이 다시 한 번 밀려오기 시작하였다. 그때 나는 다시 한번 내가 가는 길을 되돌아봐야 했고 그제야 그동안 쌓아온 나의 경력과 자존심이 더 이상 아무것도 아님을 확인하게 되었다. 이제까지 노력한 모든 것이 무너져 내리고 싸움에서 패배한 포로처럼 필자의 오피스에서 상처 난 마음을 다스리다가 나는 누구인가 그리고 나의 인생은 이들과 과연 얼마나 다르단 말인가 스스로 질문하게 되었다. 그리고 나는 이들과 마찬가지로 아무런 기대치가 없는 오늘 있다가 사라져도 아무 차이가 없는, 그냥 한 줌의 흙인 것을 알게 되었다. 그리고 떠오른 말씀이 창세기 3:19이다.

"너는 흙이니 흙으로 돌아갈 것이니라."

패터슨에서 경험한 죽음의 길은 참 다양하다. 이미 위에서 열거한 여러 모양의 죽음과 또 다른 방법으로 사망한 사람이 있는데 태어나지도 못하고 죽는 아기들이다. 선교회 초창기 때 공원에서 샌드위치를 나눠줄 때 한 여성이 찾아와 자기는 임산부이니 샌드위치 두 개를 달라고 하였다. 빵이야 얼마든지 줄 수 있는데 아기를 위해서 마약을 끊어야 하지 않겠니 하고 사정해 보았다. 본인도 아기를 사랑하니 내 말의 뜻은 이해하는 듯하였다. 그렇게 몇 달을 공원에서 만나다가 드디어 출산을 위해 병원에 입원하였고 며칠 후 다시 이 여성을 만나게 되었다. 몸이 반쪽으로 줄어 있던 이 여성은 아무렇지 않게 아기는 사산아였다고 하였다.

불행 중 다행일까? 임신 중에 계속 마약을 하였으니 아기가 살아 있어도 정상적인 사람으로 살기는 어려울 것이다. 어쩌면 이런 어머니와 함께 약물에 절어 이 세상을 사는 것보다 차라리 태어나지 않는 게 나을 수도 있겠다는 생각이 잠깐 들었다.

사람은 흙이다. 흙에서 태어나 흙으로 돌아가는데 우리는 너무 많은 것을 쥐려고 하고 한 번 잡은 것을 놓지 않으려고 발버둥 치다가 떠나는 게 아닌가. 나는 흙이다. 이 사실을 받아들이고 나니 이렇게 편할 수가....

내가 한 줌의 흙이 되고 나서 나에게 So judgmental이라고 소리친 백인 여성에게 사고가 발생했다. 싸움닭처럼 대들고 싸울 이유를 찾아다니던 이 여성이 어느 날 막장 싸움에 얼굴 뼈가 금이 간 후 병원에 실려 간 것이다. 그리고 병원에서 연락이 왔다. 자신을 받아달라고. 아직도 쨍쨍한 목소리로 실내에서 수용하기 어려운 발성을 소유하고 있지만 내 앞에서는 고분고분한 소녀가 되어버린 것이다. 그렇게 남자만 거주하는 선교회에 여성이 침입하였고 나로서는 더 집안 단속에 신경을 쓰게 된 것이다. 나이는 성인이지만 어려서부터 반항아 생활을 해서인지 이분이 지나간 길에는 쓰레기가 쌓이기 시작했다. 그리고 빨래를 안 하는 것인지 아니면 몸을 씻지 않아서인지 옆에 있기가 거북할 정도로 속을 메슥거리게 하는 냄새가 항상 이분을 따라다녀 몇 번 지적했지만 소용이 없었다. 자신은 냄새를 맡지 못하기 때문에 뭐가 문제인지 모르겠다, 또 샤워도 빨래도 하고 있다는 것이다. 식구 중에 다른 여성이 있으면 좀 더 가까이서 문제 파악을 시도하겠지만 현재로는 다른 방법이 없기 때문에 냄새를 맡는 사람이 참고 지내기로 했다.

　나의 값어치를 발견하기 전에는 선교회에서 생활하는 사람에게 수시로 소변 검사를 시행했다. 소변에서 약물이 발견될 경우 첫 두 번은 경고, 그리고 세 번째는 퇴출이 규정이었다. 하지만 지금은 더 이상 약물 검사를 하지 않는다. 다만 3개월 6개월 시간을 정하고 그 사이에 직업을 찾거나 학업을 받도록 유도하고 아무런 계획이 없는 사람은 길에서 다시 자기 방향을 찾아 헤매다가 일정 시간이 지나면 다시 선교회로 돌아오도록 하고 있다. 또 원하면 선교회가 운영하는 가게에서 일을 배울 수 있는 기회를 주지만, 사실 이 친구들이 일을 배우는 게 아니라 시간을 때우고 거기서 나오는 용돈을 받는 게 목적인지라 크게 바랄 수는 없다. 그럼에도 불구하고 이 친구들과 한

집에서 함께 살 수 있는 이유는 혹시라도 이곳에 머무는 동안 좋든 싫든 말씀을 듣게 되고 기도를 하며 최소한의 책임을 가짐으로 자신의 이전 모습과 현재의 모습에서 발생하는 차이를 보게 하고 더 나가서 발전할 수 있는 자신을 발견하도록 기회를 주는 것이다. 이렇게 함께 살다 보니 나는 이들의 형제가 되었고 내가 발견한 나의 값어치이고 나의 존재 이유가 된 것이다. 너무 단순해서 의미심장한 면은 일도 없는 진리지만 이제 나이 60을 맞으며 이것을 깨달은 것이다. 나는 흙이다.

그나마 나는 흙으로 가는 속성과정을 거쳐서 60에 이 진리를 깨달은 것이 아닌가 생각한다. 그 속성과정이란 내가 어릴 때 겪은 사고다. 나이 10살 겨울에 골수염을 알아 일 년을 휴학하였고 그 결과 나의 삶은 이 세상에서 '비정상'으로 판정되었다. 그러다 보니 지금도 내 생각이 비정상일 수도 있겠다는 생각을 가지고 있고, 정상적으로 생각하는 일반인들이 나의 잘못된 생각을 지적한다면 들을 준비가 되어있다.

속성과정의 발단은 겨울철에 아이스 스케이트를 타면서 시작되었다. 그때 필자의 부모님은 넉넉한 살림이 아니었다. 하지만 필자의 사촌이 선물 받은 스케이트를 보고 나도 타고 싶다고 부모님께 조르다가 어렵사리 중고 스케이트를 사 주신 것이다. 나는 주체할 수 없는 기쁨에 스케이트를 들고 하루가 멀다고 동네 밭에 간이로 만들어진 스케이트장을 들락거리며 시간 가는 줄 모르고 놀았다.

그때 어디서 원인이 발생하였는지 아무도 모르지만 혼자서 스케이트를 타면서 발생한 엉덩방아 찧기가 염증을 일으켰고 그 병을 빨리 치료하지 못한 게 화근이 되었다. 며칠 동안 다리가 아파서 스케이트는 접어야 했고, 집에서 나가지도 못하다가 이른 새벽에 내 몸이 뜨겁게 열이 나 통증을 참지 못하여 울고 있을 때 아버지는 나를 업고 동네 병원으로 달려갔다. 하지만 아직 새벽인지라 문도 열지 않은 동네 병원을 두드려 의사를 불러냈지만, 펄펄 끓는 내 증상을 이 병원에서 거부한 것이다.

그렇게 24시간 만에 몇 개의 병원 문을 통과하여 그 당시 서울 시립 병원에 도착하였을 때는 이미 사망 선고를 받은 바 있다. 온몸에 고름이 퍼져 수술에 들어갔지만 가망이 없다고 의사가 어머니에게 미리 마음의 준비를 시켜드렸다고 한다. 그때 나의 골반이 다 녹아 다리와 엉덩이를 연결하는 뼈가 사라진 것이다. 이렇게 골반이 망가져 버린 이유가 또 있는데 시립 병원에 도착하기 전에 동네 접골원을 찾아간 것이 문제를 더 크게 만들었던 것이다. 무면허 의사가 있지도 않은 문제를 만들어 어른 네 명이 내 몸을 붙들고 의사는 탈골이라면서 내 다리를 비튼 것이다. 그리고 그 위에 깁스를 하였는데 아마도 이 깁스가 온실 효과를 일으켜 몸에 고름이 더 빨리 퍼진 것이 아닌가 의심해 볼 수 있다. 그때 나의 팔과 다리를 붙들고 나의 비명을 들어야 했던 어머니와 아버지의 마음은 얼마나 아팠을까.

병원에 도착한 내 몸은 수술실로 향하였고 그렇게 시작한 병원 생활은 두 달 정도 있었던 것으로 기억된다. 그렇게 다시 생명을 부여받고 병원에서 퇴원할 때, 소독약 냄새가 아닌 바깥의 시원한 공기를 들이마실 때 그 느낌이 얼마나 좋았던지 이것도 기억에 남아있다. 그리고 반년 동안 집 안에서 독학을 하였는데 여기서 말하는 독학이란 가정교사나 참고서로 집에서 공부한 게 아니라 그저 살아있는 것에 감지덕지한 우리 부모님은 공부가 뭐 중요하냐, 건강하기만 해라 하시면서 복학을 위한 준비는 그렇게 중요한 일이 아니었다. 그때 나는 학교 공부보다 더 중요한 공부를 하였는데 사람의 존재 이유였다. 오래전 뉴저지 초대교회에서 필자를 초대하여 교인들 앞에서 담임목사와 필자의 대담이 있었다. 그때 필자를 초대해 주신 목사님은 한규삼 목사이시다. 그때 한 나의 대답 중에 나는 삶에서 배워야 할 것을 어릴 때 미리 배웠다고 한 기억이 있다. 로버트 폴검의 『내가 정말 알아야 할 모든 것은 유치원에서 배웠다』라는 책 제목처럼. 나의 인생철학이 농담 반 진담 반으로 어릴 때 고통 중에 만들어진 것을 소개한 것이다. 필자가 그 교회에 출석한 것은 아니지만 당시 아내가 아이들과 함께 출석하여 아내가 가져온 한 목사님의 설교를 CD로 종종 들었다. 지식과 영성을 함께 갖추신 분이라고 생각한다.

이렇게 고장 난 다리를 끌고 제대로 걷지도 못하는 나는 아무런 준비도 없이 6학년에 편입을 하였다. 그때부터 학교생활은 교육 면에서 정서 면에서 압박이었고, 매일 목발을 짚고 학교와 집을 오가는 사이 친구들의 놀림거리가 되어 도무지 어떻게 학교를 마쳤는지 기억에 남은 건 충격뿐이다. 그중 하나는 골목길을 틀어막고 내 목발을 빼앗아 짓궂게 장난을 치던 어린 조폭들에게 당한 수모다.

또 한 가지 기억에 남은 것은 아버지의 냉정한 결단이었다. 그날 아버지는 미리 계획을 세우시고 실천한 것인지, 아니면 우연히 성사된 일인지 이 글을 쓰고 나서 여쭈어 보고 싶다. 필자가 거주하던 봉천5동은 무척 가파른 언덕 중턱에 위치하였고 언덕을 따라 한참 내려가면 시장을 지나 학교에 도착하게 된다. 그날은 장에서 돌아오는 길인지 아니면 학교에서 오던 길인지 기억에 없다. 다만 장을 지난 후 집으로 돌아오는 경사가 시작되는 지점에서 아버지는 내가 의지하고 있던 목발을 빼앗고 혼자 집으로 가신 것이다. 아버지의 뜻은 충분히 공감할 수 있다. 내가 너무 목발에 의지하여 성장판이 막히게 되는 것을 우려한 까닭이다. 그러나 그때 그 서러움은 조폭들에게 당한 것보다 더 억울하고 슬픈 마음이었다. 얼마나 울었는지는 모르지만 무척 서럽게 벽에 기대어 울었던 기억이 있다. 그때는 신의 존재도 몰랐고 공정과 불공정의 이치를 질문할 나이도 아니었지만 내가 무얼 그렇게 잘못했다고 이렇게까지 고통을 당해야 하는지 억울할 뿐이었다.

마침 길음교회를 개척하신 외참촌이 내가 병원에 있을 때 기도하신 문장이 생각난다.

"어린아이가 무슨 잘못이 있겠습니까 하나님, 다 어른들의 잘못으로...."

나머지는 아무것도 생각나지 않지만, 그때 이 기도문은 뚜렷이 기억에 남아있다. 내가 무얼 그리 잘못했다고. 그때는 그렇게 생각했지만 지금 생각하면 내가 당한 사고는 충분히 받을 만하였고 또 그 사고를 통해서만 얻을 수 있는 것이 있음을 지금은 인정하고 있다.

이처럼 나의 어릴 적 기억은 상처와 서러움이 전부이고 그다음은 중학교에 입학하게 되었는데 여기에서 역시 기억에 남는 것은 또 하나의 상처가 있다. 학교가 너무 멀어 오가는 길에 다리가 아파서 쉬엄쉬엄 가야 했다. 그런데 그날도 등교 시간이 늦어서 큰길보다 뒷길로 발걸음을 재촉하고 있는데, 예쁘장한 소녀 아이가 반대 방향에서 오다가 나를 보고 한마디 뱉은 말이다.

"병신이잖아."

나는 아무런 대꾸를 하지 않았다. 지금은 그냥 "쩝" 하고 지나갈 일이지만, 사춘기를 지나고 있던 나는 세상의 저주를 모두 끌어안고 가는 것처럼 나의 인생이 저주스러웠다. 내가 잘못한 것이라고는 눈이 마주친 것뿐인데 그렇게 모질게 말해야 하는 이유가 무엇일까? 내가 어쩌다가 '병신'이 된 것일까? 그때부터 나는 반항기를 드러내고 신에게 당신이 계신다면 설명하실 것을 요구했다.

여하튼 억압과 반항 사이에서 학업은 계속 처지다가 중학교 2학년쯤 미국에 계신 이모님의 초청으로 '이민'이 탈출이라는 태도로 대충 중학교를 마치고, 턱걸이로 고등학교에 입학한 후 1학년 때 미국으로 도미(渡美)한다. 그때가 1980년 11월. 추운 날씨에 부모님과 온 가족이 시카고에 도착한다.

하지만 시카고 날씨가 매서운 것처럼 고등학교 2학년에 편입한 후 겪은 사춘기 이민 생활 역시 매섭기가 마찬가지였다. 언어 차이와 함께 사춘기 갈등이 유난한 시절에, 더군다나 다른 아이들처럼 농구나 배구를 하지 못하는 나는 도무지 삶의 돌파구가 없었던 것이다. 그나마 휴대용 성경책을 들고 다니며 나름대로 '길'을 찾기 위해 신께 갈급한 마음으로 기도하였다. 그래서 그런지 주위 친구들이 다 담배를 피워도 나에게는 권하지 않았는데 아마도 나를 '신의 아들'로 인정하기 때문이 아닌가 혼자 생각하며 웃어본다. 그러다가 한인 학생들 대상으로 기독교 활동을 하시던 '브라더 리'를 만나게 되고 이분을 통해 찬양팀에서 기타를 치며 하나님께 더 가까이 나가는 계기가 되었다. 그렇게 어렵사리 고등학교를 마치고 대학에 가게 되는데, 사실 나는 대학에 진학할 준비가 되어있는 상태가 아니었다. 고등학교 시절 나와 가장 가깝게 지낸 친구는 우리 가족을 미국으로 초청하신 이모님의 둘째 아들 쟌이다. 우리는 같은 해 같은 날 태어나 특별한 운명처럼 여기고 서로를 위해 주었고, 쟌은 나의 어려움을 자기 일처럼 도와준 형제요 친구였다.

그런데 쟌이 나의 대학 입학 과정을 모두 도맡아 도와주다 보니 나는 엉겁결에 대학에 진학하였다. 하지만 쟌의 도움 없이 대학에서 살아남을 수가 없었다. 그때 들어간 대학은 미네소타 산골에 위치한 St. Paul Bible College였는데 이곳에서 만난 사람들이 참 고맙고 기억에 남는다.

추수감사절에 자기 집으로 나를 초대한 백인 학생과 또 나를 무척 좋아한 백인 여학생이 있었지만 나는 아쉽게도 일 년을 채우지 못하고 학교를 자퇴하였다. 아무리 기독교 대학이라고 해도 내가 아직 준비가 부족하였던 것이다. 대학을 중퇴하고 나니 당장 갈 곳이 마땅치 않아 가지고 있던 돈 $500로 깡통 밴을 구입하였다. 가족은 내가 대학으로 떠난 그해 텍사스로 이사 가고 나는 여자 친구가 있던 시카고로 돌아온 것이다. 마땅히 잠자리가 없다 보니 차에서 시카고의 매서운 겨울을 지냈는데, 난방 시설이 전무한 차에서 어디서 구했는지 매트리스 하나를 바닥에 깔고 그 위에 이불 6장을 뒤집어쓰고 잔 기억이 있다.

이렇게 이 년을 전전긍긍하면서도 나는 꼭 신학을 가야만 했는데, 그 이유는 지금 이렇게 괴상한 경험을 하면서 저세상 논리로 교회를 향해 외쳐야 하였기 때문이 아닌지.... 그러다가 대학 졸업장을 가장 빨리 구할 수 있는 방법을 찾아내었고 그게 바로 DeVry 전문학교였다. 그렇게 어렵사리 대졸 '증'을 받아내고 신학을 준비하다가 뉴욕 교회에서 만난 지금의 아내와 결혼을 한 것이다.

결혼한 후 얼마 되지 않아 시카고로 이주하고, 또 잠시 후 신학교가 있는 펜실베이니아로 이사한 후 3년 후 신학을 졸업해 남부 뉴저지 체리힐에서 2년, 그리고 마침 북부 뉴저지로 올라와 장로교회에서 목사 안수를 받게 된다. 그때쯤 다리에 통증이 심해져 20여 년만에 다시 수술을 받게 되는데, 이번에는 어렸을 때 잃어버린 골반을 이식하는 수술이었다. 그때 나는 좀 더 신중하게 의사를 물색하였다면 필요 이상으로 고생하지 않았을 텐데 하는 아쉬움이 있다.

의사는 누구나 다 똑같은 의사라는 무한한 신뢰를 가지고 당시 거주하던 동네 Hackensack에서 제일 가까운 Holy Name 병원에서 수술을 받았다. 수술을 받기 전 담당 의사와 몇 번 만나서 어떤 수술을 하게 되는지 설명을 들었고, 나는 그때 이분이 대단히 자신감이 있는 분이라고 느껴져 안심할 수 있었다. 그렇게 당일이 되어 이전에 수술로 꿰맨 자리를 다시 열고 톱과 드릴 망치(?)를 사용하는 대공사가 내 몸 안에서 이뤄진 것이다.

젊은 나이에 자신 있게 설명해 주던 의사를 너무 믿은 것일까? 수술을 마치고 얼마나 되었을까. 깁스 한 발을 가지고 의사 사무실에 예정된 날에 경과를 살피러 찾아갔다. X-ray를 찍고 직원이 그 사진을 조명판에 걸은 후 의사가 들어오기를 기다리고 있었다. 혼자서 그 사진을 들여다보던 나는 사진과 옆에 있던 인공 골반 모형에서 뭔가 차이가 있는 것을 발견했는데, 그것은 대퇴스템을 안쪽으로 휘어지게 넣어야 하는데, 반대 방향으로 넣고 봉합을 한 것이었다. 그러다 보니 내 다리가 안으로 나란히 놓이지가 않고 바깥쪽으로 뻗쳐나가는 것이었다. 아니나 다를까, 활기차게 나를 반기며 오피스 문을 열고 들어온 의사가 X-ray 사진을 본 후 이미 백인 피부로 하얀 얼굴이었지만 충격과 놀람에 더 하얘져 화들짝 놀라 문을 열고 밖으로 나갔다. 잠시 후 놀란 가슴을 쓸어내리고 다시 들어온 의사는 수술이 잘 끝났다고 이 주 후에 다시 보자고 하였다.

나는 사진과 모형을 비교하며 뭔가 이상하다 질문하며 왜 내 다리가 안으로 나란히 왼쪽 다리와 일 자가 되지 않고 자꾸 바깥으로 벌어지는지 이 사진이 그 이유를 말하고 있다고 주장했지만, 의사는 자신의 실수를 인정할 수 없었는지 자기도 알고 있다, 하지만 그때 자신이 할 수 있는 방법은 이것이 최선이었다고 주장하였다.

너무나도 황당한 소리에 나는 말도 안 되는 소리지만 일단 의사 사무실을 나와 사건의 전모를 파악하기 위해 최소한 다섯 명의 전문의를 만났고 결국은 Hackensack 병원에서 Dr. Andronico를 만나 재수술을 받게 되는데 이 과정에서 나는 다시 한번 이렇게까지 특별난 길을 간다는 게 너무 화도 나고 이해할 수 없었다. 과연 신은 존재하는 걸까? 그때 또 한바탕 울고 나서 처음 시술한 의사를 찾아갔다. "나는 당신을 고발할 의사가 없습니다. 하지만 당신의 잘못을 인정해 주십시오." 하고 요청했다. 하지만 의사는 여전히 자신은 최선을 다했다고 할 뿐 잘못한 것은 없다고 하여 아쉬운 마음으로 그분의 오피스를 나왔다. 물론 나는 고발하지 않았고 이분이 나에게 한 실수를 다른 환자에게 하지 않기를 바랄 뿐이었다. 많은 분들이 나에게 고발하라고 제시했지만 나는 그때 고발하지 않은 것에 대한 후회는 없다. 그때 만나본 변호사는 최소한 10만 달러를 약속했지만 무슨 이유에서인지 고발은 사절한 것이다.

그리고 일 년 후 또 한 번 큰 수술을 받게 되는데, 이번에는 왼쪽 고관절이 부식되어 또 한 번 인공 고관절용 대퇴스템을 박아 넣는 수술이었다. 그런데 이번 수술은 뭐가 잘못되었는지 너무 쉽게 탈골이 되어 내 기억으로 두 번 응급실로 옮겨졌던 것 같다. 그리고 몇 번은 병원에 가는 게 귀찮아서 아내가 발을 세게 잡아당겨 빠져나간 골반이 제자리로 돌아온 '시술'을 하였다. 참 별난 남편을 만나 함께 고생한 아내에게 감사드린다.

가끔 나는 지나온 삶을 되돌아보면 정말 '재수 없는' 인생이라 생각한다. 하나님의 섭리라는 '핑계'를 제외한다면 재수에 옴 붙은 인생이라 할 수 있다. 반면에 몇 번이고 죽음의 고비가 있었는데 아직도 살아있는 것은 또 신기한 일이다. 이 과정을 인간의 시각으로 본다면 운이 정말 없는 기막힌 운명이지만, 뒤집어 보면 내가 흙인 것을 깨닫게 되는 지름길이었다. 물론 나의 운명을 좀 더 드라마틱하게 만들어 보고 싶은 스스로의 위로라고 할 수도 있다.

그런데 부인할 수 없는 것은 내가 흙으로 시작되어 흙으로 돌아가고 있다는 것을 뼈저리게 깨닫게 되는 길이었던 것이다. 그리고 나는 본의 아니게 '죽음'이라든가 사후 세계에 나이에 맞지 않게 일찍 고민하게 된 것도 믿음의 길에 일조를 하게 된 것이다. 시편 기자는 정해진 우리의 수명을 깨달을 때 이를 통해 지혜를 얻을 수 있음을 암시하고 있다.

"우리에게 우리 날 계수함을 가르치사 지혜로운 마음을 얻게 하소서."(시 90)

이전의 나는 고통에서 탈출하는 게 목적이었다면 지금의 나는 이 고통을 음미하려고 노력한다. 이 땅을 떠나면 다시 느낄 수 없는 것이니만큼 되도록이면 음미하며 지혜를 얻고자 한다.

또 한 가지 내가 겪은 고통이 나에게 도움을 준 것은 남의 아픔을 이해하려는 마음을 갖게 된 것이다. 그래서인지 나는 1980년 좀 더 좋은 환경에서 아이들을 키우려는 부모님을 따라 미국으로 왔지만, 2024년 미국에서 여러모로 1980년대 한국보다 못한 패터슨에서 살고 있는 것이다. 그런들 어쩌랴, 내가 찾은 보물이 이곳에 있는데. 그리고 이 지혜는 위에서 오는 하나님의 은혜이고 60년을 살아보고 나니 하나님의 말씀이 얼마나 순금 같은지 시편 기자의 말씀이 와닿는다.

"주의 말씀이 심히 정미하므로 주의 종이 이를 사랑하나이다."(시 119:140)

PART 6

하나님과 금(Gold and God)

||||||||||||||||||||||||||||||||||||||||||||||||||||||||||||||||||||||||||||

이 시대는 PR 시대이다. 필자가 좋아하는 싱어들이 있는데 대부분 Youtube에서 만난 가수들이다. 엔터테인먼트 소속 아티스트들에 비해 전문성은 떨어지지만 그만큼 자신의 재능이 특별해야 뜰 수 있는 공정한 경쟁 수단이다. 물론 필자도 몇 번 시도해 보았지만 아직은 때가 아닌 듯하다.

모두가 인생의 한방을 기대하며 Youtube 채널을 만들고 있는데 이 한방에 자고 나면 스타가 되는 일이 허다하고 이렇게 '뜨는' 사람은 광고 계약과 출연료를 통해 햄버거를 만들어 파는 동네 아저씨나 수산시장에서 생선을 손질해 파는 아주머니는 상상할 수 없는 행운을 누리게 된다. 금수저를 물고 태어난 운명은 아니지만 그래도 성공할 수 있는 기회와 방법이 모두에게 제공되었으니 참 반가운 일이다. 그래서인지 마이크와 악기, 조명 등 유튜브 제작에 필요한 기기들이 불티나게 팔리고 이제껏 존재하지 않았던 또 다른 경쟁 체제에 돌입하였다.

물론 여기에도 낙오자는 심하게 실망하고 좌절하기 마련이지만 그래도 희망을, 특별히 청년들에게, 줄 수 있기에 나름대로 긍정적으로 생각하고 싶다. 그런데 문제는 모두 다 한 방향으로 흘러간다는 것이다. 그게 교회든 사회든 금수저든 흙수저든 모두 한 방향이고 그것은 자아 성취고 성공이다. 그리고 그 자아 성취의 화려함을 절정에 이르게 하는 금메달이 존재하는데, 바로 이 금의 대가가 이 땅에서 누릴 수 있는 많은 특혜를 제공한다는 것이다. 그것이 어느 분야인지를 막론하고 우리는 이 금을 찾기 위해 모두 노력하고 있다.

미국의 성공 뒤에도 마찬가지로 이 금이 존재하는데 1848년 1월에 John Sutter가 소유한 제재소에서 금이 발견된 후로 미국은 금맥을 찾아 캘리포니아로 대이동을 경험하였고 마찬가지로 1607년 유럽은 금을 찾아 Virginia Company를 미대륙으로 보내게 된다. 그래서 역사학자들은 유럽에서 미국으로 건너온 이민자들의 이민 목적을 '3G'로 간추렸는데 그것이 바로 Gold, God and Glory이다. 학자에 따라 첫 번째와 두 번째의 G가 순서를 바꾸는데 God 이 먼저냐 아니면 Gold가 먼저냐이다.

신이 첫 번째든 두 번째든 그것은 문제가 되지 않는다. 이미 따질 필요가 없는 문제이기 때문이다. 다 틀렸기 때문이다. God이 Gold 와 함께하는 순간 그 집은 폭삭 망하는 것이다.

성경에 신과 금이 함께 공존하는 장소가 있는데 첫 번째는 이스라엘의 장막이다. 금이 상징하는 청정함을 하나님과 신이 만나는 장소에 사용한 것이다. 둘째는 계시록에 나타난 천국의 거리인데 이역시 금이 상징하고 있는 Purity를 나타내기 위함이 아닌가 생각한다. 문제는 인간이 금을 좋아하다 보니 하나님보다 금을 더 사랑하는 범죄를 쉬지도 않고 일 년, 열두 달, 주 칠 일 연속 범한다는 것이다. 그 결과를 가장 드라마틱하게 보여준 장면이 **여호수아 7장에** 나타난 **아간**이다. 하나님께서 은금과 동철은 하나님께 바친 물건이니 손대지 말라고 경고하셨지만, 아간은 금덩이를 자신의 텐트 아래 숨기고 무사히 지나가는 줄 알았다. 하지만 이스라엘은 그다음 날 전쟁에서 패배하고 그 원인을 찾던 중 그 책임이 아간에게 있는 것을 알게 되고, 아간은 물론 그의 자녀까지 끔찍한 사형을 받게 되는데 한 인간의 마음으로 하나님의 형벌이 너무 큰 게 아닌가 이 구절을 지날 때마다 질문해 본다.

이뿐만 아니다. 내가 아직 죄의 심각성을 잘 몰라서 그러겠지만 하나님의 심판이 어떨 때는 너무 가혹하다는 생각이 종종 든다. 아간의 잘못은 꼭 금을 탐한 것 이상의 잘못이 있다. 하나님의 명령을 어긴 것이다. 하지만 이것은 아간의 잘못이 아니다. 바로 우리 모두의 잘못인 것이다. 지금도 우리는 하지 말라는 그 일을 하고 있기 때문이다. 예수께서 말씀하셨다.

"한 사람이 두 주인을 섬기지 못할 것이니 혹 이를 미워하고 저를 사랑하거나 혹 이를 중히 여기고 저를 경히 여김이라 너희가 하나님과 재물을 겸하여 섬기지 못하느니라."(마 6:24)

여기에서 재물이라는 단어는 원어에 $\mu\alpha\mu\omega\nu\tilde{\alpha}$(마모나스)로 부(富), 소유, 재산, 돈이라는 뜻이다. 인간의 동기가 바로 돈이고 자아충족의 방법이 소유와 재산을 불리는 것인데 어떻게 인간이 부를 거부하고 소유를 금할 수 있다는 말인가. 하지만 예수의 가르침은 분명하다. 하나님을 사랑하는 사람은 돈을 미워하고 돈을 사랑하는 사람은 하나님을 미워한다는 말이다. 둘 다 사랑하고 둘 다 미워할 수는 없다는 말이다. 이 대목에서 많은 사람이 이의를 제기하거나 항명의 길을 택할 수 있다. 모두 금을 사랑하기 때문이다. 어떻게 이 땅에 살면서 돈을 미워할 수 있단 말인가? 필자가 돈을 미워한다고 말하면 거짓말쟁이가 될 것이다. 하지만 사실이다. 돈이 필요한 것은 사실이지만 나는 돈을 미워한다. 돈이 하는 짓이 너무 미운 것이다. 돈이 저지르는 범죄와 돈 때문에 팔려 가는 영혼이 너무 불쌍한 것이다. 돈에 울고 돈에 웃는 우리가 너무 가여운 것이다.

나도 돈을 벌어서 기뻐할 때가 있다. 하지만 돈이 주는 거짓에 우리는 모두 놀아나고 있다. 그래서 이스라엘 역시 항명의 길을 택하였고 하나님보다 돈을 더 사랑하여 풍요의 신 바알과 다산의 신 아세라를 섬긴 것이다. 그 결과 바빌론의 침략으로 성막 안에 있던 모든 금과 집기들이 약탈당하였다. 나는 한국의 교회가 그리고 이 시대의 교회가 정말 하나님을 사랑하는 것인지 아니면 돈을 사랑하는 것인지 구분하기 어려울 때가 많다.

한국인의 한 사람으로 나라가 부강하게 되는데 어찌 반가워하지 않을 수 있을까. 하지만 교회가 부를 쌓는 일에 누군가가 경고해야 한다고 생각한다. 이 자리에서 남의 이름을 들먹거리는 일은 실례지만 내가 존경하는 분이기에, 그리고 이 목사님은 필자의 마음을 아시리라 생각하고 말씀드린다. 이미 말씀 드린 것처럼 한규삼 목사님은 내가 존경하는 목사님이다. 그런데 한 목사님이 시무하시는 충현교회를 구글에서 찾아본 후 안타까운 마음이 들었다. 너무 멋있는 예배당 때문이다. 나는 한국교회가 예배당을 위해 너무 많은 시간과 돈을 사용하지 말고 고아원과 양로원에 투자하기를 바란다. 아니면 교회 안에 이분들을 위한 시설을 마련하고 작은 자, 약한 자들이 상처받지 않도록, 외롭지 않도록 교회의 시설과 재원을 사용하기를 바란다. 너무 큰 건물과 아름다운 건축물이 하나님을 위한 것인가 아니면 우리의 자랑을 위한 것인가 다시 한번 생각해 보기를 교회 지도자들과 성도들에게 부탁드린다.

나는 여러 가지 일을 맡아야 했다. 사무실 일과 목공, 전기, 하수관 등 뭐든지 다 알아야 한다. 사람도 없고 돈도 없으니 다 알아서 해야 한다. 그나마 가게 일은 함께하시는 장로님, 집사님께서 자기 일처럼 해주셔서 정말 감사드린다. 그래서인지 나는 교회 건물을 보며 저 시계는 얼마, 저 탑은 얼마, 벽돌 가격, 조명, 음향 시설 등 가격과 인건비를 계산하게 된다. 정말 저 시설이 꼭 필요한 것일까? 우리가 좀 더 겸손하게 예배드리고 이웃과 함께 나머지를 사용할 수 없을까? 교회를 생각하면 마음이 아프다. 내 다리가 아픈 것보다 더 심하게 아프다.

오늘도 나는 뉴저지 부촌에 위치한 한국교회를 다녀왔다. 그곳에 옷 수거함이 있어서 다녀온 것이다. 마침 교회를 관리하시는 분과 만나 잠시 대화하다가 또 한 번 놀라게 되었다. 젊은 담임 목사가 무슨 이유에서인지 재신임 투표에서 떨어져 교회에 사표를 내었다는 것이다. 거기까지는 문제가 없는데 그 교회 젊은이들의 90% 가 담임 목사와 함께 교회를 떠났다는 것이다. 그 교회는 대지와 건물을 합하면 학교를 운영할 만한 시설을 갖추고 있다. 산기슭에 위치하여 숲이 둘러싸여 별장 같은 느낌이 드는 곳이다. 마침 필자가 운전하고 나오는데 사슴이 넝쿨 사이로 뛰어나와 나를 깜짝 놀라게 하였는데, 왠지 나는 사슴을 보면서 더 마음이 슬퍼진 것 같다. 하나님이 우리에게 허락하신 재물과 자연을 얼마나 자신만을 위해 사용하고 있는지 생각하니 마음이 아픈 것이다.

모든 나라는 금을 저장하고 금으로 경제를 움직이던 시대가 있었다. 물론 지금도 금이 가장 귀한 움직이는 현물이고 부를 상징하고 있지만, 전자 화폐와 AI 시대에 금의 가치가 얼마나 될지 두고 볼 일이다. 이 금을 가장 많이 가지고 있는 나라가 강한 나라고 세계를 움직일 수 있는 힘을 가진 나라다. 그런데 한때 이 금을 가장 많이 소유한 곳이 다름 아닌 교회였다.

중세 시대 로마교회는 유럽 땅의 2/3를 소유하고 있었다고 한다. 그리고 여기서 거둬들이는 세금으로 황제보다 더 많은 부를 소유하게 된 것이다. 물론 마틴 루터의 종교 개혁으로 마구잡이로 거둬들이던 세금과 재산을 상당히 잃었지만, 지금도 가톨릭교회의 재산과 소유권은 우리가 감히 상상할 수 없을 정도이다. 얼마 전 선교회 앞에 학교 건물이 비어 있어서 학교를 운영하기 위해 임대를 문의하려고 건물주를 찾아보니, 이 건물도 역시 가톨릭 소유였다. 건물 관리를 맡고 있던 교구의 담당자에게 이메일과 전화를 주고받았지만 임대를 거절당하였다. 구글에서 가톨릭교회의 땅을 검색하니 세상에서 가장 많은 땅을 소유한 단체로 소개하고 있다. 세계 곳곳에서 소유한 땅을 다 합하면 프랑스 국가보다 큰 땅이라고 한다. 미국 땅 어디를 가든, 또한 한국 땅 그리고 가톨릭교회가 있는 곳 어디든 가톨릭교회가 소유한 땅과 재산은 아마도 한 나라를 운영할 수 있는 자본일 것이다. 한 예로 바티칸 은행이 소유한 자산이 5.5 billion dollar라고 한 인터넷 매체에서 소개하는데, 아마도 이 액수는 가톨릭이 소유한 부동산과 고가의 그림, 보석, 역사적으로 고액의 가치가 있는 작품들을 제외한 숫자일 것이다. 물론 단순히 소유하고 있다는 것에 문제가 있다는 건 아니지만, 과연 이 엄청난 돈을 세상에 풀면 가난과 질병으로 몸살을 앓는 대륙의 문제가 오늘도 존재하고 있을까? 모든 문제를 해결한다는 것은 아니지만 아마도 눈물을 흘리는 자들이 상당히 줄어들지 않을까.

필자는 가톨릭이 얼마를 소유하든 알 바 아니다. 나의 초점은 개신교에 있다. 좋든 싫든 나는 개신교 신학을 공부하고 개신교 교단에서 안수받았고 내가 믿는 예수의 가르침이 개신교 신학과 더 일치한다. 하지만 개신교의 행동과 수단에 문제가 있음을 지적하지 않을 수 없다. 왜냐하면 많은 개신교의 행동이 예수께서 지적하신 외식하는 자들의 행동과 비슷하기 때문이다.

"천국 문을 사람들 앞에서 닫고 너희도 들어가지 않고 들어가려 하는 자도 들어가지 못하게 하는도다."(마 23:13)

수많은 교인이 잘못된 성경 지식으로 인하여 마침내 천국에 들어가는 줄 알았지만 문전박대를 받을 수 있기 때문이다. 바로 성도의 삶에서 발생하는 문제를 지적하기보다는 성도들이 들고 오는 '금'에 더 관심이 많기 때문이 아닐까? 한국은 물론 미국의 복음주의 기독교 역시 금을 섬기기는 마찬가지다. 아니, 인간의 순리이기에 당연할 수밖에 없다.

필자가 운영하는 선교회에 어린이 사역을 맡고 있던 자매가 있다. 대학을 우수한 성적으로 졸업하였고 총명한 두뇌와 반짝이던 눈이 아름다움과 함께 지성을 소유한 인재였다. 지금은 어디서 무엇을 하는지 모르지만, 이 자매가 선교회를 떠날 때 필자를 집으로 초대하였는데 무슨 영문인지도 모르고 찾아간 나는 뜻밖에 그곳에 모여 있던 한 무리를 만나게 된다. 그리고 식사와 함께 이 자매가 소개한 비즈니스 모델이 있는데, 다름 아닌 크리스천 다단계 판매였다.

자매가 비디오를 켜자 "여러분도 이 모임에 참여하면 하나님의 주신 축복을 누릴 수 있습니다." 하고 헬리콥터를 타고 등장하는 이 사업의 창립 멤버가 이렇게 자기 사업을 소개했다. 무엇인지도 모르고 참가한 우리에게 우리도 부자가 될 수 있다고 충동질을 하는 것이었다. 나는 아직도 이해가 되지 않는 것이 이렇게 똑똑한 사람이 어떻게 이런 '사업'에 참여하게 되었는가였다. 그리고 사람이 얼마나 부를 갈망하면 이렇게 어처구니없는 사업에 잘 빠져드는 것일까?

선교회에 봉사 온 한 청년이 나에게 몸을 위해 마시라고 배리 주스를 두 병 선물한 기억이 있다. 너무 오래전 일인데 이 주스가 코스트코에 들어오기 이전이었고 지금은 이미 한물간 상품이라 더 이상 코스트코에도 없는 듯하다. 그 청년에게 맛도 맛이지만 몸에 좋다니 구입하려면 얼마인지 물어본 후, '아 또 마케팅이구나.' 속으로 짐작하였다. 그런데 이 친구 역시 이 상품은 하나님이 우리의 건강을 위해 주신 상품이다, 나는 이 제품에 자신을 갖고 판다며 장사의 수단에 또 하나님을 들먹이는 것이었다. 이 친구가 지금은 어디에서 무얼 하는지는 모르지만, 많은 사람들이 이익을 추구하기 위해 교회나 단체에 참여하고 더 나아가 '하나님이 주신' 선물임을 강조한다. 과연 이들이 섬기는 분은 하나님일까 아니면 '돈'일까?

28살 먹은 필자의 딸에게 질문하니 명쾌한 답이 나왔다.

"돈이요."

이렇게 **'돈을 사랑함이 일만 악의 뿌리'**(딤전 6:10)라고 너무나도 명백하게 쓰여 있지만 아무도 어쩌지 못하고 돈이 우리의 목표고 삶의 동기가 된 것이다. 이런 세상에서 과연 누가 돈과 무관한 삶을 살 수 있을까? 개중에는 나는 돈을 사랑하지 않는다, 다만 좋아한다고 하지만 인간의 눈에도 눈 가리고 아웅인데 하나님 눈에야 말할 것도 없을 것이다.

그렇다면 인간에게 불가능한 돈에 대한 이 열정을 어쩌라는 말인가? 한 10여 년 전에 본 기사에 이런 대목이 있었다.

"Greed is no longer a shame(욕심은 더 이상 창피한 것이 아니다)."

한때는 욕심은 죄이고 부끄러운 것이라고 인정한 때가 있었다. 하지만 모든 것이 돈으로 환산되는 이 시대에 이러한 발상은 구태의연한 생각이고 더 이상 욕심에 대한 죄책감을 가질 필요가 없다는 시대에 들어온 것이다. 인류의 문명이 욕심으로 발전하였고 개인의 성취욕 역시 욕심과 분리할 수 없으니 있는 대로 받아들이고 더 이상 양심이라는 철학적 개념에 얽매일 필요가 없는 시대에 살고 있는 것이다. 그래서 이 시대는 양심에서 자유를 얻었고 더 이상 창피함이 사라진 시대다. 필자가 미국에 온 지 얼마 안 되었어도 그때 배운 관용구 중에 "Shame on you(창피한 줄 알아라)"가 있는데, 영어가 원어가 아닌 패터슨에서 살아서 그런지 그 후로 이 문장을 들어본 기억이 없다. 혹시 Shame이라는 단어가 더 이상 필요하지 않아서 사전에서 사라진 것은 아닐까?

오래전에 읽은 책 중에 『Scarlet letter(주홍글씨)』가 있다. 그때 영어 실력은 지금보다 못하였고 읽은 내용 중에 몇 가지 생각나지만, 그나마도 확실한 기억이 아니다. 다만 이 여인이 감당해야 하는 수치와 아픔을 내가 함께 느꼈다는 감정만이 확실히 남아 있다. 꼭 이렇게까지 한 사람의 인격을 망가뜨려야 했을까 하는 질문도 함께 남아 있다. 이 문제의 답이 될지는 모르겠지만 인간이 수치를 잃어버릴 때 죄의 본성이 고삐 풀린 망아지처럼 튀어나오기 때문에 1800년대 미국은 그 고삐를 가능하면 단단히 매려고 노력한 것이다. 물론 이 고삐는 아주 천천히, 사람이 감지할 수 없을 정도로 천천히 풀려 오늘에 이른 것이다.

미국 역사를 공부하다가 또 하나 재미있는 사실을 발견하였는데 우체국 직원이 경찰 역할까지 감당한 시절이 있었다는 것이다. 우편물을 검색하다가 성적으로 부패한 내용물이 나올 때 이들이 우편물을 발신한 사람과 수신자를 체포하였다는 것이다. 만일 이런 법이 지금도 존재한다면 미개한 사람과 나라로 취급될 것이다. 마치 한여름에 두건을 머리에 감고 다니는 아랍 사람을 보는 것처럼. 이렇게 죄의 범위가 사라지고 모든 것이 개인의 취향과 선택에 따라 결정하는 시대가 되다 보니 교회가 할 일이 너무 많기도 하지만 교회의 무능이 더욱 선명해지는 시대가 된 것이다.

죄를 지적하고 성도를 옳은 길로 인도하여야 하는데 목사가 함께 죄의 길을 걷게 되니 교회가 무슨 일을 할 수 있을까? 이렇게 교회가 무능해지는 이유는 인간의 필요에 의해 신의 권리를 박탈하기 때문이다.

얼마 전 필자의 사역에 큰 힘이 되는 뉴저지 베다니교회가 곤욕을 치른 일이 있다. 감리교회 소속으로 동성애자 안수를 놓고 교단이 갈라지게 되어 이 교회는 새로운 지침에 반대하였고, 그 결과 교단 탈피를 위해 수십억에 달하는 벌금을 지불한 것이다. 언젠가는 올 것이었는데 내 생각보다 한참 걸린 일이다. 그 이유는 필자가 상담학을 공부하던 1999~2002년에 Multicultural counseling(다문화 상담)을 공부하였는데 여기서 내준 숙제 중 하나가 Episcopal(성공회) 교회를 찾아가 동성애 목사를 인터뷰하는 일이었다.

숙제를 받아든 학생들 몇이 함께 교회를 방문하였고 각자 리포트를 작성하여 교실에서 발표하였다. 30여 명의 학생들이 학사 과정을 위해 낮에는 일하고 저녁에 강의를 들었는데 이 중에 대부분은 이미 학교에서 일하는 교사들이었다.

이들 앞에서 "나는 기독교인이고 이 리포트는 나의 신앙에 어긋나지만 지식인으로서 발표하겠습니다."라고 말문을 여는데 갑자기 "입 닥쳐!"라는 고함이 들려오고 "너의 자리로 돌아가!" 하며 교실은 온통 고함으로 뒤집어졌다. 이곳은 지성인들이 모인 곳이 아니라 마치 독일인 앞에 선 유대인이 되었던 것이다. 아시다시피 교회 중에 가장 먼저 동성애를 받아들인 교단이 성공회이고 이 성공회를 창시한 사람은 바로 헨리 8세이다. 자신과 캐서린의 결혼을 무효로 해달라고 로마 교황 Clement 7세에게 요청했지만 이를 받아들이지 않자 교황청과 분리하고 자신을 스스로 교회의 머리로 세운 교회가 바로 영국 성공회의 시작이다. 헨리 8세는 캐서린과 이혼 후 앤과 결혼하였고 그 후 4명의 아내와 결혼한 다사다난한 영국의 난봉꾼이었다.

이런 교회의 역사를 볼 때 성공회야말로 이 시대에 교회를 세속화하는 선구자라고 칭해도 무방할 듯하다. 이렇게 모든 것이 부끄러움을 잃다 보니 더 이상 성에 대한 부끄러움도 돈에 대한 죄책감도 사라지고 교회는 더 이상 가속화된 물질주의를 붙들어 맬 힘이 사라진 것이다. 이 시대의 교회는 돈보다 더 매력 있는 것을 찾아내야 한다. 나는 이제까지 마약 중독자들에게 마약을 어떻게 끊을 수 있는지 찾아보았고 그 길이 옳은 길인 줄 알았다. 하지만 이제는 생각이 바뀌었다. 마약보다 더 좋은 것을 찾아서 이들에게 안겨 줘야 이들이 살고 나도 사는 것이다.

마찬가지로 교회는 돈보다 더 매력적인 것을 성도들에게 소유하도록 도와주어야 하고 돈으로 살 수 없는 완벽한 것을 가질 때 이 돈의 환상에서, 자기실현의 착각에서 비로소 자유를 가질 수 있는 것이다. 그런데 이 시대 교회가 제시한 그 매력적인 것은 이미 존재하는 하나님의 말씀에 사람이 듣기 좋아하도록 포장지로 잘 싼 것뿐이다. 어쩌면 이들이 따르는 것은 하나님의 뜻보다 아름다운 포장지가 아닐까?

미국도 이런 문제가 종종 발생하지만 한국 사회처럼 맹종하는 이단에 관한 뉴스거리가 많지는 않다. 이런 단체의 특징은 '특별한 선택'이다. 신사도 운동이나 신천지 외 이들과 비슷한 방법으로 포교 활동을 하는 단체가 강조하는 점이 다 이 '믿음'이다. 오래전에 선교회에서 일하던 직원에게서 자신이 참석하는 교회에 나와 보라고 권유받았는데 지금 와 생각하니 그 교회가 신사도 운동에 속한 교회였다. 그래서 그랬는지 이분은 자신의 기도에 대단한 영력이 있다고 믿고 필자의 머리에 손을 얹고 기도해 주었는데 필자보다 한참 어린 나이지만 나는 겸손하게 이분에게 기도를 받았다.

나는 이분의 기도를 감사히 받고 이분과 한 마음으로 하나님께 기도드렸으니 그것으로 만족하지만, 무엇인가 특별한 것을 추구하는 사람들의 마음은 아직도 자기의 값어치를 충분히 이해하지 못한 결과라고 생각한다. 이런 결과는 결국 차별화된 대접을 받기 원하는 사람의 본성을 충족시키는 또 다른 형태의 자기기만에 불과한 것이라고 필자는 생각한다. 이런 효과가 왜 한국 사회에 충만한지는 필자가 열거하지 않아도 다 아시리라 생각한다.

필자는 1980년에 한국을 떠나 이제까지 한 번도 한국을 방문한 적이 없다. 하지만 다음 (Daum) 뉴스와 Netflix 한국 드라마를 통하여 매일 한국을 간접 경험하고 있다. 한국은 좁은 땅에서 과밀한 인구가 치열한 경쟁을 벌이는 곳이다. 그러다 보니 이 경쟁에서 승리하는 사람이 두드러지게 잘 나타나고 그 승자의 쾌감을 누리기 위해 수단과 방법을 가리지 않고 목적을 향해 달려 나가게 된다. 이 사회는 승자를 특별한 사람이라고 부추기고 또 특별 대우로 사회의 상하 관계로 구별한다. 얼마 전 뉴스에서 전 한동훈 장관이 사임하고 떠나는 날 모든 직원이 계단에 나란히 서서 한 장관의 떠남을 배웅하는 사진을 보았다. 이 모습이 나에게는 너무 과도하게 보였는데, 마치 한국 영화에서 나오는 조폭들이 보스에게 예의를 갖추는 모습과 흡사했다. 한국 사회는 바로 이런 상하 관계가 뚜렷하고 갑을의 관계를 다 따져서 가진 사람이 누려야 할 혜택을 기꺼이 누려야 하고 또 누릴 수 있도록 허락하는 사회. 이런 사회에서 성도들에게 교회에서 제시한 것이 '영'적인 '갑'의 논리가 아닌가 의심해 본다.

갖지 못한 서러움과 누리지 못하는 갑의 위치를 어떻게든 보상받고자 하는 갈망을 교회가 이렇게 풀어준다면 어떤 면에서 다행일 수 있다. 필자 역시 약한 자와 소외된 자를 찾아 위로를 주는 일에 종사하다 보니 을에 편에서 무엇이든 하고자 한다. 하지만 이러한 의식 변화는 다단계 판매 방식과 별다르지 않은 것이다. 누이 좋고 매부 좋고 다 좋은 것처럼 들리지만 정작 교회와 교인들에게 하나님의 의도와 목적을 찾지 못하고 스스로 속아 넘어가는 것이다.

세례요한은 이렇게 말했다.

"너희는 회개했다는 증거를 행실로써 보여라. 그리고 '아브라함이

우리 조상이다' 하는 말은 아예 할 생각도 말아라. 사실 하느님은 이 돌들로도 아브라함의 자녀를 만드실 수 있다."(마 3:8-9)

하나님이 원하시는 자녀가 되기 위해서는 우리 속에 있는 욕심을 먼저 알아야 하고 그 욕심이 죄인 것을 깨달은 후에 회개의 증거를 열매로 보일 수 있다. 하지만 선민의식, 특별한 선택을 강조하는 무리는 '특별한' 위치에 있고자 하는 그 자체가 욕심인 것을 아직 모르는 것이다. 또한 사회에서 인정받지 못한 보상 심리로 교회에서 하나님의 자녀라는 '갑'의 대우를 받고자 함은 유대인들이 선민의식으로 예수를 죽게 한 것과 똑같은 모습이다. 이들의 공통점이 바로 자신들이 '특별한' 아브라함의 자손이라고 믿어 이들을 환각 상태에서 깨어나지 못하게 한 것이다.

미국에도 이런 부류의 시민이 있다. 자신들이 "Sovereign Individual"이기 때문에 사회의 법을 초월한 사람이라고 주장하는 것이다. 필자가 이 논리를 처음 접한 것은 경찰에게 심문당하던 흑인이 자신은 "주권 개인"이기 때문에 경찰에 신분증을 제시할 이유가 없다는 것이었다. 너무 허무맹랑한 소리지만 이렇게 주장하는 사람들이 미국 사회에서 점차 확대되는 분위기가 느껴지고 있다.

Wikipedia에서 S.I.를 찾아보면 이 논리가 어디서 흘러나왔는지, 왜 이 사회의 분위기에 흡수되고 있는지 알 수 있다. 그 이유 중 가장 큰 이유는 역시 "돈"이다. 이 논리를 지지하는 가장 큰 세력이 전자화폐에 큰 기대를 걸고 있는 투자자들이다. 이들이 주장하는 것은 전 세계가 전자화폐를 사용하게 될 때 국가와 정치의 세력이 약화되고, 반면에 개인의 주권과 자기 소유권이 강화된 사회가 된다는 것이다. 더 이상 정부의 권력에 탄압받지 않고 사회의 의견이나 편견에 귀 기울일 필요가 없게 된다는 주장이다. 마치 공상 과학 논리 같지만 나라의 화폐가 그 역할을 잃게 될 때 충분히 가능성 있는 논리다. 하지만 아직은 하나의 논리일 뿐이다. 필자가 주목하고자 하는 것은 이 논리를 주장하며 경찰에게 신분증을 보이지 않겠다는 저항하는 엉뚱한 운전자다. 유대인들이 그랬고 또 이 시대의 교인들이 이런 엉뚱한 주장을 펼치고 있다는 것이다. 하나님이 세상을 사랑하셔서 그리스도를 통하여 우리에게 하나님의 자녀가 되는 길을 열어주셨고 우리는 이 길에서 찾을 수 있는 자유를 더 많은 사람에게 알려주는 메신저가 된 것이다.

"그러므로 우리가 그리스도를 대신하여 사신이 되어 하나님이 우리를 통하여 너희를 권면하시는 것 같이 그리스도를 대신하여 간청하노니 너희는 하나님과 화목하라."(고후 5:20)

메신저가 할 일은 소식을 전달하는 일이다. 물론 구원의 감격을 체험하였고 감사하는 마음이 차고 넘치는 것은 당연한 일이나, 우리가 섬겨야 하는 이웃은 안중에 없고 우리 안에서 우리를 위하여 천국 백성이라고 파티를 여는 것은 그리스도 예수의 모퉁잇돌이 빠진 교회와 교인의 모습인 것이다.

하나님의 자녀가 되기 위해서는 죄를 알아야 하고 이 죄는 우리가 가지고 있는 모든 동기의 바닥에 깔려 있기 때문에 죄를 죄로 인정하는 것은 사실 초자연적인 현상이다. 하지만 인간이 하지 못하는 것을 하나님은 하실 수 있다고 하신 예수의 말씀처럼 하나님은 우리의 본체가 죄인 것을 보게 하시고 모든 것을 내려놓을 때 하나의 돌, 한 줌의 흙에 지나지 않는 자신을 볼 수 있게 되는 것이다. 아무런 값어치 없는, 개똥보다도 못한 한 줌의 흙. 개똥도 필요한 때가 있지만 한 줌의 흙을 필요로 하는 사람이 누가 있을까?

내가 한 줌의 흙인 나를 발견하고 처음에는 무척 슬펐다. 비록 늦게 출발했지만 나도 증을 다수 가지고 있는데 정녕 한 줌의 흙이란 말인가? 그런데 그곳에 평화가 찾아왔다. 예수께서 말씀하신 자유다.(요 8:32)

하나님이 나에게 원하시는 것은 특별하지도 거룩하지도 않다. 내가 나인 것을 인정하는 것이고 그것은 스스로 아무런 값어치 없는 흙인 것을 아는 것이다. 내가 자랑할 것은 죄밖에 없다는 것을 보게 하였다. 내가 이제껏 경험한 많은 형제와 자매의 죽음처럼 나도 그 중 하나일 뿐인 것이다. 죽음은 사람의 생각 순위에서 몇 번째에 있을까 생각해 보았다. 구글에서 검색하다가 이런 도표[5]를 찾게 되었다. 미국 사람들을 대상으로 낸 통계이지만 한국 사회 역시 동일한 대답이 나오지 않을까?

Which topics would you be most willing to talk about?	Total	Women	Men
Money 돈	81%	79%	83%
Mental Health 건강	58%	70%	44%
Sex 성	46%	40%	53%
Politics 정치	42%	33%	52%
Religion 종교	41%	44%	38%
Death 죽음	32%	34%	30%

보통 사람에게 죽음은 오늘 걱정할 대상에 속하지 못한다. 살아

---

5   https://insurancenewsnet.com/innarticle/americans-think-about-death-but-wont-plan-for-it

야 하는 중한 일이 눈앞에 닥쳐있으니 '돈'이 있어야 하고 돈이 있어야 건강도 가정도 지킬 수 있기 때문이다. 그렇기에 위의 도표에 나타난 대로 죽음은 일단 돈이 있고 마음과 육신의 필요가 채워진 후 혹시 여유가 있는 철학자들이나 생각하는 주제인 것이다. 그렇다 보니 보통 사람이 죽음을 생각하는 시간도 부족하고 더군다나 죽음을 지나 찾아오는 사람의 끝자리 흙에 관해서 생각해 본 사람은 많지 않을 것이다. 그런데 물속에서 느껴보는 포근함처럼 흙으로 돌아간 나를 생각해 보면 편안한 마음이 생겨난다. 그 이유가 무엇일까? 흙이 단순하기 때문이라고 할 수 있고 또 흙은 의지가 없기 때문이기도 하다. 내가 가지고 있는 의지가 너무나 많은 순간 죄에 덮여 진리와 거짓의 차이를 모르고 살아왔기 때문이 아닐까? 그래서 흙으로 돌아간 나를 환영하고 흙에서 나를 찾을 때 하나님의 위로하심이 느껴진 것이다.

필자가 어렸을 때 흑백 TV에서 한 영감 있는 노래를 들었다. 남학생 넷이 부르는 성 프란시스코의 기도문 「주여 나를 평화의 도구로 써주소서」였다. 내 나이가 몇 살이었는지 기억에 없지만, 그때 학생들이 아카펠라로 부른 노래가 내 가슴에 깊숙이 새겨졌는데 혹시 그때 내 영혼이 천사에게 '강탈'당한 것은 아닐까?

여하튼 이 노래의 영감이 오늘도 살아 있고 내가 세운 조그만 '성'이지만 선교회라는 단체에서 나만의 개성을 만들려 하였고 이 성의 주인으로 작지만 그 권력을 휘두른 적이 있다. 노숙자들 사이에서는 일등공신이고 또 방문객들에게는 선망의 대상이 되고 싶은 욕심도 함께 존재하는 나를 부인하지 않는다. 물론 지금도 이 욕심은 종종 나를 흔들어서 때가 되면 더 이상 흔들 수 없는 '은퇴'로 나를 준비하고 있다. 내 아무리 날고 기는 재주가 있다 해도 나를 위해 존재하는 내 속성까지 바꿀 수 없고 그러기에 나는 아직 완벽하지 못한 망가진 존재이다. 그렇기 때문에 나는 매일 흙에서 출발한 나를 되새겨야 하고 하루를 시작하기 전에 하나님의 손길을 기다려야 하는 것이다.

예수께서 이 땅 한구석에서 출발점을 찾으셨는데 그곳이 마구간이다. 마찬가지로 인간이 하나님의 백성으로 다시 태어나기 위해서는 출발점을 찾아야 한다. 그 출발점이 나에게는 흙으로 돌아가는 것이다. 나는 새로운 신학 이론을 제시하는 것이 아니다. 이론을 만들만한 충분한 지식도 없고 배경도 없다. 다만 세상이 섬기는 대상과 교회와 교인이 섬기는 대상이 너무나도 비슷하여 혼자 춤을 추고 있는 것이다. 마치 끊어진 철로 계곡으로 달려가는 열차 앞에서 손짓으로 기차를 세우려는 것처럼 나는 혼자 춤을 추고 있는 기분이다.

"너희 중에는 그렇지 아니하니."(마 20:26)

인간은 누구나 다 빈 접시에서 시작한다. 영어 표현에 "My plate is full"은 나는 많은 할 일이 있다는 말이고 그만큼 시간이 부족한 사람이라는 뜻이다. 이런 사람을 사회는 성공한 사람으로 인정해 주고 유능한 인재로 취급받는다. 반대로 백수는 시간이 넘쳐 나서 하루 종일 빈둥대다가 시간이 어디로 어떻게 가버렸는지 이해를 못 하는 사람이다. 그래서 둘 중에 나는 꽉 찬 접시가 백수로 사는 것보다 낫다고 믿었기 때문에 나는 매일 백수들을 만나며 어떻게 인간이 저렇게 살아가는지 도무지 이해를 못 하였다.

병원에서 운영하는 약물 프로그램에서 6개월간 근무할 때 일어난 사건 중 하나다. 보통 오전반 오후반으로 나누는데 이들은 4시간 정도 병원에서 운영하는 세미나와 대화 그룹에 참여한다. 한 그룹

모임이 끝나면 다음 모임까지 시간이 있어서 이들은 삼삼오오 모여 병원 건물 밖에 나가 담배를 피우고 돌아온다. 그날은 마침 내가 근무하는 시간이 아니었지만 병원에 들를 일이 있어 이들이 모여 있는 장소를 지나가다가 대화를 듣게 되었다. 이 중에 한 여성이 자기는 너무 바빠서 휴가가 필요하다고 볼멘소리로 다른 친구들에게 호소하였다. 나는 혼자 중얼거렸다. 하는 일도 없이 나라에서 주는 돈 받고 나라에서 후원하는 병원 프로그램을 사용하면서 휴가가 필요하다니, 아이구. 지나가면서 나는 고개를 절레절레 흔든 기억이 있다. 물론 보통 사람으로서 당연히 이해할 수 없는 행동인데 여기서 나는 내가 만든 사회 기준으로 이분을 차별하였고 보편타당한 수준에 미치지 못한 이 여인을 향해 심판을 내린 것이다. 하지만 필자가 이제 와서 깨달은 것은 개인이 만든 우선순위가 다를 뿐이지 인간은 모두 똑같은 문제가 있다는 것이다. 이민 생활을 오래 한 분들은 다들 비슷한 생각을 가지게 된다. 어느 민족은 게으르고 또 어느 민족은 '우리'처럼 부지런한 민족이다. 한인들과 가장 가까이 위치한 민족이라면 당연히 스페인어를 주로 사용하는 남미 사람이다. 필자의 장모님과 아내가 운영하던 식당도 남미 직원 한둘이 항상 있었다. 물론 이 친구들을 대부분 성실한 친구들이지만 그래도 가끔 주말에 술 먹고 월요일에 출근하지 않는 친구들이 종종 있었다. 너무나 낙천적이라고 할까 아니면 쾌락주의라고 할까, 이들의 삶에 술과 파티가 너무 자주 있다 보니 한인들이 볼 때 남미 사람은 등급이 낮은 사람으로 자리가 매겨졌다. 남미 사람들이 볼 때 한인은 일과 돈에 미친 사람들이라고 생각하는 것과 마찬가지인데, 과연 누가 더 잘하고 못하는 걸까? 아마도 이 주제에 결론을 내릴 수 있는 사람은 아무도 없을 것이다. 다 장단점이 있는데 누가 과연 잘잘못을 가려낼 수 있을까? 하지만 모든 인간이 소유하고 있는 잘못은 다음 성경 구절에서 찾아볼 수 있다.

"너희 중에는 그렇지 않아야 하나니 너희 중에 누구든지 크고자 하는 자는 너희를 섬기는 자가 되고 너희 중에 누구든지 으뜸이 되고자 하는 자는 너희의 종이 되어야 하리라."(마 20:26-27)

이 말씀이 우리 논쟁의 중심이 된다면 일단 한인들의 모습은 예수의 가르침과 거리가 먼 것을 보게 된다. 세베대의 어머니가 예수께 요구한 것은 우리가 좋아하는 출세고 잘나가는 사람으로 자기 자녀를 만드는 것이다. 물론 섬김도 일단 힘이 있고 돈이 있어야 섬길 수 있다고 주장하는 분이 있다. 교회도 돈이 있고 사람이 있어야 일을 할 수 있다고 하는 것과 똑같은 주장이다. 그러나 이렇게 생각하시는 분에게 그것은 결국 사람의 일이지 하나님의 일이 아니라고 반론하고자 한다. 우리의 힘으로 그리고 돈으로 행한 일은 결국 '사고'로 남는다는 것을 이스라엘과 교회사가 증명하고 있다.

이스라엘은 하나님의 복을 받은 백성이다. 하나님이 이스라엘을 선택하신 이유는 땅의 모든 족속에게 복을 주시기 위함이고 아브라함은 이스라엘의 초석이 되어 하나님의 복을 이 세상 모든 사람에게 나누는 복의 근원이 된 것이다. 그러므로 이스라엘과 이방인은 하나님의 구원 역사에 시작부터 함께하였고 상대방이 없이는 존재할 수 없는 필연적인 관계가 된 것이다. 이 관계를 사도 바울은 로마서에서 원가지와 접붙임 가지를 비유로 들어 설명하며 그 누구도 스스로 존재할 수 없는 한 나무에 속한 '가지'들임을 지적하고 있다.

다만 이 구약 역사가 완성되기까지 이스라엘에 하나님께서 맡기신 것이 있는데 "그들에게는 양자 됨과 영광과 언약들과 율법을 세우신 것과 예배와 약속들"(롬 9:4)이다. 이것은 하나님께서 이스라엘에 주신 특권이기도 하지만, 반면에 이 약속들을 지켜내기 위하여 모든 세상과 담을 쌓고 살아야 하였던 외로운 길이기도 하다.

철저하게 구별된 삶을 살아야 하였던 이스라엘은 먼저 타민족과 결혼이 금지되었고 당연히 주변 국가와 인간관계가 단절되어 수없이 긴 세월 동안 사람들에게 오해받고 고난과 수난을 겪게 된 원인이 된 것은 이스라엘의 과거의 일만이 아닌 것이다. 그럼에도 불구하고 하나님은 이스라엘에게 애굽에서 이방인으로 생활한 것을 기억하고(출 22:21) 이스라엘에 거주하는 이방인들을 학대하지 말며 이들에게도 동일한 '이웃 사랑'을 실천하도록 명하셨다.(레 19:33-34). 더 나아가 가난한 이스라엘 사람들을 위하여 세우신 구제의 법이 이방인들에게 동일하게 적용하도록 명하시고 이스라엘에 거주하는 이방인들에게도 똑같은 하나님의 법을 적용하도록 명하셨다. 그러므로 구약 성경 구석구석에 나타난 하나님의 '사람' 사랑은 이스라엘의 전유물이 아니라 전 인간을 향한 하나님의 호소이고 그 사랑이 가장 잘 나타난 구절을 필자는 신명기에서 찾게 된다. 하나님께서 이스라엘에게 원하시는 것은 바로 이스라엘의 행복이고 이를 이루기 위하여 이스라엘이 행할 것이 바로 하나님 사랑, 그리고 이웃 사랑인 것이다.(신 10:12-22)

그런데 이렇게 자세하게 사람이 행복할 수 있는 길을 가르쳐 주셨음에도 불구하고 이스라엘이 약속의 땅에서 쫓겨난 이유는 무엇인가? 물론 일차적인 이유는 하나님의 약속을 저버리고 이방 신을 섬겨서지만, 결국은 힘과 돈으로 나라를 통치하려는 인간의 본성에 순종한 것이다. 이스라엘을 향하여 외롭게 부르짖는 선지자들은 모두 무거운 마음으로 동족을 향하여 소리를 높여야 하였다. 그러다 보니 나라를 팔아먹는 매국노(엘리야)로 취급되기도 하였고 나라에 환란을 불러오는 장본인(이사야)으로 취급된다.

이들이 선포하는 하나님의 음성은 모두 다 동일하다. 가장 대표적인 선지자 이사야는 첫 장에서 이스라엘의 타락을 지적하며 이들에게 **"선행을 배우며 정의를 구하며 학대받는 자를 도와주며 고아를 위하여 신원하며 과부를 위하여 변호하라."**(사 1:17)고, 이스라엘이 잃어버린 것이 무엇인지 상기시키고 있다.

마찬가지로 소선지서 곳곳에서 하나님의 사랑을 잃어버린 이스라엘이 서로에게 저지른 범죄를 낱낱이 공개하며 이들의 죄의 결과가 가져올 참담한 결과로 인해 선지자들은 눈물로 하나님의 용서를 간구함을 보게 된다. 우리가 특별히 주목해야 할 사실은 이렇게 하나님의 법을 잊어버린 이스라엘도 여전히 하나님께 제물을 드리며 제사를 올렸다는 사실이다. 이사야 선지자는 이러한 이스라엘의 태도에 하나님의 마음이 '곤비'하여 지쳤고 말라기 선지자는 이러한 이중적인 태도로 하나님의 이름이 더러워지고 이들의 가증한 예물은 스스로를 '도둑'(말 3:9)으로 몰아넣는 결과를 가져온다는 것을 지적하고 있다. 결론은 모든 민족 중에 특별히 택하여 하나님의 백성으로 삼으시고 세상이 알지 못하는 하나님의 의로운 법으로 나라를 세우셨지만 이스라엘은 이 법을 지킬 수 없었다. 바로 힘과 돈으로 모든 일을 처리하려고 하였기 때문이라고 필자는 생각한다.

힘과 돈의 원리를 더 크게 보여준 사례로 필자는 십자군 전쟁을 꼽고 있다. 이스라엘로 향하던 많은 순례자들이 지나던 길이 셀주크 제국의 확장으로 막히자 교황 그레고리 7세는 이 기회를 이용하여 동방정교와 로마교회의 힘을 합하고 이를 이용하여 로마교회의 통치권을 콘스탄티노플까지 확장하고자 하였다.[6]

서기 325년 콘스탄티누스 대제가 로마제국의 수도를 현재의 도시 이스탄불(舊 콘스탄티노플)로 옮긴 후 오랜 시간 동안 지속되던 로마교회와 동방 정교 사이의 정치와 신학적 문제로 다투다가 두 교회는 1054년 결별을 선언하게 된다. 누가 그리스도의 진정한 후계자인지를 놓고 티격태격하다가 이 기회에 그레고리 7세는 자신의 '진가'를 발휘하고자 한 것이다.

이 일을 위하여 황제 마이클 7세의 협조를 요청하는데 마클 황제 역시 팽창하는 유럽 인구와 이에 따르는 자원 확보를 필요로 하였기 때문에 그레고리 7세와 한배를 타게 되었다. 이로써 황제와 교황은 뜻을 합하게 되고 전쟁에 참여할 인원을 모집하기 위해 전쟁에 참여하는 모든 사람에게 죄를 사하여 준다는 특권을 주게 된다. 또한 전쟁에 참여하지 못하는 자들은 돈으로 '면죄부'를 사게 하여 전쟁에 필요한 자금을 마련한 것이다. 겉으로는 거룩한 땅 예루살렘을 탈환하는 게 목적이었다지만, 여기에는 하나님의 영광이나 거룩한 전쟁은 없었다. 지금도 세계 곳곳에서 전쟁이 있지만 여기에는 돈이 걸려 있고 그 돈을 만드는 자리 '땅'이 걸려 있는 것뿐이다. 거룩한 전쟁은 이 땅과 전혀 상관없는 죄와의 전쟁이다. 이 전쟁은 모든 성도들이 돈의 노예가 되지 않기 위해, 우리의 욕심을 떨쳐버리고 하나

---

6   A History of the Christian Church. Williston Walker and Richard A. Norris, David W. Lotz, Robert T. Handy, Charles Scribner's Sons, NY. 1985 p. 284

님의 의의 종이 되기 위해 치러지는 것이다. 1099년 7월 15일 십자군은 '거룩한 땅' 예루살렘에 입성하여 승전가를 불러봤지만 그 땅은 다시 1187년 이집트 아이유브 왕조의 시조 살라딘에게 함락당하게 된다. 그 사이에 십자군은 수많은 유대인과 무슬림을 학살하고 그 결과 기독교는 9/11보다 더 무서운 '테러' 단체가 되었다. 한때 기독교에 대하여 포괄적인 자세를 취하여 오던 무슬림들이 더 이상 기독교에 대한 예의를 지킬 필요를 느끼지 못하게 된 것이다.

그 결과 십자군 전쟁은 그리스도의 이름으로 형제를 사랑하기보다 헛된 영광을 위하여 오히려 적을 만들어 놓은 전쟁이 되었던 것이다. 기독교가 하나님의 이름으로 얼마나 많은 어리석은 실수를 반복하였는지 이해한다면 사람이 하는 일이 얼마나 위험한가를 새삼 느낄 수 있게 된다. 무엇보다 돈과 힘으로 저지르는 일은 결국 '사고'를 남긴다는 것이다.

필자의 부모님은 나에게 잘나가는 자식이 되기를 바란 적은 없다. 다만 건강하기를 바랐다. 혹시 내가 사고를 당하지 않았다면 나의 부모님도 나를 사회에서 경쟁력 있는 사람으로 만들고 싶지 않았을까? 모든 부모의 바람이겠지만 예수께서 여기에 급정지를 시키시고 너희는 달라야 한다고 하신 것이다. 예수께서 그렇게 하지 말라고 하는 뜻은 무슨 말일까? 먼저 우리가 가지고 있는 선입견이 문제라는 것이다. 우리가 우수한 학교를 나왔고, 우리 국민이 남미 사람보다 평균 학업 능력이 뛰어나고, 세계로 진출하는 기업이 더 많아서 부강하고 등등 우리는 사회 모든 면에서 개인적으로 또 국가별로 경쟁하며 차별을 두려고 하는 것이다. 좋은 말로 하면 한국 사회는 경쟁력이 있는 국가이고 사회지만 반대로 세베대의 어머니들과 어머니의 뜻에 순종하는 자녀가 너무 많은 이 땅에서 예수의 가르침을 따를 자가 없다는 것이다.

나는 불과 얼마 전까지만 해도 사람을 살리는 일이 이들을 훈련 시켜서 사회로 진출시키고 스스로 세금도 낼 수 있는 자리까지 도 와주는 것이라고 생각했다. 이런 고정관념을 가지고 일을 시켰고 또 그 수고에 대한 대가를 지불하였다. 심지어는 일을 할 만한 자격을 갖추지 못했지만 '돈'이 이들에게 긍정적인 동기 부여가 되지 않을 까 생각하고 나에게는 부담이었지만 주급 350불을 무료 숙식과 함 께 지급하였다.

하지만 이 방법은 나에게도 또 이 친구들에게도 아무런 도움이 되 지 않았다. 먼저 급여를 지불한 나는 그에 상당하는 노동력을 요구하 였는데 몇 년씩 놀고먹은 이 친구들이 내 맘에 들게 일할 리가 만무 했다. 반대로 숙식에 필요한 모든 것이 제공되었으니 이 친구들은 이 돈을 마약 구입하는 데 사용하고 또 흥청망청 아무런 계획도 없이 주 는 대로 다 써버리는 것이었다. 결국 이 관계는 아무런 성과도 없이 종료되었고 서로 아픈 상처만 남긴 셈이다.

그런데 예수께서 하지 말라고 하신 첫 번째 깨달음을 여기서 발 견하는데, 일의 성과로 사람의 가치를 결정하지 말라는 것이다. 사 회의 모든 제도와 초점은 일의 성과에 있다. 심지어는 길거리에서 동냥하는 마약 중독자도 그날의 성과는 얼마를 얻어냈느냐에 따라 동료들에게 실력이 결정된다. 나 역시 노숙자를 돕는다고 일자리를 만들어 내는 데 집중하고 일을 잘하는 사람은 더 챙겨주고 일을 못 하는 사람에게는 홀대한 적이 분명히 있다. 그 예로 노숙자 중에 조심성이 없어서 옷을 건(garment rack) 바퀴 달린 랙을 두 번 연거푸 넘어뜨린 청년이 있다. 그날따라 일정이 바쁘고 나도 무슨 일이 있었는지 신경이 날카로운데, 이 친구가 두 번이나 랙을 넘어트려서 이 친구에게 너는 오늘 일하지 말라고 화를 낸 적이 있다. 그때 내가 한 말이 "너는 해고야." 한 것은 아니었다. 그냥 오늘은 일 하지 말라고 했는데 이 친구는 선교회로 돌아가 우리가 정리해 놓은 옷을 내동댕이치고 한바탕 분을 참지 못해 씩씩거리며 소란을 피운 것이다. 나 역시 이렇게 무례하고 난폭한 행동을 참을 수 없어 선교회에서 나가라고 소리쳤고, 이 친구가 움직이지 않자 경찰에게 연락하기까지 일이 벌어지고 말았다. 이들을 섬기라는 예수의 가르침과 전혀 상관없는 나의 모습을 보게 된 것이다.

그로부터 약 일 년이 지난 지금 이 친구 역시 다시 선교회에서 무료로 숙식을 하고 있지만 서로 이전의 행동으로 배운 바가 있기 때문에 서로 조심하고 있다. 나는 이런 실수를 되풀이하며 이제야 내가 할 수 있는 일은 이들을 섬기는 것뿐임을 알게 되었다.

마약을 끊는 것도 중요하고 일자리를 찾아 사회로 돌아갈 수 있게 도와주는 것도 중요하지만 가장 중요한 것은 이들을 섬김으로 이들이 스스로 진리를 찾아 떠날 수 있을 때까지 기다려 주는 게 내가 해야 할 일이었던 것이다. 이제까지 나는 성공한 사례를 더 만들어 내고 싶었고 더 많은 사람이 약물에서 자유를 얻어 사회로 돌아가는 이야기, 더 많은 재활용품 가게를 만들어 더 많은 이익으로 더 많은 사람을 도와주겠다고 뛰어다녔지만 결국은 나 역시 한국 사람의 한 사람으로 열심히 뛰었다는 것 외에 그 이상도 이하도 아닌 자아실현의 길을 따라왔던 것이다.

그리고 이 책을 쓰는 이유도 여전히 자아실현을 위해 하는 '짓'이지만 나는 그 목적을 첫째도 둘째도 아닌 마지막 단계로 내리려는 노력을 마지막 날까지 해야 한다. 그리고 이보다 더 원하는 것은 한 줌의 흙이 되어 하나님 손에 의해 만들어지는 새 피조물(고후 5:17)이 되는 것이다. 모든 것이 불안하고 균형이 깨진 이 사회와 피조물 가운데 새것이 되는 일은 결국 흙으로 돌아가 창조주의 손길을 기다리는 방법뿐이다.

이렇게 다시 출발한 이 길이 천로역경의 길이고 자유로 들어가는 아름다운 길이다. 나는 이 길에 들어섰다. 그리고 돌아다보니 이제껏 바라고 소망하고 계획하던 모든 일이 다 내 욕심과 자존심의 부산물이고 그동안 공들였던 일과 수고한 시간이 밀물에 쓸려나간 후 이제 남아 있는 것은 깨끗한 모래사장과 같다. 아무것도 남은 것이 없고 후회도 미련도 없다. 깨끗한 것이 좋고 단순한 게 마음에 들었다. 이제 하나님이 나를 만드시는 일만 남았다.

PART 7

사회의 가장자리

IIIIIIIIIIIIIIIIIIIIIIIIIIIIIIIIIIIIIIIIIIIIIII

　내가 찾은 진리는 이렇게 무례하고 무위도식하며 미안하거나 고마운 생각이 없는 사람들이 준 선물이다. 그래서 가끔가다 이분들께 감사 인사를 드린다. 나에게 수십 년 동안 커피를 받아먹으며 단돈 일 달러도 준 적이 없는 이분들께 내가 감사하는 것은 상식적으로 이해할 수 없는 일이지만, 나로서는 이분들이 아니면 볼 수 없는 보물을 발견하였기에 감사드리는 것이다. 그래서 이분들을 대하는 태도가 바뀌었고 이전처럼 삼진아웃을 적용하며 소변에서 마약 양성 반응이 나오면 퇴출시키는 규칙을 더 이상 시행하지 않는 것이다.

　그리고 또 다른 변화는 마약을 끊는 것을 목표로 삼기보다 마약보다 더 좋은 것을 발견하게 도와주는 것이다. 물론 이 중에는 일자리를 찾는 일도 있고 중단한 학업을 다시 시작하거나 그동안 방치한 정지된 운전 면허증을 갱신하도록 도와주는 일이 있다. 하지만 필자가 관찰한 이들의 삶에서 마약보다 더 좋은 것은 이 땅에 없는 듯하다. 혹시 더 좋은 것을 발견했다 해도 상황이 조금만 어려워지면 그 압력을 견디지 못하고 무슨 핑계를 대든 다시 마약에 손을 대는 것이다. 이들에게 마약보다 더 좋은 것은 거의 없다.

마약은 부모의 희생도 친구의 우정도 연인의 사랑도 무색하게 만든다. 초창기에 만난 젊은 커플이 있다. 백인 여자 친구와 함께 패터슨까지 흘러온 백인 청년은 이 여자를 자기 여친으로 소개하였고 커피와 빵을 받아 여친에게 가져갔다. 그때 보았던 그 여성은 20대 초반으로 보였고 무척 아름다운 소녀였다. 딸은 가진 아빠로서 참 안타까운 노릇이지만, 내가 할 수 있는 일이란 이들이 도움을 요청해 올 때 병원으로 운전해 주는 일이 전부였다. 그런데 얼마나 지났을까, 노숙자들 사이에 이 처녀와 관계한 숫자가 점점 늘어나는 것이었다. 가까이 있기가 불편할 정도로 악취를 풍기는 '전문' 노숙인들이 갓 들어온 젊은 아가씨를 탐내다가 단돈 10불에 관계를 허락받은 것이었다. 이 소리가 소문으로 번져 나가 그 동네 노숙인이 모두 몇 번씩 이 처녀를 품어본 것이다. 자신의 여친으로 소개한 이 청년은 이 처녀가 들고 온 돈으로 함께 마약에 취하고 또 나가서 몸을 팔고 하다가 언제부터인가 더 이상 보이지 않았다. 여기에서 사람의 인격이나 양심이 사치다. 다만 본능만 남은 지극히 동물의 세계로 먹고 먹히는 잔인한 동물의 왕국인 것이다.

그럼에도 불구하고 지극히 작은 숫자지만 커피 한 잔에 감사함을 표시하고 지금은 마약의 고삐에 걸려 있지만 마약의 굴레에서 벗어나기 원하고 사람답게 살아가기를 원하는 친구들이 있다. 그리고 이들의 배경에는 사랑하는 어머니가 계시고 언제라도 받아줄 가정이 있는 사람들이다.

George라는 친구가 이 중 한 사람이다. 인간미가 넘쳐나는 이 친구는 패터슨에서 떠돌던 백인 친구다. 처음에는 마약을 구하러 패터슨을 들락거리다가 직업도 잃고 거리로 내몰렸던 것이다. 물론

George도 나와의 인연이 그리 길지는 않았다. 자기랑 비슷한 환경에서 자라난 친구와 패터슨에서 아파트를 얻어 함께 살다가 얼마 못가 죽었다는 것이다. 그런데 지금도 잊지 못하는 이 친구와의 추억 중에 병원에 계신 이 친구의 어머니를 만난 기억이다. 이 친구가 자기 어머니에게 꼭 필자를 소개하고 싶다고 하여 함께 병문안을 갔다. George는 필자에게 어머니를 위해 기도해 달라고 하여 엉겁결에 기도드리고 잠깐 대화한 게 전부다. 그런데 그 자리에서 어머니가 필자에게 George를 도와달라고, George는 참 착한 아이라고 눈물겨운 부탁을 한 것이다. 이렇게 사랑하는 어머니가 계셔서인지 George의 심정은 참 착하고 여렸다. 단지 마약이 이 친구의 발목을 붙잡고 있는 까닭에 삶이 망가지고 천 리 낭떠러지로 떨어진 것이다.

이처럼 대부분의 노숙자들은 술과 마약에 찌들어 살다가 삶을 마치게 되는데, 15년 전부터 지금까지 필자와 함께 생활하며 선교회를 섬기고 있는 형제가 있다. Richard Newton이다. Rich를 만나기는 아마도 2000년 정도라고 생각한다. 버스를 운영할 때 만나 내 삶에서 몇 번 들락날락하더니 약 15년 전부터 줄곧 함께 살아온 것이다. 물론 이 사이에도 불같은 성격을 참지 못하고 뛰쳐나갔지만 2, 3일 지나면 다시 돌아왔다. 리치 뒤에는 어머니가 계시고 George 어머니처럼 아들을 사랑하시는 마음이 필자에게까지 느껴진 것이다.

그리고 Rich 다음으로 선교회에 오래 머문 사람이 Mark Mosser이다. 10년 전에 선교회에 입소한 뒤 3번 Relapse(알코올 중독으로 빠짐)하여 몇 달 동안 재활원에 다녀온 적이 있지만, 이외에는 줄곧 필자와 함께하였다. 이 두 사람이 지금 필자와 함께 선교회를 섬기

고 있는데 이 친구들이 왜 이제까지 죽지 않고 살아 있는지를 이해
하면 이 책을 쓴 목적의 반은 달성한 게 아닐까 생각한다.

물론 이 친구들이 훌륭해서 선교회에 머물고 있는 것은 아니다.
다들 단점이 있고 특히 Rich는 미운 정 고운 정이 들어, 한순간은
형제 같지만 천국에서 영원히 함께 살아야 한다면 다시 심각하게 생
각해 볼 문제다. 그럼에도 불구하고 이들이 이제껏 살아남은 이유는
다음과 같다.

첫째, 이 두 친구는 욕심이 없다. Rich는 불만을 종종 표현했지
만 남의 물건에 절대 손대지 않았고 혹시 원하는 것이 있을 때는 항상
필자에게 물어봤다. Mark 역시 남보다 열심히 선교회 일을 감당하며
선교회에서 얼마를 지급하든 불평 없이 자신의 일에 충실한 사람이
다. 그러다 보니 선교회에서 일하는 모든 분이 Mark가 둘이면 좋겠
다고 칭찬을 아끼지 않는다. 그리고 Rich와 Mark 모두 자신들의 작
은 주급을 가족을 위하거나 친구들을 위해 사용한다. 이 친구들은 필
자에게 형제이고 동료이고 친구이다. 나는 이 친구들이 아직도 살아
있는 이유 중에 이 점을 가장 크게 생각한다. 아마도 하나님이 원하시
는 사람은 바로 이 욕심을 버린 사람이기 때문이 아닐까? 많은 사람
들이 선교회에 입소한 뒤 얼마 지나지 않아 떠나가는데 그 이유는 원
하는 것에 비하여 얻는 것이 적기 때문이다. 다시 말해 욕심이 채워지
지 않는 것이다. 어떤 친구들은 물건을 훔쳐서라도 자신이 원하는 것
을 가져야 직성이 풀리는데 이런 사람은 영락없이 조기 사망이다.

선교회에서 하나님의 진노를 가장 확실하게 보여준 사건이 있다.
나이가 40대 초반인 남미계 미국 친구인데 마약 사건으로 구속되어
형무소에서 나온 지 얼마 지나지 않아 선교회에 찾아온 친구다.

처음에는 겸손히 말씀을 공부하던 친구가 일 년쯤 지나자 점점 욕심을 부리는 것이 눈에 보이기 시작했다. 필자가 타던 자동차를 무료로 건네주며 차주 이름을 바꾸고 보험에 가입하라고 말했지만, 여전히 차를 몰고 다니며 보험 비용을 선교회에서 지출하게 하였다. 마침 이 친구가 선교회에서 운영하는 가게에 매니저로 일하게 되어 주급을 받고 있었지만, 돈을 아끼려 하였는지 필자가 세 번 지시했지만 계속 미루고 있던 차였다. 그러다가 선교회 가게에서 한구석에 자기 코너를 만들게 해달라고 요구하면서 이윤이 나면 그 수입을 나누겠다고 제안한 것이다. 어떻게든 이들의 성공을 돕고 싶은 마음에 일단 허락하였고 이 친구는 능숙하게 자기 비즈니스를 키워 나갔다. 하지만 사업에서 이윤이 나면서도 계속해서 자동차 보험 비용을 책임지지 않고 가게 임대료도 부담하지 않으며 더군다나 계속해서 선교회에서 주급을 받는 이 형제를 바라만 보고 있을 수 없었다. 선교회 주위 사람들에게 자신이 큰 회사 사장인 양 돈을 뿌리고 다니며 허세를 부린다는 소문이 자자해질 무렵, 나는 더 이상 이 친구와 함께 갈 수 없다고 판단하고 이 친구에게 가게를 넘겨주기로 하였고 이 친구 역시 그 제안을 마음에 들어 했다. 그러던 어느 날, 며칠 동안 이 친구가 보이지 않아 모두 궁금해하던 차에 형사들이 선교회에 찾아와서 이 친구가 이곳의 직원인지 확인하였고, 나는 그렇다고 대답하였다. 사건의 구체적인 설명은 없었지만 동네 호텔에서 사고로 사망한 것이었다.

이 친구의 아버지와 형이 사망의 원인을 밝히려 하였지만 무슨 일인지 경찰은 아무 설명도 해주지 않았다고 한다. 물론 동네 사람과 친구들은 이미 사망 원인을 알고 있었지만 죽은 자를 위해 쉬쉬

하고 있었다. 다름 아닌 마약 과복용이었다.

이 친구가 떠나고 난 후에 나에게 또 한 가지 남은 숙제가 있었는데, 그것은 이 친구가 타고 다니던 내 차를 어디서 찾아야 할지 아무도 모르는 것이었다. 이 친구가 묵었던 호텔을 시작으로 며칠을 찾아보았지만 헛수고였다. 그렇게 한 이 주 지나고 다른 타운 경찰서에서 연락을 받았다. 내 차를 그 동네 호텔에서 견인하여 견인회사 주차장에 있으니 찾아가라는 내용이었다. 나는 이 사건을 통해 하나님의 간섭하심이 이렇게 직접적으로 나타날 수 있다는 것을 처음 경험한 것이다. 마치 하나님께서 아간을 심판하신 것처럼 그 결과가 너무 분명하게 즉각적으로 나타난 것이다. 또 한 가지 느낀 것은 선교회는 물론 선교회에 소속된 가게까지 내가 시작했다 하여도 내 마음대로 끝낼 수 있는 게 아니라는 것이다. 욕심의 결과가 이렇게 무서운 것임을 이 글을 읽는 사람 모두에게 알려드리고 싶은 마음으로 다시 한번 부탁드리는 것은 첫째, 우리에게 허락하신 것에 만족하고

"그러나 자족하는 마음이 있으면 경건은 큰 이익이 되느니라. 우리가 세상에 아무것도 가지고 온 것이 없으매 또한 아무것도 가지고 가지 못하리니, 우리가 먹을 것과 입을 것이 있은즉 족한 줄로 알 것이니라."(딤전 6:6-8)

둘째, 우리에게 나눌 것이 있다면 마땅히 도와줄 마음을 열어야 한다는 것이다.

"누가 이 세상의 재물을 가지고 형제의 궁핍함을 보고도 도와줄 마음을 닫으면 하나님의 사랑이 어찌 그 속에 거하겠느냐. 자녀들아 우리가 말과 혀로만 사랑하지 말고 행함과 진실함으로 하자."(요1

3:17-18)

　아쉬운 것은 도와줄 마음이 있다 해도 이 시대는 도와줄 사람을 찾아다닐 시간이 없다는 것이다. 너무 많은 것을 가지려 하는 욕심이 나의 시간과 관심을 다 가져갔기 때문이다. 유튜브가 준 장점이 많이 있지만 반대로 우리는 너무 많은 것을 보게 되었고 또 이로 인해 남이 가진 것에 대한 부러움이 우리의 말초 신경을 자극하게 된 것이다. 유튜브는 우리의 정욕과 이생의 자랑을 더욱 부추겨 우리로 하여금 성경에서 사랑하지 말라고 한 세상을 더욱 사랑하게 만든 것이다.

　"이는 세상에 있는 모든 것이 육신의 정욕과 안목의 정욕과 이생의 자랑이니 다 아버지께로부터 온 것이 아니요 세상으로부터 온 것이라."(요1 2:16) 필자도 유튜브를 사용하고 있지만 이 모든 과학 기술이 사람의 가치를 무너뜨리고 눈에 보이는 것에 모두 올인하였다는 것을 우리는 알아야 한다. 이미 기차는 브레이크 없는 채로 달리고 있고, 더 이상의 제어장치는 효과가 없을 거라고 생각한다.

　둘째, 이 친구들이 이제껏 살아 있는 이유는 신을 두려워하는 마음이 있기 때문이다. 10년 넘게 옆에서 필자를 지켜본 이들에게는 하나님께서 선교회를 지키시고 보호하신다는 믿음이 있다. 또한 우리 옆에서 죽어 나가는 사람을 지켜보며 이들도 나와 같이 우리는 흙에서 왔고 흙으로 돌아갈 것을 알게 된 것이다.

　사실 선교회가 이제껏 지나오며 많은 고비가 있었다. 경제적인 문제는 둘째 치고 나에게 찾아오는 여러 가지 시험과 갈등 속에서 그래도 나를 이곳에 지탱하도록 도와준 친구들이 바로 Rich와 Mark이다. 바로 이 친구들의 신앙이 나에게 힘이 되었고 나는 하나님께 이런 친구를 일 년에 하나만이라도 보내 달라고 기도하며 해를 넘기며 기다린 것이다.

지금은 Rich가 이 일을 더 이상 하지 않지만, 은행에 가는 일을 오랜 시간 맡아왔다. 그렇게 큰돈은 아니지만 현찰로 몇천 달러씩 입금할 때 한 번도 돈을 잃어버리거나 계산이 틀린 적이 없었던 이유도 역시 이들이 하나님을 두려워하기 때문이다. 더 나아가 이 친구들은 남에게 해를 끼치지 않는다는 것이다. 손해를 보더라도 자신이 한 약속을 꼭 지키고 누군가 이들에게 도움을 요청할 때 필자보다 먼저 사람들에게 도움을 주는 친구들이다. 이 중에 누가 더 신을 두려워하는지 나는 알 수 없지만, Mark의 경우 하나님의 이름을 부르는 일은 많지 않다. 그냥 묵묵히 자신이 아는 하나님께 자신을 내어드리고 솔선수범 봉사하며 조용히 지내기에 나는 그로 만족하고 있다.

셋째, 선교회를 떠나면 갈 데가 없다. Rich가 얼마 전 선교회 생활을 접고 어머니가 계시는 펜실베이니아로 떠나갔다. 결코 짧은 시간이 아닌, 15년의 생활을 청산한 것이다. 솔직히 나는 리치가 떠나가겠다고 할 때 조금도 섭섭하지 않았다. 리치의 정직한 면은 나에게 많은 도움을 주었지만 욱하는 성격과 무엇이든지 대충 처리하고 마는 평소의 습관이 나를 많이 피곤하게 한 것이다.

리치가 떠나고 나서 나는 리치의 역할을 맡게 되었다. 새벽에 말씀 준비와 함께 노숙자에게 대접하는 수프를 만드는 일까지 하게 된 것이다. 하지만 어렵지 않게 나는 이 일을 감당했다. 이미 이 일도 초창기에는 혼자 다 하던 일이기 때문이다. 그동안 리치의 횡포(?)에 골치가 아팠는데 썩은 이가 빠진 것처럼 시원했다. 물론 나는 리치에게 농담 반 진담 반으로 이렇게 똑같이 말해 주었다.

환송 파티도 하고 퇴직금도 챙겨주고 잘 보내주었는데 4달째 되는 어느 날 전화가 왔다. 다시 돌아오고 싶다고. 나는 반반이었다. 그냥 어머니와 있으면 내가 편하겠는데 어째서 돌아오려고 하는지 물어보니, 산골에서 너무 재미없어서 못 있겠다는 것이었다. 또한 먹을 것을 구하려면 한참 걸어야 하고 아파도 병원이 너무 멀어 응급차가 오는 데 한 시간이 걸린다는 둥, 집안 식구들과 신경전을 벌이기도 피곤하다는 것이었다. 필자는 돌아오는 조건으로 세 가지를 요구했다. 1. 담배를 중단하고 2. 이전에 필자에게 욕한 것 사과하고 3. 앞으로 선교회를 떠나는 일은 나에게만 있는 권한이다.

맘에도 없는 약속을 쉽게 하고 돌아온 리치는 언제 그랬냐는 듯이 여전히 담배를 달고 살았지만, 나 역시 이를 묵인하고 돌아온 것을 환영했다. 필자가 리치에게 담배를 끊도록 강요한 것은 이미 심장마비로 병원에 실려 가 죽을 고비를 넘겼기 때문이다. 이미 3년 전에 심장 관상동맥 스텐트 시술을 받아서 한동안 담배를 끊었지만, 얼마 안 가 다시 담배를 손에 들었다. 아니나 다를까, 돌아온 지 몇 달 만에 또 병원에 실려 가 일주일 입원하고 나왔다. 리치는 살 만큼 살았고 자신도 죽음을 이미 준비한 사람처럼 병원에 있을 때도 담담한 표정이었다. 자신이 남기고 가는 것은 없지만 그런대로 남에게 해를 끼치지 않고 선교회와 주위 사람을 위해서 도움을 준 만큼 죽음을 피할 생각은 없었다. 이렇게 남들처럼 죽음을 두려워하지 않고 다른 노숙자들에 비해 충분히 살았는데 리치는 왜 아직도 죽지(?) 않는 걸까?

넷째, 아마도 내가 아직 Rich가 필요해서는 아닐까? 물론 이들이 선교회를 위하여 하는 일이 많이 있다. 하지만 그보다 더 내가 이들을 필요로 하고 있다. 며칠 전 리치와 물건 수거를 위하여 함께 다녀오며 그동안 지나간 일, 사람들을 생각하며 만일 리치가 사망하면, 마크가 떠나고 나면 나는 이런 대화를 누구와 할 수 있을까 하는 생각이 번뜩 내 머리를 스치고 지나갔다. 물론 나와 함께 오랜 시간 이 길을 걸어온 이사분들이 있지만, 한집에서 티격태격 다투고 화해하며 나를 가장 가까이에서 본 친구들이기 때문에 아직 나는 이 친구들이 필요한 것이다.

혼자 가기에는 너무 힘든 길이다. 물론 결국은 주님과 나만의 길을 언젠가 가야 하지만, 그래도 아직은 Mark와 Rich가 필요하다. 나는 하나님이 허락하시면 앞으로 14년을 더 달려가고자 한다. 이 기적인 생각이지만 나를 위해서 그리고 이 친구들의 '상'을 위해서 Rich와 Mark가 계속 이 길을 함께 갔으면 바란다.

이렇게 사회의 가장자리에서 나는 금은보화를 찾았는데 그 값어치는 성경 말씀대로 천하보다 귀한 보물이다. 내가 믿을 수 있고 나의 생각을 이해해 주고 나와 한길을 묵묵히 같이 가 주는 형제가 이 세상에 또 있을까?

나는 사람들이 그리고 특별히 성도들이 사회의 가장자리에서 삶의 의미를, 자신의 값어치를 찾기를 바란다. 대부분의 사람들이 회피하고 묵인하는 자리지만 이곳에는 여전히 홍해를 가르시는 하나님이 능력이, 잃어버린 한 영혼을 여전히 찾으시는 예수의 사랑이 계시는 곳이다. 더 나아가 나는 이 시대의 성도들이 이 같은 마음으로 하나님께 나오기를 바란다. 하나님을 떠나면 우리는 갈 곳이 없고 우리가 할 일은 사회의 가장자리로 나가는 일이다.

"그러므로 예수도 자기 피로써 백성을 거룩하게 하려고 성문 밖에서 고난을 받으셨느니라. 그런즉 우리도 그의 치욕을 짊어지고 영문 밖으로 그에게 나아가자 우리가 여기에는 영구한 도성이 없으므로 장차 올 것을 찾나니."(히 13:12-14)

나는 이 구절에서 장차 올 도성을 기다리고자 한다면 먼저 실행되어야 하는 것이 있는데, 바로 사회의 가장자리로 나가서 죄의 치욕에 황폐해진 불쌍한 영혼을 성도가 짊어져야 한다고 생각한다. 이들의 아픔에 동참하지 않을 때 벌어지는 현상은 안일한 믿음이다. 안일한 믿음은 장차 올 것을 찾기보다는 이 땅에서 누리고 즐기는 것을 찾는 세상 사람들과 똑같은 것을 찾는 것이다. 똑같은 음식, 똑같은 직업, 똑같은 여행, 이렇게 똑같이 생활하는 이유는 똑같은 생각을 가지고 있기 때문이다. 필자는 사회의 가장자리에서 성도들을 기다리며 이들이 짊어질 짐을 준비하고자 한다. 이 짐을 함께 지고 나갈 때 세상 사람들이 모두 하나님께 영광을 돌리게 될 것이다.

PART 8

사회의 가장자리로

||||||||||||||||||||||||||||||||||||||||||

북부 뉴저지에서 가장 사역이 활발하였던 교회 중에 초대교회가 있다. 필자가 사역을 시작한 지 얼마 안 되어 그때 담임 목사님이시던 조영진 목사님을 만났고, 초대교회와 그렇게 인연이 시작되었다.

당시에 사용하던 미국 예배당이 부쩍 커버린 초대교회 성도 숫자로 집회가 어려워지자 교회가 위치한 언덕 아래쪽에 있던 고등학교로 예배처를 옮기게 되었다. 이렇게 불어나는 교인 수는 한동안 멈추지 않았고, 그렇게 몇 년간의 성장으로 초대교회는 현재 위치한 뉴저지 가장 북부인 Norwood로 예배당을 건축하여 옮기게 된다.

그리고 20년이 지난 지금도 선교회는 초대교회로부터 지원을 받고 있고 나는 이에 대하여 감사드린다. 그때 계시던 장로님 중에 개인적으로 대면한 분들을 모두 은퇴하셨고 이제는 새로운 장로님들이 교회를 섬기고 계신다. 필자는 당시에 초대교회가 Norwood로 이전할 때 마음에 아쉬움이 생겼다. 그런데 오늘 2024년 1월 29일, 그 아쉬움을 이 자리에서 나누고 싶다. 그리고 나의 아쉬움은 나만의 생각이며 초대교회의 이전과 전혀 상관없는 일이다. 혹시라도 나의 생각이 건방져서 초대교회에서 그동안 받던 지원금이 끊어질 수 있는 위험 부담(?)을 감수하더라도 나는 이 아쉬움을 나누고자 한다.

예수께서 가장 낮은 자리에 오셨다. 그런데 많은 교회가 가장 부유한 곳으로, 안전한 곳으로 옮겨 가고 있다. 뉴저지 북부에 가장 부자 동네 중 하나가 Closter다. 이곳에서 아내와 장모님이 식당을 하셔서 필자도 이 근방에서 10여 년 살게 되었다. 이곳에 위치한 교회는 대부분 대형 교회고 이민 생활에 뿌리를 내린 안정된 생활권이다. 그러다 보니 파킹랏에는 유러피안 자동차가 즐비하고 아메리칸 드림을 이룬 많은 사람이 하나님께 감사드리고 많은 헌금으로 우리 자손들을 위하여 교육 시설을 지어 사용하고 있다. 사람의 눈으로 볼 때는 훌륭한 예배당이고 우수한 민족임이 틀림없다. 하지만 사회의 가장자리로부터 가장 멀리 떨어진 곳에서 예배드릴 때 그 예배당은 결국 우리만의 것이고 동시에 하나님께서 우리에게 허락하신 물질을 건물에 묶어두어 그만큼 사회로 환원할 기회를 잃어버리는 것이다. 물론 교회마다 지역사회를 돌아보는 계획이 있고 부서마다 돌아가며 음식도 보내고 봉사도 하지만, 과연 이러한 섬김이 누구를 위한 일이 되는지 우리는 모두 생각해 보아야 할 것이다. 물론 뜻이 있는 곳에 길이 있다고 하지만 우리에게 부족한 것은 시간이다. 가장 부유한 동네에서 정작 필요한 사람을 만나기 위해서는 30분에서 한 시간 운전해야 하고 그 시간이 더하면 우리에게 큰 부담이 된다.

그렇다고 가장자리에 있는 사람을 부유한 동네로 모시고 올 사람은 더욱 없다. 이들이 부유한 동네에 발을 들여놓기 전에 경찰이 이들을 제재할 것이기 때문이다. 선교회에 거주하는 친구 중에 필자와 다툰 적이 있는 흑인 친구가 지금은 벨빌에 위치한 선교회 가게에서 일하고 있다. 이 친구가 이 가게에서 일한 지 얼마 되지 않을 때, 점심을 사 먹기 위해 길 건너 슈퍼에 들렀다. 이 친구를 동네에서 처음 본 경찰들이 노숙자처럼 옷을 입은 친구가 가게에 들어온 이상 무엇인가 훔치려고 들어온 것으로 단정하고 경찰이 따라다니며 이 친구를 관찰하였다. 계속 따라다니는 경찰이 짜증 나 이 친구가 그만 쫓아다니라고 소리쳤다고 필자에게 고발했다. 나는 이 친구와 웃고 말았지만, 가게가 벨빌이었으니 망정이지 부유한 동네에서 이 친구가 걸어 다녔다면 더한 꼴을 보았을 것이다. 과연 부유한 동네에서 교회가 사랑해야 할 이웃은 누구이고 어떻게 섬길 수 있을까?

물론 필자의 생각은 지극히 이상적이고 현실과 동떨어진다. 하지만 우리가 믿는 예수 역시 이상적인 행동을 보여주셨다. 죄인들과 함께 머무시고 부자들과 관리들에게 수많은 경고장을 날리시다가 죽임을 당하신 것이다. 나는 경고장을 날릴 자격도 없고 또 날린다고 해도 변할 것은 아무것도 없다. 혹시 그동안 보내던 헌금을 받지 못할 수는 있겠지만, 그래도 나는 현재 교회가 위치하는 곳과 예수를 따르는 길이 얼마나 동떨어진 길인지 알려주고자 한다. 예수를 교회보다 사랑한다면 자녀들이 신앙으로 자라기를 원한다면 필자는 도시와 가까운 곳에서 예배를 드리라고 권하고 싶다. 그리고 교회를 구입할 계획이 있으시다면 저소득층과 가까운 곳에서 건물을 찾으시기를 바란다. 왜냐하면 이곳에는 하나님이 심어두신 보물이 무궁무진하기 때문이다. 천하보다 귀한 영혼이 내동댕이쳐져 있고 사회가 원하지 않는 다양한 사람들이 우리를 '이용'하여 하나님의 사랑을 발견할 수 있기 때문이다. 물론 그 길이 절대 쉬운 길이 아니고 바라는 만큼 수확도 없는 길이다. 다만 거기에서 얻어지는 한 영혼이 우리에게 천하보다 큰 선물이 되는 것은 확실하다.

PART 9

교회가 사회의 가장자리에 세워질 때 얻을 수 있는 이점

IIIIIIIIIIIIIIIIIIIIIIIIIIIIIIIIIIIIIIIIIIIIIIIIIIIIIIIIIIIIIIIIIIIIIIIIIIIIIIIIIIIIIIIIIIIIIIIIIIIIIIIIIIIIIIIIIIIIIIIIIIIIIIIIII

첫째, 교회의 사역이 다양해진다. 선교회와 가장 오랫동안 사역에 참여한 교회는 뉴저지 웨인에 위치한 베다니교회다. 20여 년 동안 꾸준히 후원하고 함께 지역사회를 섬긴 것이다. 베다니교회는 패터슨 바로 옆에 위치하여 성도들이 오가는 길이 쉽고 또 노숙자들을 위한 사역을 옆집에 철수와 놀듯이 쉽게 섬김을 실천할 수 있다.

또한 베다니 청년과 고등학생들이 여름마다 단기선교를 옆 동네 패터슨에서 가질 수 있는데 비용 면에서 효과 면에서 '짱'인 것이다. 바다 건너 산 넘어 멀리 갈 필요 없이 바로 옆 동네에 모든 다민족이 모여 살고 그 안에 사회의 낙오자, 숨겨진 보물이 많이 있기 때문이다.

최근에는 베다니교회 중고등부 학생들이 한 달에 한 번 선교회가 운영하는 가게에서 반나절 옷 정리를 하게 되어 사역의 방법이 더욱 넓어졌다. 하지만 여기에 부족한 점이 있는데 통행이 One Way라는 것이다. 베다니교회에서 패터슨으로 오는 길은 있지만, 반대로 가는 길은 막혀 있다. 그래서 제안하는 것은 앞으로 예배당을 구입하고자 하는 교회는 도시 한복판으로 나오라는 것이다.

물론 이 일은 쓰레기 더미로 다이빙하는 것과 마찬가지다. 하지만 예수께서 이 땅에 오신 일이야말로 쓰레기보다 더 심한 똥물에 뛰어든 것이다. 모두 다 한결같이 냄새나는 게 인간이고 한결같이 자기밖에 모르는 게 사람이다. 그중에 하나가 나고. 그래서 나는 더 냄새나는 곳으로 뛰어들고자 혼자 몸을 내던지는 것이다. 그래서 더 귀한 하나님의 마음을 발견할 수 있다면, 더 귀한 보물을 찾을 수 있다면 아낌없이 내던지고자 한다. 물론 아껴서 가져갈 것도 없지만.

둘째, 교회의 생명이 살아난다. 물론 하나님의 말씀이 생명이다.

"하나님의 말씀은 살아 있고 활력이 있어 좌우에 날 선 어떤 검보다도 예리하여 혼과 영과 및 관절과 골수를 찔러 쪼개기까지 하며 또 마음의 생각과 뜻을 판단하나니."(히 4:12)

그리고 이 말씀은 우리에게 사랑을 알게 하신다. 바로 하나님이 사랑이시기 때문에. 그리고 이 사랑을 완성되기 위해서는 우리도 둘째 계명 이웃을 사랑해야 하는데, 요한1서 3장에서 우리도 형제들을 위하여 목숨을 버리라는 것이다. 물론 필자 역시 이 말씀을 실천하려면 아직 멀었지만 최소한 하나님이 바라시는 것이 무엇인지 우리는 알아야 한다.

그래서인지 우리의 이웃이 누구인지는 예수께서 잘 정리해 주셨다. 강도당한 자의 이웃이 누구인가 예수께서 물으시고 세 가지 유형의 인물을 등장시키시는데, 첫째와 둘째는 경건하게 외식하는 자들이다. 세 번째 등장인물은 당시 2등 시민으로 유대인들의 차별을 받은 사마리아인이다. 하필이면 많은 사람 중에 왜 예수께서 꼭 유대인의 비위를 거스르는 이등 시민에게 상장을 줘야만 했을까? 아마도 말귀를 못 알아먹어서가 아닐까?

이미 거론한 바와 같이 유대인은 자부심이 하늘을 찌르고 있었고 아브라함의 자손이 구원의 특권인 것처럼 생각했다. 하나님의 뜻은 전혀 알지 못하고 전통과 외식에 막강한 민족이었기에 예수는 이들이 가장 혐오하는 사마리아인을 동원시켜 외식의 벽을 파괴하고자 한 것이다. 필자는 이 시대의 교회도 이 외식의 벽을 부숴야 한다고 본다. 교회가 살기 위해서는 하나님의 사랑을 알고 그 사랑을 실천하기 위해서 내 몸과 마음을 던져야 하는데 피 묻은 강도 당한 자를 만지기 싫고, 도와주다가 시간과 재물을 잃을까 염려되고 행여나 나에게 돌아올 피해와 창피 때문에 경건하게 예배드리는 것으로 만족한다는 것이다. 이러한 교회에게 나는 함께 이웃을 섬기자고 초청한다. 패터슨 외에 미국 어느 곳에 있든지 한국 어디에서든지 우리가 섬겨야 하는 이웃은 항상 있다고 예수께서 말씀하셨다. 우리는 항상 이들을 섬길 준비가 되어있어야 교회가 살아난다고 나는 믿는다.

둘째, 이렇게 교회가 도시 안에서 이웃을 섬기고자 할 때 우리는 전도사들에게 목사들에게 섬김을 배울 기회를 줄 수 있는데 이 훈련이 주님의 길을 가고자 하는 사람에게는 절대적으로 필요한 중요한 부분이라고 생각한다. 섬김의 훈련 없이 강단에 서게 될 때 결국 이들은 섬김을 받고자 하는 사람이 될 것이기 때문이다. 특히 한국 사회에서 목사들에게 대하는 과도한 대접이 목사를 망치는 지름길처럼 필자에게 보이는데, 이 부분은 나의 오래된 이민 생활에서 비롯된 것일 수 있다. 하지만 필자가 아무리 한국교회의 전통과 양식에 대하여 모른다 해도 너무 세련된 예배와 상하 관계의 지도자 체제는 필자가 보는 예수와 사람의 오차 범위를 넘어선 것처럼 보인다. 필자는 교회가 쫓아야 할 모습은 '예수'라고 주장한다. 한국교회 전통도 아니고 한국 사회 문화도 아니다. 그리고 유러피안교회나 로마교회의 모습은 더욱 예수의 모습이 아니다. 교회는 섬김의 단체이다. 목회자의 삶에 섬김이 빠지면 결국 교회와 함께 자폭하는 집단이 될 것이다.

셋째, 교회가 도시 안에 세워지면 같은 비용으로 두 배 세 배의 섬김을 이룰 수 있다. 그만큼 많은 사람이 교회를 통하여 도움을 받게 되고 교회는 사회로부터 '칭송'을 받는 길과 진리와 생명의 종교가 될 것이다. 안타까운 것은 교회가 도시를 빠져나가는 동안 무슬림이 미국의 도시를 장악하고 있는 것이다. 필자가 무슬림 인구가 모여 사는 뉴저지 도시를 찾아본 결과, 패터슨 외에 저지시티 와 뉴왁 등 가난이 있는 곳에 몰려 있는 것을 보게 되는데, 이는 많은 무슬림 인구가 가난하기 때문이기도 하지만, 무슬림 선교 방법이 가난한 사람을 겨냥하기 때문이 아닌가 의심해 볼 수 있다.

만일 교회가 가난한 사람의 손을 잡기 전에 이들이 무슬림의 손을 잡는다면 그 결과에 대한 책임을 교회가 회피할 수 있을까? 나는 교회가 가난한 자를 섬기는 경쟁에서 타 종교에게 진다면 우리는 진리를 외면하는 자요 그리스도의 희생을 무의미하게 하는 것이라고 생각한다. 가난한 자를 섬기기 위해서는 우리가 지불해야 하는 대가가 엄청나다. 그중에 첫째, 한국 사람의 특징 '빨리빨리'를 단념해야 한다. 사람을 섬김에 '빨리'는 없다. 내 평생 섬기다 가는 것이다. 그리고 섬김이 목적이 되는 삶이다. 하나님께서 나를 훈련 시키시는데 60년의 시간을 사용하신 것처럼, 우리도 섬김을 실천하되 최소한 10년은 견뎌야 한다. 잠자고 일어나니 사람이 변했다는 말은 우스갯소리다.

둘째, '감사'를 잊고 섬겨야 한다. 이미 소개한 바와 같이 20년이 넘게 필자에게 커피를 받아 마신 사람도 그냥 당연하게 자신의 권리인 것처럼 먹고 마시는 사람이 허다하다. 한국 사회는 조금 다를 수 있겠지만 미국 사회는 'Entitlement(자격)'와 'Right(권리)'가 충만한 사회이다. 남미 사람들은 이런 문화에 익숙지 않아서 아직 고마움을 알지만, 미국 본토박이들은 사회로부터 받는 보조금을 '자기' 돈으로 알고 당연히 받아 누려야 한다고 생각하고 있다.

이런 생각을 더욱 부채질하는 이유가 또 있는데, 2020년 공화당 대통령 후보로 참가한 중국계 미국인 Andrew Yang이 주장한 Universal Basic Income 때문이다. 이분의 주장은 미국 내 모든 사람이 기본적으로 살아갈 수 있는 수입을 정부에서 보조해야 한다고 주장했다. 물론 그때는 신빙성이 없는 주장이었지만 앞으로 AI와 로봇이 대부분의 고용인을 해고한다면 그때는 어떤 모양이든 이러한 체제가 도입되지 않을까 상상해 본다. 고마움을 모르는 사람에게 섬김을 베푸는 일은 지독하게 고달픈 일이다. 모든 것을 때려치우고 싶은 생각이 종종 들게 되는데 감사한 것은 아무도 나를 아직 죽이지 않았다는 것이다. 예수께서 섬기다가 죽임을 당하신 것에 비하면 나는 아직 갈 길이 먼 것이다. 혹시라도 이 책을 더욱 값지게 하시려고 발간 후에 죽임을 당할 수도 있겠지만, 되도록이면 내가 죽지 않더라도 이 책을 읽으시고 필자와 생각을 같이하는 분이 많이 나오기를 바라 본다.

셋째, 청소를 4번 해야 한다. 물론 선교회 청소는 하루 한 번 하지만 모든 형제와 자매가 맡은 구역이 다르기 때문에 하루에 두 번 하는 장소가 있고 세 번 하는 곳이 있다. 다는 아니지만 화장실에 낙서하는 사람, 문을 세게 닫아서 부수는 사람, 화장지를 사용한 후 변기나 휴지통에 넣지 않고 바닥에 깔아두는 사람, 변기가 막혀 일을 보고 그냥 나오는 사람 등 사회가 이들을 거부한 이유가 여러 가지인 것을 미리 알아야 한다. 그럼에도 불구하고 다 사람이고 다 울어본 경험이 있다. 마음 문이 닫히고 사랑이 식어서 사람인 것을 잊어버린 사람들이다. 기다려야 한다. 그리고 누군가 사랑해 주어야 그 사랑을 먹고 하나님의 사랑을 보게 될 것이다.

이전에도 거론한 것처럼 이 동네 사람들은 대부분 부서진 가정 출신이다. 그렇다 보니 패터슨 거리에는 구석마다 쓰레기가 풍부하다. 시에서 아무리 치워도 대부분의 사람들이 걸어 다니면서 쓰레기를 버린다거나 차에서 창문 밖으로 던지는 일이 허다하다. 이런 곳에 한국교회가 들어가 주변을 매일 반짝 빛나게 청소한다면 잠깐이라도 지나가는 사람들에게 상쾌함을 주고 동시에 이분들께 질문할 기회를 주지 않을까. "왜 한국 사람들은 또 더러워지는 거리를 매일같이 계속 치우는 겁니까?"

넷째, 항상 도둑님을 맞이할 준비 태세를 갖추어야 한다. 그러기 위해서는 무단 침입한 사람을 위한 게시판 정도 마련하면 좋지 않을까? 선교회 역시 몇 번 침입자가 창문을 열고 들어와 사람이 잠들어 있는 사이에 돈이나 물건을 가져간 사건이 있었다. 처음에는 경찰에게 CCTV에 찍힌 영상을 보여주었지만 그렇다고 달라지는 것은 하나도 없다. 이제는 그러려니 하고 마는데, 시간과 여건이 된다면 침입자를 안내하는 문구를 예쁘게 만들어 이들에게 선택할 기회를 주고자 한다. 일단 CCTV는 기본이고 이들에게 자신의 사진이 이미 저장되었다는 것을 알리고 배고픈 사람은 식당으로, 그 외 볼일은 포기하고 마지막으로 출구 표시를 안내하여 사전에 범행을 막도록 유도하면 효력이 있지 않을까? 시험해 보고 싶은 생각이 굴뚝같다.

물론 이 모든 장단점을 고려해도 넉넉한 자연환경과 공간을 포기하고 예배에 참석하는 그 시간에 침입자 염려를 해야 하는 도시의 그늘로 과연 어떤 사람이, 교회가 나올 수 있을까? 현실적으로 매우 확률이 낮다. 많은 교회가 외곽으로 나가는 이유는 먼저 그 주변에 거주하는 사람이 있고 또 친숙한 환경에서 교회와 집을 오가는 걸음이 가볍기 때문이다. 만일 교회의 지도자가 필자의 의견대로 교회를 섬김의 현장으로, 사회의 그늘로 옮기려고 한다면 아마도 교인이 떠나거나 목회자를 추방하는 운동이 시작되지 않을까? 그러다 보니 이러지도 저러지도 못하고 교회와 사회는 따로따로 놀게 되는 것이다.

이런 논리 아래 만일 초대교회가 현재 위치인 Norwood로 가지 않고 Hackensack으로 옮겼다면 지금처럼 대형 교회가 될 수 있었을까 질문한다면 아마도 '아니오'라고 답할 것이다. 사회가 왜 교회를 지탄하는지 여기에서 다시 한번 질문해 보자. 사회는 예수가 누구인지 어쩌면 교회보다 잘 알고 있기 때문이다. 이천 년 전에 죄인을 위하여 희생당하신 분이라고 답할 것이다. 예수를 믿고 안 믿고가 아니라 일반적인 상식을 말하는 것이다. 그런데 교회는 예수의 삶과 동떨어진 모습으로 사회에 비치는데 그 이유는 이미 충분히 거론하였다. 똑같은 차 타고, 똑같은 집에서 똑같은 명품을 좋아하니 예수와 닮은 점을 찾아보기가 어려운 것이다. 나는 이런 교회를 지탄하는 사회에게 교회 편에서 먼저 죄송하다고 말씀드리고 싶다. 그리고 현실과 믿음 사이에서 줄다리기하는 교회와 교인들을 이해해 달라고 부탁드리고 싶다. 믿는다고는 하지만 믿음대로 사는 것은 하루아침에 벌어지지 않는다. 이 길로 평생 가야 우리의 믿음이 겨자씨만 하게 보일 수 있는 것이다. 하나님이 허락하시면 나는 이곳에 학교를 지어 미국에 있는 한국교회뿐만 아니라 한국에 있는 교회가 사회를 위해 그리스도의 이름으로 얼마나 큰일을 할 수 있는지 보여드리고 싶다. 물론 오늘도 나는 이 일을 준비하고 위해서 기도하지만, 그 일이 과연 나를 통하여 이루어질지는 하나님만 아시는 일이다.

PART 10

고장 난 민주주의

||||||||||||||||||||||||||||||||||||||||||||

    CNN 토크쇼 진행자를 지낸 Zakaria Fareed 씨가 2003년
에 쓴 책 『The future of Freedom: Illiberal Democracy at
Home and Abroad』에서 "And if California truly is the wave
of tomorrow, then we have seen the future, and it does not
work(미국의 캘리포니아가 민주주의의 미래라면 우리는 이미 미래
를 보았고 그것은 고장 난 시스템이라는 것이다)."라고 주장한다.[7]

    인도에서 태어나 Yale 대학과 Harvard에서 박사 학위를 받은
인재이고 한때 나는 이분의 사상과 지성에 이끌려 관심 있게 이분
의 행로를 따라간 적이 있다. 이분이 2008년에 쓴 책 『The Post-
American World』에서 그래도 미국과 일본 한국은 전통과 가족의
밸류를 여전히 강하게 지키고 있다고 썼는데(After all, the appeal
of tradition and family values remains strong in some very

---

7   Fareed Zakaria 『The future of Freedom: Illiberal Democracy at Home
and Abroad』, New York, NY: W.W. Norton Inc, 2003, p. 191

modern countries-the United States, Japan, South Korea.[8]), 하지만 불과 20년 만에 미국 사회는 큰 혼란을 겪고 있는데 바로 양분화된 사회와 그 안에서 이데올로기 전투가 점점 격렬하게 공격적인 태도로 변하면서 사회는 더욱 위험천만한 모습으로 변해가고 있다.

그 현실을 가장 잘 보여준 사건이 2021년 1월 6일 트럼프 전 대통령을 지원한 무리가 백악관으로 쳐들어간 사건이다. 보는 시각에 따라 다른 결론을 낼 수 있지만 필자가 보는 관점은 무너지는 민주주의 사회 구조다. 필자가 상담학을 공부하며 미국의 심리학 박사 Carl Roger의 논리를 접할 기회가 있었는데 이분의 이론이 일단 인본주의를 바탕으로 연구된 학문이다 보니 사람에 대한 많은 기대를 가지고 있는 것을 발견하게 된다. 이분의 이론의 바탕은 사람은 기본적으로 '선'하다는 것이다. 하지만 문명이, 환경이 사람을 파괴적으로 변하게 한다는 논리다.

이분이 쓴 글을 찾아보려고 인터넷을 헤매다가 결국은 포기하였는데 지금 기억에 가장 오래 남는 것이 이분이 주장한 '경찰이 없는 사회'다. 모든 사람이 다 자기 성취에 다다르면 그 사회는 경찰이 없어도 된다는 논리다. 이분이 쓴 논문인 것은 기억하는데 어느 논문에서 읽었는지는 기억에 없다.

이분을 여기서 언급하는 이유는 상담학의 원칙 중에 이분이 제시한 unconditional positive regard(UPR: non-judgement, 무조건적 긍정적 존중)이 성경의 가장 기본적인 죄의 개념을 학계에서 더 이상 수용할 수 없도록 길을 만들었다는 것이다. 물론 이분이 의

---

8   Fareed Zakaria 『The Post-American World』, New York, NY: W.W. Norton Inc, 2008, p. 80

도적으로 신을 거부하고 이런 논리를 만들었는지는 알 수 없지만 분명한 건 Rogers 박사는 물론이고 심리학 영역이 과학에 속하다 보니 그곳은 신이 들어설 자리가 없어진 것이다. 이처럼 미국 사회는 Non-Judgement(판단하지 않음)가 기본으로 자리 잡은 사회다. 그렇다 보니 점점 개인의 의견과 권리가 확장되어 고장 난 부위가 더 커지고 있다. 필자가 거주하는 뉴저지 패터슨이 바로 고장 난 사람이 모여 고장 난 사회를 형성하고 그 안에서 고통 가운데 신음하고 있는 것이다.

망가진 사회는 고장 난 가정에서 출발하고 고장 난 가정은 자기 욕심을 더 채우려 하는 개인주의에 의해서 시작되는데 이것이 바로 현재의 미국을 잘 보여주는 '나 먼저' 사회다. 성경적으로 보면 사람이 만든 모든 사회가 미완성 제도이지만 어떤 면에서 민주주의야말로 인간의 가능성과 함께 죄성을 유감없이 펼치게 한 제도다. 이러한 흐름 가운데 피해자가 속출하는데, 가장 큰 피해자는 어린이라고 필자는 생각한다. 이미 이 글을 시작할 때 밝힌 바와 같이 필자가 이 사역을 시작한 이유는 한 아기다. 이 아이는 수감자의 아기였고 미국 곳곳에 이 아기와 같은 처지에 있는 아기가 얼마나 될까? 구글에서 미국에 수감자 수를 조회하니 2022년 기준 1,230,100명이라고 한다. 그렇다면 최소한 똑같은 숫자의 아이들이 불안정한 상태에서 자라나고 있다고 해도 무방할 것이다. 더 심각한 것은 미국 아이들은 둘 중 하나가 이혼한 부모의 자녀라고 하니 더 이상 고칠 수 없는 상태인 것이다.

이렇게 이혼한 가정과 자녀가 많게 된 이유 역시 Rogers가 주장한 Non-judgement가 사회의 표준이 되어 또 다른 자유를 선포하는데 1969년 미국 사회에서 처음으로 "no fault divorce" 제도가 캘리포니아에서 출범하게 된 것이다. 이 법이 입법하기 이전에는 이혼의 절차와 비용이 너무 부담스러워서 일반인들은 이혼을 회피하거나 별거 생활로 대처하였다고 한다. 하지만 이 법이 통과된 후 미국 사회는 이제껏 미루어 왔던 이혼을 너나 할 것 없이 쉽게 처리하였고 그 피해가 고스란히 아이들에게 돌아갔다.

이 문제를 연구하다가 또 흥미로운 사실을 발견하는데 미국의 심리학자, 사회학자들이 이러한 이혼의 물결을 부추기기라도 하듯이 아이들의 회복력은 우리의 상상을 초월한다고 하며 이혼하는 부모의 부담감을 덜어주었다. 이때 나온 할리우드의 많은 아동 영화들이 이혼한 가정의 아이가 겪는 과정과 충격을 극복하는 이야기를 코믹하게 만들어 아이들의 레벨에서 이혼을 이해하도록 돕는 역할을 하였다.

필자는 이런 과정을 직간접적으로 경험하며 더 이상 민주주의 사회, 특히 미국이 보여주는 가정과 사회는 선망의 대상이 아니라 무너지기 일보 직전의 기둥 빠진 건물처럼 보이는 것이다. 그리고 이 문제는 미 대도시에 모여 사는 저학력 고출산 가정에서 더 심각하게 나타나는데, 그 이유는 너무 일찍 성 경험을 체험하기 때문이다.

그 결과 준비 안 된 가정에서 아기가 출생하고 이 안에서 가난과 범죄에 여과 없이 노출되어 가난은 쳇바퀴처럼 돌아가고, 아이의 숫자가 점차 불어나 사회는 통제 기능이 마비되는 것이다. 뉴스를 통해 미국에서 일어나는 청소년 문제 중 특히 그룹으로 몰려다니며 사회에 불안을 조성하는 이 현상이 이런 배경에서 비롯된 것임을 알 수 있다. 아직 한국 사회는 이렇게 붕괴 직전의 모습은 아니지만, 필자가 보는 20년 후의 한국 사회가 이와 비슷하지 않을까 생각한다. 그 이유는 미국의 발전과 붕괴 속도가 40km/h였다면 한국의 속도는 120km/h로 생각하기 때문이다.

예수의 말씀 중에 **"실족케 하는 것이 없을 수는 없으나 있게 하는 자에게는 화로다."**(누 17:1)라는 대목이 있다. 여기에서 우리는 이 구절의 원문을 살펴보아야 할 이유가 있다. 한글 성경이 가리키는 '실족케 하는 문제'가 현재 상황을 지적하는 것이라면 영어 번역은 'will come', 'sure to come', 'bound to come'으로 해석하고 있다. 죄는 계속 진화를 거듭하며 사회의 모든 부분에서 우리를 실족케 하는 방법을 개발하여 우리가 미처 대처하지 못한 부분을 공격할 것이라고 필자는 이해한다. 그래서 미국 사회의 무너짐과는 다를 수 있지만 똑같은 방향으로 치닫고 있는 한국 사회 역시 실족케 하는 방법은 다를 수 있지만 결과는 같다는 것이다.

최근에 한국 사회에서 발생한 사건 가운데 이선균 씨 사망 사건이 화제였다. 필자 역시 이분의 많은 작품을 보았고 한국 사람의 한 사람으로 이분께 애도를 표하며 동시에 한국 사회의 아픔을 다시 한 번 찾아보게 된다. 여기에서 본 아픔은 첫째, 한국 사회에 빈번히 발생하는 자살이 가슴 아프고 둘째, 돈을 위하여 목적과 방법을 가리지 않는 사회 정서 그리고 세 번째, 늘어나는 마약 사건이다. 둘째와 셋째 문제는 이미 미국에서 '본'을 보인 문제인데 왜 한국 사회는 이렇게 자살로 OECD 국가 중 최고가 된 것일까.

한 인터넷 사이트에서 다룬 이유는 첫째, 고령화된 사회에서 자녀들에게 부담이 되기 원치 않는 노인의 선택이고 둘째, 학생과 젊은 사람들이 성공하지 못할 때 오는 압박감이 주원인이라고 한다.[9] 2023년 9월 21일 발행된 보건복지부 발표에 의하면 2022년 자살률이 전년 대비 3.2% 감소하였는데 이는 코로나 유행 이후 정상화된 사회생활과 고립감 완화 등을 이유로 들고 있다. 동시에 다시 일상생활로 돌아가면서 상대적 박탈감 등의 이유로 다시 수위가 높아질 수 있다며 정신 문제 연구와 자살 방지를 위해 노력하겠다고 발표하였다.

이러한 정신 문제 때문일까, 한국 사회에 최근에 유행하는 단어 중에 '힐링'이라는 단어가 문맥에 상관없이 어디서나 쓰이는 것을 본다. 특히 자연을 좋아하는 사람들이 산으로 강으로 나가며 힐링이라는 주제로 많은 영상을 유튜브에 올리고 있다. 필자가 볼 때 이 역시 미국이 이미 지나온 길이고 그 길에서 히피 문화와 함께 상담 심리학이 발전하였다. 배가 고플 때는 느끼지 못한 존재감을 찾아 떠날 때 발생하는 허탈감이라고 할까. 물론 상담 심리학은 절실한 우리의 감정을 이해하는 데 도움을 주며 상담사가 제시한 길을 걷다 보면 답이 나올 때가 있다. 그럼에도 불구하고 필자가 이제껏 상대해 온 문제들을 비추어 볼 때 상담 심리학이 배출하는 다른 문제가 있는데 이것이 바로 '자기합리화'이다.

우리가 가지고 있는 많은 문제 중에 특별히 정신 문제는 죄와 많은 부분을 공유하고 있는데, 바로 예수께서 하신 말씀이다.

"사람 안에서 나오는 것이 사람을 더럽게 하는 것이니라."(막 7:16).

---

[9] https://worldpopulationreview.com/country-rankings/suicide-rate-by-country

바로 우리의 생각이 죄의 근원이고 모든 죄는 생각에서 비롯된다는 것이다. 이런 생각을 과연 신을 거부한 인본주의 상담학이 얼마나 치료할 수 있을지는 여러분의 상상에 달려 있다. 필자는 신학을 공부한 후 상담학을 공부하면서 심리학의 이론과 접근 방법에 한때는 놀라고 신기했다. 사람의 마음도 통계와 숫자로 이해하고 또 복잡한 심리 상태를 상담을 통하여 일자로 정돈하여 도움을 필요로 하는 분께 자신을 더 잘 이해할 수 있게 서비스를 제공할 수 있다는 것이다. 하지만 앞으로 더 나갈 수는 없었다. 바로 죄의 문제가 걸려 있기 때문이다. 죄는 회개하는 일 외에 치료 방법이 없기 때문이다. 그러다 보니 '죄'라는 개념을 잘라내고 개인의 행복이 우선되다 보니 현대 사회는 더 균형이 깨진 상태로 치닫고 있는 것이다.

이러한 환경 속에서 교회도 성도들에게 비슷한 힐링을 선사하는데 필자가 가장 염려하는 것이 이 부분이다. 그 이유는 첫째, 기독교 상담학이 지닌 인본주의 배경이다. 이미 언급한 것처럼 필자가 상담학을 공부하며 신의 존재는 물론 죄를 보라고 하나님이 사람에게 주신 양심의 기본적인 활동까지 제어하다 보니 그 결과가 이전보다 더 우리를 하나님으로부터 멀리하게 할 수 있다는 것이다.

한국은 모르겠지만 미국에서 상담 자격증을 취득하려면 어떤 형태이든 주 정부에서 관할하는 자격증을 가져야 하는데, 이 과정에 Christian 상담이라는 자격증은 없는 줄로 안다. 일반 자격증을 가지고 자신이 가지고 있는 신앙관을 덧붙이는 것이다. 그렇다 보니 말은 기독교 상담학이지만 모든 트레이닝 과정은 일반 심리학과 상담학의 기반을 공유하는 것이다. 결국은 어느 정도 인본주의 이론이 섞여 있고 그 안에서 각자의 신앙 기준에 맞게 기독교의 교리와 상담학의 이론을 섞어서 신앙 상담을 진행한다. 물론 신학과 상담학을 함께 공부하여 서로에게서 부족한 부분을 채울 수 있을지는 몰라도, 깊은 인간의 원죄를 이해하지 못하는 상태에서 상담학을 공부하다 보면 성경에서 가르치는 많은 인간의 기본 상태를 이해하지 못할 것이다. 이렇게 학위를 받는 과정이 다 비종교적인 학문이고 이 시대의 중심이 신이 아닌 인간이다 보니 상담을 주는 사람이나 받는 사람이 인간의 근본적인 문제인 '죄'를 다루기에는 역부족인 것이다.

인간이 신을 거부할 때(삼상 8:20) 그 가정은 자신의 가정을 지킬 법을 만들어야 하고 사회는 이렇게 개인의 법을 모아 사회에 반영하는 민주주의적인 조직을 만들게 된다. 하지만 대중의 의견에 의해 좌우되는 이 법은 해를 거듭할수록 변해야 하고 새로운 가치관에 따라 변경해야만 하는데 이 과정에서 사회는, 특히 미국은 민주당과 공화당 사이를 오가며 공방전을 벌이게 된다.

그런데 2009년부터 임기를 시작한 오바마 전 대통령 기간에 미국 사회는 많은 변화를 가져오는데 그중 가장 큰 주제는 미국이 기독교 국가인가 하는 질문이었다. 물론 미국 역사는 기독교를 바탕으로 하고 있고 미국의 역대 대통령 중 케네디와 바이든 대통령을 제외하고는 모든 개신교 신앙을 보유한 사람이다. 물론 케네디와 바이든 역시 하나님을 믿는 사람이지만 가톨릭 크리스천이다. 어떻게 공화당은 바이든에게 패배한 트럼프를 지지하였는지 모르지만, 필자에게 트럼프 전 대통령은 믿음과 전혀 상관없는 인물이다. 물론 인물이라는 표현도 필자는 조심해서 고른 단어지만 내 속에는 이보다 더 심한 다른 표현이 즐비하다.

다시 오바마 전 대통령 시절로 돌아가서 그 당시 라디오 쇼에서 많이 다루던 사회 문제가 둘이었다면, 그것은 성 정체성과 국가의 정체성이다. 필자 역시 공화당에 등록되어 있지만 당시 공화당이 뿌려 낸 음모론에 내가 가진 공화당의 위치에 심한 모멸감을 느꼈고 미국이 이런 나라구나 다시 한번 내 생각을 정리하는 계기가 되었다. 당시에 오바마 후보자를 향해 적그리스도다, 미국인이 아니다, 무슬림이다, 있는 말 없는 말 다 만들어 내 한 후보자를 밀어내려는 태도는 말이 보수적이지 사실은 인종차별이었고 지극히 이기적인 인간의 모습이었다. 물론 아직도 나는 공화당 소속이다. 하지만 바이든 대통령에게 표를 던진 '배신자'이기도 하다. 성의 정체성에 관하여 간단하게 한마디하고 간다면 하나님의 뜻에는 당연히 남성과 여성이 있고 가정이 이루어지기 위해서는 아버지와 어머니가 있어야 한다. 그 외의 이론은 기회가 되면 다시 생각해 보기로 하고, 필자가 나누고 싶은 주제는 미국의 정체성이다. 물론 금으로 타락한 나라이지만 그래도 십자가를 세워 놓고 하나님의 이름과 그리스도 예수를 구주로 영접한 대다수의 사람이 만든 나라이다.

그렇지만 그때는 과거고 현재는 다르다. 더 이상 기독교 국가라고 말할 수 없고 동시에 이 세상에 기독교 국가는 이전에도 앞으로도 없을 것이다. 그리스도 예수의 재림이 있기까지는. 그때까지 기독교 국가는 있어서도 안 된다고 나는 생각한다. 이미 설명한 바처럼 한 나라가 기독교 국가가 될 때 많은 부작용이 생기는데, 그중 가장 큰 부분이 교회가 뒷걸음을 치게 되기 때문이다. 지금처럼 기독교가 뜨뜻미지근한 이유도 바로 여기에 있다. 모든 것이 너무 편하다. 기독교인으로 져야 할 책임도 없고 또 기독교인이기 때문에 나라가 지우는 특별한 짐도 없다. 모두 보호받고 더 나가서 많은 교회와 성직자들이 나라와 교단으로부터 특혜를 받기 때문에 어쩌면 일반인보다 더 쉬운 삶이기도 하다.

오바마 행정부에서 한 일 중에 기독교의 문화를 어느 정도 조절하고 다수의 사람이 함께 공유할 수 있는 사회 체제를 만들기 위해 노력하였다. 그중 하나가 "Merry Christmas"를 공공기관에서 사용할 수 없도록 했다. 이것에 대하여 많은 공화당 사람들과 기독교인들은 반발을 일으키고 그 군중 심리를 이용해 인종차별주의를 다시 부추겨, 비록 4년이지만 공화당 후보 트럼프 전 대통령이 당선된 것이다.

나에게 기독교는 섬김의 종교다. 혹시 나의 신앙이 타인에게 부담이 된다면 어떡하든 함께 공존하기 위해 나의 믿음을 더 신중하게 지켜 가야 한다고 믿는다. 미국이라는 나라는 어떤 면에서 기독교 국가였다고 할 수도 있지만, 또 다른 면에서 기독교라는 이름 위에 금으로 세워진 나라라고 볼 수도 있다. 무엇이 먼저였는지는 보는 관점에 따라 차이가 있겠지만 대부분의 사람에게 금덩이와 성경책 중에 선택을 하라고 하면 금덩이를 택하는 것과 마찬가지다. 금을 따라왔고 또 금을 따라가는 중이다. 예수를 따라가는 자들이 "Merry Christmas"를 하지 못하게 된 것에 대해 그리 아쉬울 것은 없다. 나는 여전히 성탄절이 되면 "Merry Christmas" 할 수 있고 아직 그 인사말에 벌금이 따라오는 것도 아니다. 혹시 벌금이 따라온다면 안 하면 그만이다. 그 말을 안 한다고 나의 신앙이 금가는 일은 없기 때문이다.

미국뿐만 아니라 세계는 다문화 다종교 사회가 되었다. 물론 아직도 교육 수준이 낮은 나라는 남의 종교나 문화에 대하여 아직 배타적이지만 이들 역시 때가 되어 함께 공존하기 위해서는 자신의 것을 어느 정도 내려놔야 가능하다는 것을 이해할 것이다.

민주주의는 많은 선물을 우리에게 허락하였다. 그리고 비록 짧은 한국의 민주주의 역사 기간에 빨리빨리 달려온 우리 국민은 이 시대에 주변국들을 놀라게 하며 무소처럼 달려왔다. 그러다 보니 많은 것을 잃어버렸고 또 앞으로 나가기 위해서 놓아야 했다. 하지만 평론가 Zakaria Fareed가 말한 것처럼 민주주의는 망가져 가고 있고 이 속도는 점점 빨라질 것이다. 한국도 마찬가지다. 새로운 정부의 체제가 필요하고 다 함께 잘살기 위해서는 미국보다 한국이 이 필요성이 중대하다. 이 가운데 기독교가 해야 할 일은 더 이상 편안하게 예배드리는 일로 만족할 수 없다. 함께 떡을 떼며 그날을 기다리는 일은 꼭 해야 하지만, 이 시대에 기독교는 빛이 되어야 한다. 이미 그 불빛이 위태로워 교회도 사회도 더듬거리고 있을 때 누군가 나서서 환한 빛을 비춰주기를 바란다. 유럽의 교회가 이미 불을 꺼버린 것처럼 한국교회도 이대로라면 조만간 꺼질 것이다.

PART 11

거짓된 위로 (받는 것이 목표가 된 교회)

교회는 사람에게 하나님의 사랑을 알리는 단체다. 그리고 그 사랑은 우리의 죄를 용서하시고 죄에서 구원하기 위하여 하나님이 우리에게 찾아오신 것이다. 그런데 이 죄를 이해하는 데 인간의 한계가 있고 또 죄를 너무 자주 언급하면 우리 자존심에 손상이 생겨 우리의 정신건강에 이로울 것이 없는 것이 이 시대의 일반적 인식이다. 그래서 교회가 대처한 것이 '선민의식'이다. 우리 안에 죄인 의식이 자리 잡기 전에 '선민의식'을 선사하므로 성도들은 부담감 없는 교회 생활을 지속하며 천국을 들어갈 것을 확신하는 것이다. 더나아가 하나님께서 우리가 세상에서 받은 상처를 위로해 주시기 원하며 내가 가는 길을 미리 준비하시고 '만사형통'을 비는 것이다.

물론 다 성경에 있는 말이고 자녀를 사랑하는 아버지라면 누구라도 자녀를 위해 해주실 것이다. 하지만 '죄인의식'이 없는 선민은 없고 선민이 아닌 사람이 천국에 들어가는 일은 거짓일 뿐이다. 물론 당연히 하나님께 기도하는 일은 정화수 앞에서 달을 보고 기도하는 바와 다르지 않다. 이처럼 한국 사회는 물론 교회도 힐링을 받기 원하고 그 필요를 채우려 하다 보니 교회를 대신해 한국 사회에 자주 등장하는 것이 소위 말하는 이단이다.

필자는 궁금해서 인터넷을 찾아보았다. 한국에 왜 이렇게 이단이 많은 걸까? 아마도 미국이 400년에 걸쳐 이루어 낸 발전과 민주사회를 단 100년도 안 되는 시간에 이루어 놓은 것이 이유가 아닐까? 너무 바쁘게 목표를 향해 달려오다 보니 많은 사람이 정서적으로 불안감을 느끼고 목표를 이룬 사람은 이루어 놓은 것을 빼앗길 수 있다는 불안감과 싸우고 있는 것이다. 그것을 채울 방법을 찾는 중에 이단 종교 단체가 제시하는 특별한 체험, 특별한 관계 등으로 마음의 빈자리를 채워주고 있기 때문이 아닌가 생각한다.

물론 하나님은 자비의 하나님이시고 우리가 아직 모르고 무능해도 기다리시는 하나님임을 믿는다. 그렇다 해도 교회는 죄를 바르게 인식시켜야 하는 사명이 있고 그 죄를 인정하고 눈물의 회개가 없다면 결국 교회는 물론 그 교회가 있어야 하는 목적을 상실하게 되는 것이다.

우리는 모두 용서와 위로를 받기 원하고 필자 역시 그중에 한 사람이다. 하지만 필자가 알고 있는 하나님의 위로는 내가 내 죄를 알아볼 때 생기는 것이다. 내 죄를 알아보는 일은 우리가 보는 선과 악의 이분법이 아니다. 하지 말라는 것을 하거나 하라는 것을 하지 않을 때 쉽게 죄를 구분할 수 있는데 이렇게 이분법으로 나눈 법은 하나님의 원 뜻을 이해하지 못할 뿐 아니라 이것을 기본으로 서로를 판단하는 기준이 될 뿐이다.

필자가 본 사람의 죄는 우리의 의지와 존재 자체가 죄를 포함하고 있기 때문에 성경은 우리에게 그리스도와 함께 죽어야 한다고 반복적으로 말하고 있다. 한국 사람이 쉽게 하는 말 중에 "죽지 못해

144

산다"는 말이 있는데 우리는 '살기 위해 죽는다'라고 표현을 바꾸어야 할 것이다. 현실적으로 말해서 우리는 죽기 위해서 사는 게 아닌 이상 그리스도의 말씀대로 나를 죽는 데까지 내어둘 수 없다. 살아서 가져야 할 것이 많이 있고 취하고자 하는 목표가 수도 없이 많은데 죽으라니 언어도단이다.

그렇다면 왜 예수께서는 죽고자 하는 마음이 없는 우리에게 죽으라고 강요하시는 것일까? 그리고 그리스도와 함께 죽음으로 얻어지는 게 무엇인가? 물론 가장 선호하는 기독교의 답은 구원이고 하나님의 의다. 하지만 이 챕터의 주재가 힐링이다 보니 나는 죽음과 함께 찾아오는 힐링을 소개하고자 한다. 힐링이 필요한 곳은 상처 난 곳, 망가진 곳이다. 손가락이 상처 났을 때 약을 바르고 싸매주듯이 우리의 영혼과 마음에 난 상처를 치료하여 고장 난 우리의 삶과 우리와 연관된 주위에 회복을 주는 것이다. 바로 여기에서 죽어야 할 이유를 찾고자 한다.

필자가 생각할 때 우리 마음의 상처는 전반적으로 개인의 욕구에서 비롯된다고 본다. 이 욕구는 내가 가지고 싶은 것을 갖지 못할 때, 내가 기대한 것이 이루어지지 않을 때, 내가 계획한 것이 어그러질 때 실망과 좌절 혹은 분노와 적개심으로 나타난다. 그리고 이 욕구는 상처를 주기도 하지만 한 개인이 성장하는 과정에서 절대적으로 필요한 동기 제공을 하는 뺄 수 없는 기능이다. 그렇기 때문에 욕구가 없이는 가정도 사회도 천국도 필요하지 않을 것이다. 바로 욕구가 아담과 이브에게 선악을 구분하는 과일을 먹게 하였고 인간의 욕구가 바벨탑과 로마 왕국을 만든 것처럼 욕구가 없이는 선과 악의 구분도 어렵다고 봐야 할 것이다.

그런데, 사람의 기본이 욕구로 시작되는데 왜 이것을 죽여야 치료가, 마음에 평화가 오는 것일까? 필자가 보는 성경은 이 욕구에 대하여 이렇게 말하고 있다.

"너희는 너희 아비 마귀에게서 났으니 너희 아비의 욕심(욕구)대로 너희도 행하고자 하느니라 그는 처음부터 살인한 자요 진리가 그 속에 없으므로 진리에 서지 못하고 거짓을 말할 때마다 제 것으로 말하나니 이는 그가 거짓말쟁이요 거짓의 아비가 되었음이라."(요 8:44)

이 말씀을 하시기 전에 이미 예수께서 인간을 보시고 우리의 "행위가 악하므로 빛보다 어둠을 더 사랑한 것이니라."(요 3:19)라고 말씀하셨다. 물론 구약에서 하나님이 인간을 보시고 하신 말씀도 한 번 더 보자.

"여호와께서 사람의 죄악이 세상에 가득함과 그의 마음으로 생각하는 모든 계획이 항상 악할 뿐임을 보시고."(창 6:5)

이렇게 사람에 대한 정의는 어렵지 않다. 이 모든 정죄함이 인간에게는 너무 충격적인 발언이다. 그래서인지 많은 교회에서 이 부분을 이스라엘에 한정하고 우리는 이들과 차별이 있는 하나님의 자녀로 스스로를 격상시키는 것이다. 필자는 이 부분에서 아직도 교인들이 죄의 범위와 속성에 대하여 잘 모르거나 사람의 본성을 과대평가하기 때문이 아닌가 싶다. 필자가 보는 성경적 인간의 본성은 이렇게 욕구로 시작되는데 이 욕구를 만족시킬 수 있는 방법은 딱 한 가지, 'More(더)'이다. 마약을 원하는 사람에게 더 약을 주고 돈을 원하는 사람에게 더 돈을 주고 성적인 욕구를 가진 사람에게 더 향락을 제공하는 것이다. "우는 아이 떡 하나 더 준다"라는 속담처럼 사람의 욕구는 더 받아야만 잠잠해지기 때문이다. 끝없는 이 욕구가 채워지지 않을 때 우리는 우울증에 빠지기도 하고 좌절감에서 헤어 나오지 못하기도 하는 것이다.

물론 건강한 상태의 욕구도 분명히 존재할 것이다. 하지만 이마저도 사도 바울은 인간에게 행할 능력이 없다고 로마서에서 고백한다.

"내 속 곧 내 육신에 선한 것이 거하지 아니하는 줄을 아노니 원함은 내게 있으나 선을 행하는 것은 없노라."(롬 7:18)

결국 선한 욕구가 있다고 하더라도 우리는 행할 수 없는 만큼 차라리 우리가 할 줄 아는 악을 행하고 마는 것이다.

"내가 원하는 바 선은 행하지 아니하고 도리어 원하지 아니하는 바 악을 행하는도다."(롬 7:19)

이렇게 선과 악 사이에서 우리의 영혼은 피폐해지고 영혼이 단속되지 못하는 마음은 각종 병으로 약이 치료할 수 없는 병에 드는 것이다.

나는 이 병을 치료하기 위해서 거쳐야 하는 단계가 있는데 바로 첫 번째가 나의 욕구의 바닥에 깔려 있는 죄를 보는 것이다. 이미 밝힌 바와 같이 인간이 하나님의 영광을 위하여 할 수 있는 일은 아무것도 없다. 필자의 경우 내가 이 책을 쓰는 이유를 몇 가지 나열한다면 1. 학교를 지을 돈이 필요하기 때문이다. 2 내가 가진 의견을 타인과 나누고 3. 유명해지고 싶고 4. 교회와 사회에 무엇인가 도움을 주고 싶어서 등 몇 가지 있다. 이 중에 가장 밑바닥에 깔려 있는 나의 의도는 무엇일까? 그리고 여러 가지 의도에서 하나님의 위치는 어디일까?

혹은 하나님께 영광을 돌리기 위해 일한다고 말한다. 나는 그런

말을 할 자격이 없다. 이제까지 모든 일을 나를 위해서 하였기 때문이다. 다만 기도하기는 혹시라도 내가 이 중에 하나라도 얻게 된다면 그것을 하나님께 돌리는 것이다. 하지만 그것은 받고 난 후에 알 수 있는 일이다. 그리고 혹시 받게 된다 하여도 하나님께 그 영광을 돌리겠다고 약속할 수 없는 일이다. 나는 나의 욕구가 다 나를 위한 것이라는 것을 잘 알기 때문에 내가 하나님께 드릴 수 있는 것이 아무것도 없다는 것을 알고 있다. 바로 내 속에 죄가 꿈틀거리고 있기 때문에 매사에 이 죄가 살아나지 못하도록 하나님께 기도하고 간구하는 것이다. 죄를 발견하지 못하는 사람과 사회는 당연히 영혼이 병들고 마음과 육체까지 각종 병을 끌어안게 된다. 그래서 힐링의 첫 번째 단계는 죄를 보는 것이다.

PART 12

그리스도와 함께 죽음

||||||||||||||||||||||||||||||||||||||||||||||||||||

일단 죄를 본 후에 우리는 선택하게 된다. 모두 죄를 선택하는데 내가 뭐라고. 죄의 길은 화려한 네온사인 같다. 우리를 향하여 손짓하고 우리와 함께 놀기 원하고 우리와 함께 숨 쉬는 가까운 거리에 있다. 그래서 거부할 수 없다. 죄를 거부할 때 우리가 잃어야 하는 것이 너무 많기 때문이다. 그래서 그런지 세상에서 가진 게 많을수록 죄를 거부할 능력이 없어진다. 잃을 게 너무 많기 때문이다. 권력을 가진 자들이 그렇고, 유명세를 탄 사람, 많은 재물이 있는 사람 등, 가진 사람은 죄를 사랑해야 한다. 죄와 가까이 있을 때 더 많이 갖고 더 높이 올라갈 수 있기 때문이다.

그래서일까, 한국 대통령은 임기를 마친 후에 감옥에 가는 게 코스가 되었다. 그렇게까지 인신공격과 남의 비리를 캐내어 꼭 그 자리까지 올라가고 싶은 걸까? 아마도 필자 역시 기회가 된다면 그 자리에 서고 싶지 않을까? 하지만 내가 지금 가장 원하는 것은, 가장 사랑하는 것은 내가 찾은 마음의 평화다. 그리고 이 평화는 자유에서 온 것이다. 이것이야말로 그 무엇과도 바꿀 수 없는 보물이고 이 보물을 발견하기까지 내가 치른 값어치도 만만치 않다.

결국 죄 앞에 사람은 모두 동등하다. 가진 자와 갖지 못한 자, 배운 자와 배우지 못한 자 모두 다 선택을 해야 한다. 죄를 가지고 나의 빛나는 모습을 향해 나갈 것인가, 아니면 다 버리더라도 예수께서 만들어 놓은 자유의 길을 갈 것인가?

나는 여기서 공평하신 하나님께 감사드린다. 왜냐하면 공의로우신 창조주의 섭리가 여기에서 발견되기 때문이다. 안타깝지만 많은 교인이 이 부분에서 선택을 못 하고 주저하거나 갈림길에 주저앉아 더 이상 걸음을 떼지 않는다는 것이다. 바로 현실의 벽에 부딪혔기 때문이다.

현실은 무서운 괴물 같다. 공포에 질려 사람을 꼼짝 못 하게 하는 것처럼 현실은 순간적으로 우리의 양심을 마비시켜 죄가 원하는 바를 이루도록 우리를 그 앞에 엎드리게 하는 것이다. 또한 현실은 사람의 가장 추한 모습을 드러나게 하는가 하면, 또 어떤 이는 현실과 상상을 오가며 박쥐처럼 매 순간마다 자리를 옮겨야 하는 사람도 있다. 죄를 범하는 사람들의 현실을 이해하려고 든다면 충분히 가능한 일이다. 우리가 그 자리에 있었다면 똑같은 잘못을 하였을 것이다. 나이가 60이 되어 다행이지만 젊은 혈기에 나 역시 사람을 몇 명 죽였는지 셀 수 없을 것이다. 물론 피를 보지 않았지만 나의 미움이, 증오가 사람을 죽이고도 남았을 때가 있었다. 말씀이 나에게 거울로 비추지 않은 상태에서, 죄가 죄인지 모르는 문맹인 시절에 나에게 돈과 명예 그리고 향락이 주어졌다면 아마도 나는 이 길로 들어설 확률이 거의 없었을 것이다.

현실 앞에 아무도 장담할 수 없다. 죄의 종이 되지 않겠다고 장담하는 어리석은 자만감은 우리가 아직 죄의 무게를 모르기 때문일 것이다. 죄의 무게를 무엇과 비교할 수 있을까마는 죄는 우리에게 거부할 수 없는 달콤한 것이다. 그것이 어떤 이에게는 돈이고 명예고 권력이지만 또 어떤 이에게는 이성이고 마약이다. 모두 다 거부할 수 없는 우리의 '사랑'이다. 내가 사랑하는 것을 어떻게 끊어 낼 수 있단 말인가?

이스라엘이 바빌론 포로 생활을 마치고 고향으로 돌아왔을 때 이들과 함께 돌아온 제사장 에즈라는 크게 노하게 되는데, 바로 이스라엘 자손들이 이방 여인과 혼인하여 가정을 만든 것이다. 하나님께서 모세에게 이방인과 혼인을 금하셨지만 바빌론 포로 생활로 이스라엘은 본의 아니게 이방인과 어울려 살아야 했고 그사이 젊은 남녀는 사랑에 빠지게 된다. 이 시대에는 감히 상상도 할 수 없는 일이지만 에즈라의 경고는 단호했다. 이방 아내와 거기서 출생한 자녀를 추방하라는 명령이었다.

세상에 이보다 더 큰 형벌이 또 있을까? 나는 아직도 이 결단에 동의하지 못한다. 인간적인 생각이겠지만 어쩌면 에즈라는 시대의 흐름을 모르고 혼자서 열심히 사울이 바울 사도가 되기 전같이 혼자 열정에 빠진 것은 아닌지 의심도 해본다. 더 나가서 교육받지 못한 유대 백성들이 하나님의 진노가 두려워 제사장의 결정에 무조건 따른 것은 아닌가 추측해 본다.

과연 하나님은 이렇게 많은 사람들의 가정과 사회에 단체로 고통을 주셔야 했을까? 내가 하나님께 직접 들은 답이 없기 때문에 더 이상 거론할 수 없지만, 성경에 써 있다는 이유만으로 나는 다 받아들이지는 못한다. 다만 그날에, 예수께 질문할 것이다. 에즈라의 결정이 옳은 결정이었는지. 그때까지 내 의견은 주관적인 것이기 때문에 감 놔라 대추 놔라 할 자격이 없다. 여기에서 우리가 받아들여야 하는 것은 이스라엘은 이렇게까지 해서라도 '죄'값을 치른 것이다. 그리고 죄는 마치 남편과 아내의 관계 그리고 부모와 자식의 관계처럼 진한 관계라는 것이다. 잘라 낼 때 그 고통은 스스로 감당하기 어려울 것이다. 그래서인지 마약에 빠진 사람은 대부분 죽을 때까지 마약을 사랑한다. 왜냐하면 마약보다 더 좋은 것이 이 세상에 없기 때문이다. 마약을 복용하는 사람 중에 이 주장에 반박할 사람이 있을 것이다. 사랑해서 마약을 사용하는 게 아니라 마약이 없으면 몸이 견딜 수 없이 힘들기 때문이라고. 하지만 육체의 고통은 삼사일이면 지나가고 그 후에는 정신적 싸움이다. 몸은 원하는데 마음은 참으라고 한다. 여기에서 갈등을 거듭하다가 누군가 나를 화나게 할 때, 사랑하는 사람이 자신을 슬프게 할 때 결국은 이 핑계 저 핑계 찾다가 사랑하는 마약으로 돌아가는 것이다.

필자가 마약으로 예를 드는 이유는 일단 내가 많이 지켜보았고 둘째, 마약이야말로 우리의 죄를 설명하는 데 가장 쉬운 예이기 때문이다. 더 나아가 일반인들과 약물 중독자의 차이는 하나는 알면서 둘은 모른다는 것이다. 마약 중독자는 자신이 문제를 가지고 있다는 것을 쉽게 인식한다.

그런데 알코올 중독자들은 다르다. 나는 술을 좋아하는 것이지 중독자가 아니라는 것이다. 필자가 병원에서 근무할 때 만난 중년의 백인 남성이 있다. 이분은 북부 뉴저지 네 개의 타운에서 전기 검시관으로 일하시던 분이었다. 음주 운전으로 몇 번 티켓을 받은 후 법원에서 치료를 받으라고 보내졌는데, 자신은 치료할 필요가 없다고 몹시 신경이 날카로운 상태였다. 필자는 이분의 가족과 통화한 후 알게 되었는데 이분을 제외한 모든 가족이 이분의 알코올 중독 증세를 알고 있었다는 것이다. 본인은 원치 않았지만 더 이상 이분에게는 선택권이 없었다. 법원이 명령하였고 가족이 원하기 때문이었다. 그런데 더 큰 문제가 모든 사람에게 있는데 이것은 자신이 죄에 중독되어 있다는 것을 모르거나 부인한다는 것이다.

교회에 다니는 사람도 예외가 아니다. 기도할 때는 "주여, 불쌍한 죄인을 용서하소서" 하고 기도는 하지만, 일상생활에서는 죄인의 겸손한 모습보다는 스스로 의로운 자로 인정하는 불상사가 오늘도 비일비재한 것이다. 무엇보다도 다른 사람의 중독증은 쉽게 구별하면서 자신의 죄는 보지 못하는 인간의 약점이 더욱 죄를 부채질하여 돌이킬 수 없는 범위까지 우리를 몰아가는 것이다.

하나님의 말씀에 생명이 있듯이 죄에도 놀라운 만큼의 생명력이 있다. 에덴동산에서 뱀이 여인과 대화하듯 오늘도 죄는 우리와 항상 동행하며 알게 모르게 우리와 대화하고 우리는 죄의 소리를 듣는데 많은 시간을 소요한다. 죄는 우리에게 다정하게 다가와 내가 원하는 소리를 듣게 하고 나의 의견에 적극 동의하여 죄의 완성된 상태로 우리를 이끌어 주는 것이다. 아마도 뱀의 친근감이 하와를 무방비 상태로 내놓았고 아담 역시 다정한 친구의 제안을 받아들인 것이라 필자는 생각한다.

죄가 죄를 키우는 이유는 바로 죄가 나의 성격과 심리에 가장 어울리는 단어이고 표현이기 때문이다. 마찬가지로 카인의 귀에 들려온 죄의 음성은 억울함이고 부당한 신의 판단이었다. 그리고 이 죄는 지금도 우리에게 나의 사회적 위치가 부당하고 타인과 비교할 때

억울한 대우를 받았다고 모두 불만을 가지고 살아가는 것이다. 그 불만이 서로에게 미움으로 다가가 사회는 적대감이 풍성한 죄의 잔 칫집이 되는 것이다.

여기에서 힐링이란 무엇인가? 죄를 죄로 인정하지 못하는 사회에서 사람의 영혼에 힐링은 다른 거짓일 수밖에 없다. 필자가 상담 자격증을 가지고도 상담으로 오피스를 운영하지 못하는 이유가 여기에 있다. 차라리 나에게 와서 돈을 내고 상담을 받는 것보다 신부님께 고해성사를 하는 편이 더 유익하다고 생각하기 때문이다.

현실에서 죄를 끊어내는 일은 사실상 불가능하다. 무엇인가 우리가 사랑하는 것 이상으로 우리에게 다가오지 않는 한 이 세상이 제공하는 달콤한 것을 계속해서 거부할 수는 없는 것이다. 그것이 천국이라고 해도 지금 당장 나의 필요를 채워 주지 못한다면 누군가에게는 배부른 소리일 뿐이다. 그래서 우리에게 필요한 것은 죄의 실체를 보는 것이다. 다시 말해서 나의 실체를 볼 때 거기에서 '억' 하거나 '악' 소리가 나는데 이 경험을 한 사람은 모두가 한결같이 자신의 무능력을 체험하게 되고 우리의 일상생활이 얼마나 죄와 깊은 관계를 맺고 있는지 놀라게 되는 것이다. 필자가 생각하는 그리스도인은 이런 사람이다. 죄를 보고 나면 다들 조용해지고 겸손해질 수밖에 없다. 남의 죄가 나의 죄가 되고 우리가 짓지 않은 죄도 대신 형벌 받아 마땅한 자신을 깨닫게 되는 것이다. 그러다 보니 남을 정죄할 시간이 부족하여 감 놔라 대추 놔라 할 시간이 없게 된다. 내가지은 죄를 주워 담기에 급급하기 때문이다. 우리는 죄의 실체를 감지할 수 없고 볼 수도 없다. 죄가 바로 나이기 때문이다. 이 죄를 보도록 외부의 충격이 가해져야 하는데 그것이 바로 하나님의 사랑이다. 죄를 보여주시고 죄를 사하시는 과정이 모두 우리에게 전달되어 지금도 나의 죄를 볼 수 있도록 하나님이 일하시고 계시는 것이다. 죄를 보고 악 소리가 날 때 그곳에 용서가 있고 힐링이 있다. 그래서 하나님은 모든 병을 고치시는 힐러가 되시는 것이다.

"내 영혼아 여호와를 송축하며 그의 모든 은택을 잊지 말지어다. 그가 네 모든 죄악을 사하시며 네 모든 병을 고치시며."(시 103:2-3)

나는 하나님이 주시는 힐링을 패터슨에서 나누고자 한다. 그것이 고장 난 민주주의를 넘어 하나님이 약속하신 새 하늘과 새 땅이 올 때까지 천국의 모형을 이 땅에 세워 사람들에게 소망을 주고자 한다.

PART 13

필자가 만들고 싶은 천국 모형

|||||||||||||||||||||||||||||||||||||||||||||||||||||||||||||||||||||||||||||||||||||||||||||

이미 밝힌 바와 같이 이 사역을 시작할 수 있었던 이유는 아내의 내조가 있었기 때문이다. 물론 초창기에는 교육 목사로 일하여 작은 수입이 있었지만, 선교회를 시작하면서 이것마저도 중단되어 전적으로 아내의 도움을 받았다. 그 후 필자가 운영하는 음주 운전 교육 사업이 안정되어 아내는 식당을 매도하였고 나는 몸이 뉴저지에 있어도 뉴욕에 있는 교육 사업을 할 수 있게 되었다.

이때 나는 난생처음으로 생각지 못한 수입을 올렸는데 지금 생각해도 이것은 내 머리에서 나온 것이 아니다. 물론 모든 식구들이 하나님의 선물이라고 인정하고 있다. 한 가지 신기한 것은 나보다 더 좋은 조건으로 이 사업에 참여하고자 하는 사람들이 있었는데 무슨 이유에서인지 뉴욕 교통국으로부터 불허를 받아 뛰어들지 못한 것이다. 이 일에 참여하기 위해서는 뉴욕 교통국에서 허가를 받아야하는데 어떻게 나에게 순서가 돌아왔는지 죽은 후에야 알 것 같다.

뉴욕에 거주하는 강사들은 운전사들이 지불한 교육 비용을 직접 필자의 은행에 입금시키고 나는 운전자들이 질문이 있을 때 전화로 상담하는 일을 뉴저지에서 하였다. 이렇게 몸이 패터슨에 있지만 수

입은 뉴욕에서 나오고 감사하게도 나는 선교회에서 사례를 받지 않아도 생활이 가능했다. 그런데 팬데믹이 닥쳤다. 모든 비즈니스가 반 토막 나고 나 역시 그때 경험한 난국으로 지금도 정부 융자를 갚고 있고, 2024년 현재도 팬데믹 이전 수입을 내지 못하고 있다.

이런 상황에서 나는 처음으로 선교회에서 사례금을 받게 되었다. 무척이나 자존심 상하는 일이지만 지금은 다른 방법이 없기 때문에 일단 자존심을 내려놓고 받기로 했다. 이제까지 나름대로 무수당으로 자부심(?)이 있었는데 더 이상 나타낼 것이 없게 된 것이다. 여건이 허락된다면 나는 다시 무수당으로 돌아가 필요 없는 자존심(?)이지만 회복할 것이다.

선교회에 돈은 없지만 무한한 물건이 있다. 여러 곳에 설치된 수거함은 오늘도 누군가의 마음으로 채워져 돌고 도는 지구처럼 물건도 돌아간다. 매일 들어오는 옷과 신발 중에 새것도 섞여 있다. 필자가 선교회에서 운영하는 가게를 시작한 지 벌써 10년이 넘었지만 운영에 직접 참여한 것은 최근의 일이다. 팬데믹 이후 가게 운영 비용을 줄이기 위해 직접 물건 수거와 운반 등 운전이 필요한 모든 일을 맡아서 하게 된 것이다. 이전에는 운전하는 사람에게 모든 픽업을 맡겼는데 이분이 바라던 트럭 운전사로 직종을 옮긴 후 그때부터 필자가 운전을 맡았다. 그렇게 직접 물건을 수거하면서 가끔 기부 물품에 목걸이, 시계 등 값나가는 물건을 종종 보게 되는데 그때 들은 생각이 첫째, 지금까지 걷어온 많은 물건 중에 값나가는 물건이 다 어디로 간 것일까? 둘째, 이 물건을 싸게 팔 것인가 아니면 싸게 파는 것보다 내가 그 금액을 지불하고 가질 것인가? 셋째, 그냥 가질 것인가?

목사라는 나도 이런 질문이 생길 때 짧은 순간이지만 유혹이 있없다. 이렇게 어려운 일을 양심의 음성에 귀가 뚫리지 않은 사람이 맡는다면 그 물건은 당연히 사라진 지 오래이고 존재하지 않는 물건이다. 때가 되면 나는 다시 오피스직으로 돌아오고 물건 수거는 다른 분께 맡겨야 하는데 이 일을 어떻게 해야 하는지 아직도 숙제다. 나에게 유혹이 생길 때 이런 대화가 내 속에서 진행되었다. 첫째, 혹시 몇만 불이라면 잠시나마 양심이 흔들릴 수 있겠지만, 단돈 몇 불에 양심을 팔자니 자존심이 허락하지 않고 둘째, 성경(출 22장) 말씀대로 100불을 훔치면 하나님이 200불을 내 계좌에서 빼갈 것이라고 믿기 때문에 손해 볼 일을 하지 않는 것이다. 하지만 잠시나마 물건을 가지고 싶은 충동이 있었다는 것은 부인할 수 없는 사실이다. 다만 믿음과 덧셈이 결국 나에게 손해라는 계산으로 유혹을 물리친 것이다.

다음은 선교회에 들어오는 수입을 어떻게 배분할 것인지 하나님 나라의 법칙으로 배분하는 일이다. 선교회는 첫째는 건물 융자를 갚아야 하고 그다음은 운영 비용이다. 그 안에 노숙자에게 제공되는 음식과 기타 물건이 포함된다. 그다음은 선교회에서 일하시는 분 사례비다. 이미 말씀드린 바와 같이 뉴저지 기본 수당은 시간당 $15.13이다. 뉴저지에 사시는 분에게 이 임금은 최하인지라 이 금액에서 세금을 빼면 두 사람이 벌어도 아파트 렌트와 차 운영비를 제하면 남는 게 없을 것이다. 그럼에도 불구하고 선교회에서 일하시는 한 분 한 분 즐거운 마음으로 수고하시기에 필자는 이분들께 한없는 감사를 드리고 있다.

그리고 나머지 수입은 가게에서 일하는 노숙자들에게 지급된다. 많은 사람이 이 프로그램에 참여하였지만 그렇게 오래 버틴 사람이 없다. 왜냐하면 돈만 생기면 약을 하는 데 다 쓰다 보니 돈이 바로 약이고 약은 죽음으로 이들을 몰아가는 것이다. 그래도 선교회에 기숙하며 필요한 생활용품을 구해야 하기 때문에 적게는 하루에 $30 많게는 $70씩 용돈을 드리고 있다. 이외에 선교회 운영에 많은 경비가 들어가는데 그중에 방과후 학교 운영비, 많지는 않지만 장학금 지급 등 지출의 경로는 무한하여 선교회가 돈을 모을 일은 없을 것이다. 그래도 돈이 모인다면 나는 노숙자들에게 2인 1실로 방을 준비하여 이들에게 최소한 잠자리와 소일거리를 드리고자 한다.

사실 이들에게 거주할 수 있는 방을 주는 일은 어려운 일이 아니다. 얼마든지 가능하지만 첫째는 미국에서 운영하는 모든 프로그램은 정부의 허가를 받아야 하는데 그 절차와 경비가 만만치 않다.

둘째, 정부에서 만들어 놓은 기준으로 인해 운영 경비가 눈덩이처럼 불어나 아무리 돈을 쏟아부어도 운영하는 인건비와 장비로 인해 정작 노숙자가 받을 수 있는 혜택이 미비하다는 것이다. 그러나 이것보다 더 어려운 것은 노숙자의 '개성' 있는 생활 방식이다.

이들 중에는 시설이 파괴되어도 좋으니 내가 지금 필요한 것을 달라는 사람이 있고, 남의 똥 내 똥 가리지 않고 그냥 아무 데나 일을 보는 사람이 있는가 하면, 손에 잡히는 대로 물건을 훔쳐 가는 사람이 상당히 많이 있다는 것이다. 이런 사람들에게 신뢰를 얻기까지는 상당히 오랜 시간이 필요한데 그렇게 시간과 비용을 투자하는 기관이나 사람이 없다는 것이다. 이전에는 이들과 가능한 한 멀리 떨어질 수 있도록 기도하였지만, 지금은 이들을 품을 수 있는 마음과 장소를 달라고 기도하고 있다.

이제 만으로 60을 바라보는 이때에 하나님은 나에게 이 일을 얼마나 더 맡기실지 모르지만 바라기는 앞으로 14년을 채웠으면 한다. 그렇게 40년을 섬기고 떠날 수 있다면 나로서는 감사할 일이고 이렇게 기회를 주신 하나님께 찬양드리고 갈 수 있을 것 같다. 그러기 위해서는 더 많은 사람과 자원이 필요하다. 지금 계획하는 건물은 100여 명 수용할 수 있는 학교지만 가능하다면 그다음은 노숙자 재활원을 다시 건축하는 일이다. 깨끗한 시설에서 노숙자들에게 잠자리를 제공하고 날마다 하나님의 음성을 들을 수 있는 기회를 제공하고자 한다.

여기에서 필자는 조심스럽게 새로운 방향을 제시하고자 한다. 첫째는 마약과 술에 대한 우리의 생각을 바꾸는 일이다. 물론 이들이 모든 중독증을 극복하고 맑은 정신으로 새사람이 되는 것을 위해 기도해야 하지만, 혹시라도 이 사람들이 극복할 생각이 없더라도 우리는 이들을 정죄하지 말고 하나님께 나오도록 응원하자는 것이다. 그러기 위해서는 이들을 있는 그대로 받아주고 우리의 섬김이 이들의 마음에 감동으로 느껴질 때까지 일관성 있게 그 자리를 매일 지켜야 한다.

둘째, 신의 이름에 연연하지 말자는 것이다. 이들이 자라온 배경에는 하나님도 있고 알라도 있다. 그리고 그중에는 무신론자도 섞여 있다. 나는 이분들이 원하는 종교를 우리 시설에서 허용하고자 한다. 그리고 종교가 없는 사람들은 AA나 NA미팅에 참여하는 것을 이들이 최소한에 지켜야 할 규칙으로 만들고자 한다. 이들이 하나님의 이름을 부르든 알라의 이름을 부르든 아니면 고목나무에게 절을 하든, 이들이 찾는 것이 진리라면 결국 언젠가는 예수를 만날 것이라고 나는 생각한다.

이렇게 타 종교를 향해 구원의 문을 열어보는 내 생각은 세 가지 이유가 있다. 첫째는 베드로 전서에 나타난 옥에 있는 영들이다. 이 구절을 어떻게 해석하는지는 크게 두 가지로 나뉘는데 먼저 가톨릭 교회의 해석으로 죽은 사람에게도 구원의 문이 열려있다는 가능설이고, 두 번째는 개신교 해석으로 예수께서 영으로 옥에 갇힌 자들을 찾아가서 선포하신 것은 구원의 메시지가 아니라 죽음을 이기시고 승리하심을 선포하셨다는 것이다.

물론 다 논리이고 확실한 답은 가름하기 어렵다. 그래서 종교 개혁의 선구자 마틴 루터도 '모른다'로 대답하였다고 한다. 하지만 필자에게 더 와닿는 해석은 가톨릭의 해석이다. 물론 무식한 지식으로 오해를 만들 수도 있기 때문에 나의 의견임을 분명히 하고자 한다. 그리고 죽음 후에 구원의 문이 열려 있다고 하더라도 이 가설을 믿고 위험한 생각을 가질 사람이 많기 때문에 나로서는 조심하지 않을 수 없다.

"그가 또한 영으로 가서 옥에 있는 영들에게 선포하시니라. 그들은 전에 노아의 날 방주를 준비할 동안 하나님이 오래 참고 기다리실 때에 복종하지 아니하던 자들이라 방주에서 물로 말미암아 구원을 얻은 자가 몇 명뿐이니 겨우 여덟 명이라."(벧전 3:19-20)

결론은 위의 구절로는 아무것도 단정 지을 수 없기 때문에 사도행전에 나타난 고넬료 백부장을 소개하고자 한다.

"그가 경건하여 온 집안과 더불어 하나님을 경외하며 백성을 많이 구제하고 하나님께 항상 기도하더니."(행 10:2)

여기에서 '경건하다'라는 단어는 원어로 φοβούμενος (phoboumenos)인데, 이 단어는 **사도행전 2장 5절**에 쓰인 경건(ε ὐλαβεῖς, eulabeis)과 다른 단어이다.

첫 번째 경건은 이방인이 유대인으로 개종하였을 때 쓴 단어고 두 번째는 경건한 유대인에게 쓰인 단어이다. 로마 시민일 가능성이 높은 이방인이 이스라엘로 파병 도중 유대인의 종교에서 신의 자취를 보았다고나 할까? 어떤 면에 매료되었는지는 알 수 없지만 그 신을 이해하기 위해 노력하였고 그 사람이 위치한 자리에서 사회의 가장자리, 즉 식민지 주민인 유대인에게 연민을 느끼고 도와준 것이 아닌가 생각된다.

하나님은 이 사람을 지목하셨고 당대의 교회의 기둥인 베드로를 보내 이 집안 식구와 하인들을 몽땅 하나님 백성으로 삼으신 것이다. 나는 이 구절에서 다시 한번 행함을 강조하고자 한다. 한글 성경은 고넬료의 행위를 단순하게 '구제'라고 번역하였지만 영어 번역은 '가난한 자에게 준 선물'로 좀 더 구체적으로 행위를 두각시키고 있다. 이러한 고넬료는 예수에 대하여 소문은 들었지만(행 10:36-43), 베드로가 고넬료의 집을 찾아가 예수의 삶을 증언하기까지 그리스도 예수와 하나님의 관계를 알지 못한 상태라고 볼 수 있다.

고넬료는 군인의 한 지도자로서 아마도 전쟁을 통하여 많은 죽음을 보게 되었고 자신도 역시 먼저 간 동료나 아래 계급 병사들처럼 흙으로 돌아갈 것을 깨닫게 되지 않았나 상상해 본다. 그리고 여기서 인간의 유한한 시간에 무엇을 찾아야 하는지 갈망하다가 유대교를 만나지 않았나 싶다. 나의 상상력은 유한하지만 여기서 추려 내고 싶은 두 가지는 첫째, 한 인간이 신을 갈망할 때 우리는 하늘 문을 두드리게 되고 둘째, 신이 창조하신 인간이 피조물에 대한 연민을 가질 때 그 행위가 신에게 특별하게 비친다는 것이다. 고넬료는 이 두 가지를 동시에 실천하여 하나님께 인정받고 천사의 시중을 받는 영광을 얻게 되었다. 언젠가 이스라엘에서 예수의 발자취를 느껴 보려고 성도들이 골고다로 향하는 길을 따라 순례의 길을 걷고 있는데, 지나가던 유대인이 이들을 향해 침을 뱉는 것을 뉴스에서 보았다. 말이 막히는 순간이었다. 더 놀라운 장면은 침 뱉는 아버지의 뒤를 따라오던 아이가 똑같은 모습으로 성도들에게 침을 뱉는 것이었다. 한심하다고 할까, 아니면 애처롭다고 해야 하나. 하나님을 섬긴다고는 하지만 율법에 가려 정작 하나님이 원하시는 사랑과 인자하심에 전혀 눈을 뜨지 못한 것이다. 고넬료가 찾은 유대교와 지금의 유대교는 논리 면에서 다른 바가 없을 것이다.

나는 여기서 똑같은 종교이지만 하나님이 보시는 것은 사람의 마음이라고 생각한다. 고넬료가 찾는 것은 유대교 자체가 아닌 율법이 의도하는 하나님의 사랑을 찾은 것이 아닌가 생각한다. 똑같은 원리를 적용하여 유대교이든 이슬람이든 이들이 찾는 것이 종교를 넘어 창조주의 마음이라면 언젠가는 그리스도를 만날 것이라고 생각한다.

나는 유대교와 이슬람을 둘 다 반쪽짜리 진리라고 생각한다. 유대교는 그리스도를 부인하기 때문에 여전히 반쪽이고 이슬람은 가장 늦게 태어난 막내가 형들의 모습에서 보고 배운 것을 변형한 종교라고 보면 될 것이다. 막내의 하는 짓을 너그럽게 끌어안는 형들이 된다면 막내도 언젠가는 예수의 권위가 선지자 이상이며 그들이 믿는 신과 동등한 위치에 있다는 것을 알게 될 것이다. 유대교와 이슬람 모두 그리스도 예수가 필요하지만 이론이나 기술로 이들을 설득할 수 없다. 때를 기다리며 교회와 성도는 이들을 섬겨야 한다. 이들이 부르는 신이 알라이든 야훼이든 하나님이든 결국에는 그리스도의 영광을 볼 것이고 그 앞에 모두 무릎 꿇을 것이라고 나는 믿는다.

"그 날에 이스라엘이 애굽 및 앗수르와 더불어 셋이 세계 중에 복이 되리니, 이는 만군의 여호와께서 복 주시며 이르시되 내 백성 애굽이여, 내 손으로 지은 앗수르여, 나의 기업 이스라엘이여, 복이 있을지어다 하실 것임이라."(사 19:24-25)

이사야 선지자는 이스라엘과 더불어 애굽과 앗수르가 하나님의 복을 받아 모든 인류와 함께 하나님의 백성이 될 것을 예고한 바 있다. 지금 이 시간에도 서로를 향해 폭탄을 쏘고 있는 이스라엘과 주변 국가들이 함께 하나님을 경배하려면 과연 무슨 기적이 일어나야 할까? 바로 유대 종교와 이슬람이 그동안 무시하였던 어린양의 실체를 보고 그 앞에 엎드러지는 것이다. 이 외에 다른 방법으로 이들이 화합하는 일은 잠시나마 있을 수 있겠지만 함께 하나님의 백성이 되는 일은 불가능할 것이다.

이렇게 다양한 종교와 여러 나라와 종족을 모아 그리스도 예수의 이름으로 섬기는 모습을 이 지역사회에서 실천하고자 한다. 그러기 위해서는 뜻이 같은 사람이 더 필요하다. 나는 어두운 세상에서 빛으로 살고자 하는 사람에게 이보다 더 좋은 기회가 없다고 소개하고 싶다. 우리가 섬겨야 할 대상이 여기에 몰려 있기 때문이다. 그리고 예수께서 말씀하신 것처럼 낮아지고자 한다면 이보다 더 좋은 자리가 없을 것이다.

우리가 베푸는 자리에 있는 것은 행복한 일이다. 남에게 받기보다는 베푸는 자리가 더 우리의 자존심을 지켜주고 사회에서 존경받는 위치에 오를 수 있을 것이다. 그래서인지 비영리 단체와 부자들이 자주 회동을 하는데 이것을 우리는 Gala(잔치) 혹은 Fundraising event(모금 행사)로 지칭한다. 비영리 단체는 사회의 부유 인사에게 후원을 부탁하고 반대로 부유 인사는 이런 행사를 통해 자신을 알리며 인맥을 쌓는 기회로 만드는 것이다. 상부상조하고 누이 좋고 매부 좋은 일이다.

하지만 성경에서 말하는 주는 행위는 전혀 다르다. 일단 주는 행위를 나타내지 말라고 예수께서 분명하게 말씀하셨다. 다시 한번 강조하면 우리가 받고자 하는 상이 하늘의 상이라면 은밀하게 하라고 하셨다.

"사람에게 보이려고 그들 앞에서 너희 의를 행하지 않도록 주의하라 그리하지 아니하면 하늘에 계신 너희 아버지께 상을 받지 못하느니라. 그러므로 구제할 때에 외식하는 자가 사람에게서 영광을 받으려고 회당과 거리에서 하는 것 같이 너희 앞에 나팔을 불지 말라 진실로 너희에게 이르노니 그들은 자기 상을 이미 받았느니라. 너는 구제할 때에 오른손이 하는 것을 왼손이 모르게 하여 네 구제함을 은밀하게 하라 은밀한 중에 보시는 너의 아버지께서 갚으시리라."(마 6:1-4)

만일 사람에게 영광을 받고자 하는 기부라면 당연히 모금 행사에 참여하여 멋있게 나눠 주고 사진도 찍어서 벽에 걸어두는 일도 그리 나쁘지는 않을 것이다. 그리고 이렇게 행하는 나눔도 탓하고자 하는 것은 아니다. 다만 교회나 기독교 단체에서 하는 행사라면 각별히 조심해야 할 일이다. 필자는 아직 이런 행사를 주최한 적도 없고 앞으로도 없을 것 같다. 혹시 나를 이은 다음 세대에 누가 선교회를 이끌지 모르지만 이들이 이런 행사를 한다 해서 막을 이유는 없을 것이다.

하지만 나에게는 모금행사보다 더 중요한 것이 있다. 내가 발견한 하나님의 사랑을 조용히 실천하는 것이다. 깨끗하고 조용하면 되는 것이다. 내가 한 명에게 음식을 나눠주든 천 명에게 주든 내가 믿는 하나님은 몇 명이 밥을 먹었는지보다 내가 왜 이들에게 밥을 주었는지에 더 관심을 가지고 계신 분이라고 나는 생각한다.

물론 예수께서 5천 명+a, 4천 명+a의 사람에게 밥을 주셨지만, 그것은 예수께서 하신 일이고 나는 그저 한 개인이고 인류를 구원하는 슈퍼스타가 아니다. 내가 지향하는 것은 천국이다. 이 사회의 고장 난 민주주의를 고치는 기술자가 아니다. 사람이 만든 제도와 법은 언젠가는 고장 나고 고치는 일이 무한 반복하는 것이다. 그래서 나에게 중요한 것은 천국의 소망을 가지고 그날을 기다리는 삶이다. 그리고 그 소망을 가지게 될 때 주고 싶은 생각이 더 커지는 것이다.

필자와 마찬가지로 여기저기서 남에게 베풀기 원하시는 분이 있다. 아직 한 번도 만나지 못한 분들이 몇 년 동안 계속해서 선교회를 지원하고 계신다. 이메일로 몇 번 인사드렸지만 아직 같이 밥 한 끼 먹은 적이 없다. 그럼에도 불구하고 이들은 계속해서 선교회를 지원하고 나는 이분들의 후원으로 계속해서 섬기는 일을 함께하고 있다. 추수감사절에 아이들과 함께 노숙자들에게 줄 선물을 예쁘게 만들어 오는 가정이 있고, 교회 행사로 찾아오셨다가 은밀하게 개인적으로 후원하시는 성도분도 계시다.

이렇게 여러분들이 지금도 선교회를 후원하시는데 이 중에 한 분을 소개하고자 한다. 간호사로 일하시다가 섬기시는 교회를 통해 선교회를 알게 되신 분이다. 남편과 함께 교회를 대표하여 선교회 봉사를 계속하시다가 후에 남편이 돌아가시고 이분도 은퇴하게 되었다. 하루는 이분께서 잠시 만나자고 연락을 주셔서 약속 장소로 나가 잠깐 얼굴을 뵈었는데, 이분께서 하시고자 한 말씀은 필자가 계획하는 학교에 자신이 참여하고 싶다는 것이었다. 그리고 이분의 계좌에서 10만 달러의 주식을 선교회로 이체하셨다. 이제껏 필자가 받아본 후원금 중에 가장 큰 금액이었다. 그렇게 부유한 가정도 아니고 또 함께 사는 아들도 있는데 이렇게 큰 금액을 건네주신 어머니의 마음은 이미 천국에 계시지만 필자의 어머니도 기부자에게 감사하고 계실 것 같다.

PART 14

무엇을 더 줄 수 있을까?

||||||||||||||||||||||||||||||||||||||||||||||||||||||||||||||

무엇을 주고 싶은 마음이 생기면 나머지는 하나님이 하시는 일이다. 돈이 없어서 시간이 없어서 줄 수 없다고 생각하시는 분께 나는 '아닙니다'라고 말씀드린다.

"주고 싶은 마음만 있으면 됩니다. 그 마음을 하나님이 보시고 우리에게 시간을 주십니다. 그리고 재물도 주십니다."

우리에게는 제한된 시간과 물질이 있지만, 하나님은 우리의 몸과 마음을 유한한 법에서 무한한 세계로 이동시키신다. 즉, 주고 싶은 마음이 하나님의 사랑에서 시작될 때 나머지는 하나님의 영역이다.

더 주고 싶은 생각이 커지면서 생긴 꿈이 바로 학교다. 그리고 이 역시 이 땅에서 이루고 싶은 천국의 모형이다. 이미 망가진 사람을 고쳐 보려는 노력은 지금도 계속되고 있지만, 그 일은 참 고되고 어려운 일임을 나이를 먹은 사람이라면 다 아는 사실이다. 그것이 한국이든 미국이든 종교와 교육 수준을 떠나서 한 사람의 사고와 생활패턴을 바꾸는 쉽지 않은 일이다. 그래서 필자는 저소득층 아이들에게 망가지는 기회보다 성공하는 기회를 주고 싶어서 방과후 학교, 여름방학 프로그램, 토요 성경학교 등을 운영하였다. 그리고 2024

년 1월부터 태권도 프로그램을 운영하고 있다. 며칠 전에 한 명의 아이가 이 프로그램에 등록했는데 다음 주에 자기 오빠를 데려와 일주일 만에 50% 성장하였다.

하지만 이렇게 짬짬이 나눠주는 시간과 노력은 이 동네 아이들이 살아가는 환경과 대항하기에는 역부족이다. 부모의 교육 수준이 낮은 것도 이유 중 하나이지만 이 지역에 거주하는 대부분의 아이들이 성에 너무 일찍 눈을 뜨는 것이다. 방과후 학교에 다니던 아이가 18살이 되기도 전에 자신의 수영복 사진을 전화번호판에 띄워 놓고 모든 사람이 보도록 하였는데, 나는 이 아이의 의도가 의심스러웠지만 물어볼 수는 없고 그 사진을 내려달라고 부탁하였다.

그러다 이 학생이 돈이 필요하다고 하여 아이에게 파트 타임으로 선교회 가게에서 일자리를 준 적이 있다. 그런데 일하러 온 시간에 눈이 풀려 몸을 움직이지 못하는 것이었다. 더군다나 자주 화장실에 들어가 나오지 않는 까닭에 수차례 주의를 주었지만 무엇보다도 잠이 모자란 아이에게 일을 시킬 수가 없었다. 결국은 당분간 쉴 것을 권유하고 가게에 나오는 것을 중단했다. 문제는 이 아이뿐만 아니라 아이의 언니도 체 21살이 되기 전에 아기를 낳았고 아이의 아빠는 더 이상 언니와 함께 사는 사람이 아니라는 것이다. 이 아이의 어머니 역시 생활이 어려워 한동안 선교회에 음식을 받으러 오셨는데 지금은 거리가 떨어진 곳으로 이사 가셔서 더 이상 선교회 앞길에서 마주친 적은 없다.

이처럼 생활이 어려워서인지 여학생들의 대부분이 일찍 남자를 알게 되고 아이를 낳아 사회의 일원이 될 겨를도 없이 하루살이 인생을 사는 것이다. 그나마 부모가 함께 아이를 위해 수고하는 가정은 그래도 아이의 학업과 장래에 관심을 가지고 밀어주는 것이 눈에 보이지만, 이 동네에서 이런 부모를 가진 아이는 아마 20% 정도로 예상된다.

패터슨에서 조금 떨어진 뉴왁이라는 동네는 이보다 더 열악하여 한때 "아버지가 부재한 도시"라는 제목의 기사에서 읽은 바 있다. 오바마 전 미국 대통령이 출범한 새로운 법안 중에 My brother's Keeper가 있다. 그때 대통령이 한 연설문에서 흑인 아이들은 4명 중에 2명이, 그리고 남미 아이들은 4명 중 한 명이 아버지가 없는 가정에서 자라나고 있다고 하였다. 그리고 본인도 어머니와 조부모의 많은 사랑을 받고 자라났지만 아버지가 부재한 자신의 어린 시절이 큰 공백으로 남아 있다고 하였다.

여기에서 짚고 넘어갈 포인트는 첫째, 오바마 전 대통령이 사용한 통계는 이미 과거의 숫자이며 지금은 4명 중에 3명의 흑인 아이들과 4명 중 2명의 남미 아이들이 한 부모에 아래서 자라난다는 것이다. 그래서 이런 아이들을 통틀어 Uncle Sam's Children이라는 단어가 등장하였다. 즉, 정부의 자식들이다. 나라에서 먹여주고 입혀주고 교육받으며 자라나니 정부의 책임으로 돌아간 것이다. 둘째는 필자가 오바마 정부에 기대한 바람이 있는데 흑인 아버지들에게 좀 더 가정에 기여하여 아이들이 자라나는 데 협력할 것을 기대했는데 그것이 충분히 강조하지 못했다는 것이다.

그래도 오바마 행정부 이후 흑인 지역 아이들의 교육에 더욱 관심을 가지게 되었고 지역사회와 협력하여 교육 방향과 방법에 많은 변화가 있었다. 필자는 미국의 미래는 흑인 자녀와 남미 자녀들에게 달렸다고 생각한다. 이 아이들이 주류 사회와 경쟁력을 가져야만 미국 정서는 이들을 사회의 일원으로 인정하고 공존하도록 함께 노력할 것이다.

　미국은 아직도 인종차별의 나라이다. 그도 그럴 것이 필자가 본 흑인 사회와 남미인들의 생활 모습은 내가 본 백인 사회와 큰 차별이 있기 때문이다. 이 차별을 최소화하도록 정부가 책정한 방법이 바로 이들을 위한 지원금인데, 이에 대하여 인구 밀도에 비해 흑인에게 사용되는 세금이 백인보다 크다는 생각이 미국 사회의 인종차별을 더욱 부추기고 있다. 만일 여기에서 함께 돌파구를 찾아내지 못한다면 최악의 경우 미국이 두 동강이 나는 현상도 무시할 수 없는 상황이다. 2024년 대선을 앞두고 더욱 치열해지는 인종 갈등 속에서 미국을 둘로 나누자는 목소리가 공화당 쪽 트럼프 후보자 편에서 나오고 있는데, 조지아 국회의원 Marjorie Taylor Greene이다.

　아직 50이 안 된 젊은 여성이고 무조건 트럼프를 지지하는 MAGA 군사 중 한 명이다. 물론 같은 공화당 내에서도 미국을 분리하자는 무책임한 소리에 우려를 표하고 있지만 만일 이번 선거에도 공화당이 패한다면 그 후폭풍은 엄청날 것으로 생각된다. 더군다나 흑인과 남미 사람들이 더 이상의 발전이 없는 상태에서 계속 현재의 인구 증가율을 유지한다면 미국은 다른 방법이 없을 것이라 필자는 생각한다.

　필자가 읽은 책 중에 『We are doomed(우리는 망했다)』라는 책이 있다. National Review 매거진에서 편집자로 일하였고 정치평론가, 기자, 작가 등 많은 일을 한 John Derbyshire가 쓴 책이다. 영국에서 태어나 중국 이민자와 결혼하여 함께 미국으로 이민 와 현재까지 뉴욕에서 살고 있다. 그런데 이분이 언제부터 흑인과 남미 사람들에게 인종차별적인 생각을 가지게 되었는지 모르지만, 이분의 책을 읽으면서 어떻게 이런 책을 발간할 수 있었는지 필자도 의아했다. 결국 이분은 2012년 그동안 일하던 National Review에서 해고당하고 그 후로 백인 민족주의 그룹이 활동하는 웹사이트에 글을 올리고 있다고 한다.

이 책에서 미국 사람을 두 부류로 나누는데 Ice People(얼음 사람)과 Sun People(태양 사람)이다. 얼음 사람은 백인과 동아시안 이고 태양 사람은 흑인과 남미 사람이다. 그리고 이분의 주장은 앞으로 미국이 왜 Sun People로 인해 망하게 되는지 설명한 것이다.

바로 흑인과 남미 아이들이 대체적으로 학업이 부진하고 말썽쟁이라서 다루기가 어렵다는 것이다. "because Sun People kids are, in the broad generality, unacademic and unruly."[10]

보통 기자라면 이런 의견을 좀 더 신중하게 표현하였겠지만 이분은 무슨 생각을 하셨는지 너무 적나라하게 표현하여 많은 Sun People에게 블랙리스트가 되었다. 물론 이분의 생각이 틀린 것은 아니다. 그리고 이분의 생각을 지지하는 많은 사람이 공화당 당원이고 트럼프 후보자 지지자들이다. 필자 역시 이분들의 생각에 대하여 공감하는 바가 있다. 패터슨에서 충분히 경험하였기 때문이다.

하지만 이 방향은 나라를 두 동강 내는 방향이다. 필자가 제시하는 방향은 화합의 방법이다. 그러기 위해서는 Sun People의 교육

---

10 John Derbyshire, 『We Are Doomed: Reclaiming Conservative Pessimism』, New York, NY: Crown Forum, 2009, p. 125

수준을 올리는 데 함께 노력해야 한다는 것이다. 이들이 미국 주류 사회와 경쟁력을 가져야만 정부 보조금을 받지 않아도 생활이 가능한 한 인격으로 가정을 꾸려 사회에서 공존할 수 있기 때문이다.

그런데 교육열에 온 정성을 다하는 한국 부모님과 아시안 학생들이 흑인과 남미 아이들에게 열려있던 작은 구멍마저 틀어막았다.

그것은 1961년 John F Kennedy 대통령이 제정한 Affirmative Action 프로그램으로 Sun People을 사회에 참여하도록 길을 열어준 것이다. 그런데 이러한 우대 정책으로 인해 우리(한국, 중국) 아이들이 명문대학에 입학하는 확률이 낮아지는 것을 아시안 부모들이 알게 된 것이다. 지난 몇 년 동안 부지런한 부모들이 연방 법원에 항소하여 유명 대학교에서 실행하던 우대 정책에 문제점을 지적하고 그 법을 지난 2023년 6월에 중단하게 했다. 필자 역시 흑인과 남미 사람들에게 특권을 준 것에 대하여 찬성하는 바는 아니지만, 앞으로 이 사회에 참여할 기회가 이들에게 적어진 만큼 다른 방법을 써서라도 이들의 참여를 도와야 할 것이다.

지금은 이 문제가 어쩌다 나타나는 흑인 청소년들의 집단 약탈 행동으로 일부만 알려지고 있지만, 이 동네에서 20여 년을 지나고 나니 미국이 떠안은 문제가 나라를 잘라야만 해결될 문제인지 쉽게 답이 나오지 않고 있다. 한 가지 여기서 이해하고 지나갈 것은 이 모든 문제가 '돈' 때문에 발생하였고 지금도 '돈' 때문에 싸우고 있는 것이다. 식민지 초창기에 더 많은 '돈'을 벌기 위해 노예를 들여와 돈을 벌었지만, 지금은 노예를 들여온 자손과 노예로 팔려 온 자손 간에 이해충돌, 사상충돌을 계속하고 있다.

지난 2010년 4월 29일 당시 주지사인 Chris Christie 행정부에서 뉴저지 저소득층 예산을 삭감하겠다고 발표한 후, 패터슨의 모든 학생이 교실을 박차고 길거리로 몰려나왔다. 학교에서 이들을 방관한 것인지 아니면 학생들의 자발적 행동인지 모르겠지만 그날 패터슨은 도시가 마비되어 모든 경찰이 동원되어 학생들을 쫓아다니는 Tom and Jerry 게임을 하였다. 이날 나는 오피스에서 갑자기 웅성웅성하는 소리에 바깥을 내다보았고 수많은 학생이 킥킥거리며 경찰을 피해 도망가고 있었고 경찰들은 학생들을 쫓아다니며 학교로 돌아갈 것을 부탁하고 있었다. 미국 사회의 교육제도는 대부분 지역 정부에서 자체적으로 예산을 정하고 운영하는데 대도시, 특히 저소득층 지역의 학교는 대부분 주 예산과 연방 정부 예산으로 운영하고 있다. 그 당시 크리스티 주지사는 공화당 소속이었고 예나 지금이나 공화당 정부는 흑인사회의 과도한 세금 손실을 막으려 했다. 이러한 줄다리기 대립 상태에서 주 예산을 깎겠다고 하자 교사와 부모들이 이 아이들의 반항적인 행위를 부추긴 셈이다. 필자 역시 아이들의 교육 수준과 물먹는 하마 같은 교육 예산에 답답함을 금할 수 없다. 매해 주 정부와 연방 정부에서 아이들이 교육과 건보에 엄청난 돈을 퍼붓고 있지만 상황은 조금도 나아지지 않고 있다. 이렇게 부진한 학교 성적은 'USNews.com'[11]에서 잘 설명하고 있다.

패터슨 고등학교 졸업률은 95%에 가까운데 대학에 진학할 수준을 가진 학생은 수학에서 4%, 그리고 독해력에서 25%라고 한다. 이렇게 학교를 졸업하고 취업이라도 한다면 다행인데 그렇지 못한 경

11　https://www.usnews.com/education/k12/new-jersey/districts/paterson-public-school-district-111799

우가 허다하여 범죄에 가담하거나 원치 않는 임신으로 가난이 대물림되는 사회의 그늘이 늘어나 그 속으로 이 아이들이 숨어버리고 마는 것이다. 이러한 망가진 패터슨 교육 시스템에 일 년에 쏟아붓는 예산이 680 밀리언 달러라고 하니 이 돈을 좀 더 잘 쓸 수 없을까 하는 고민이 생기는 것이다. 물론 여기에 만병통치약은 없다. 다른 방법이 없으니 그냥 돈을 쏟아붓고 있는 것이다.

나는 이 경쟁에 나만의 방법으로 접근하려고 한다. 그 방법은 일단 내가 돈을 벌어야 한다는 것이다. 물론 좋은 계획안이 있다면 정부 차원에서 지원을 검토하겠지만, 남의 돈으로 운영되는 단체들의 특징이 돈의 씀씀이가 헤프다는 것이다. 어렵게 돈을 가져 봐야 쓰는 방법을 알 수 있을 텐데, 종이에 몇 자 적어서 얻어 낸 금전은 그만큼 쉽게 사라진다. 또한 이렇게 예산을 타내려면 줄을 잘 서야 하는데 세상 어디서나 마찬가지로 인맥을 쌓아야 한다는 것이다.

정치인들의 선거에 참여하고 회사 사장들과 골프 게임은 기본이고 여기에 혈연, 지연 모든 인맥이 다 여기 포함되는데, 나에게는 첫째, 이런 인맥이 없고 둘째, 이런 돈을 받을 생각이 없다. 무엇보다도 정부 돈으로 프로그램을 운영하는 기관을 바라보는 지역사회의 눈빛이 고깝다는 것이다. 자신들이 아니면 존재할 수 없는 프로그램이면서 그 프로그램을 운영하는 당사자들을 위해 돈을 다 쓴다고 생각한다. 내가 바라는 학교는 내가 노력해서 번 돈으로 운영하고자 한다. 그렇게 할 때 나에게 더 동기가 생기고 아이들에게는 자신 있게 살아 있는 희망을 줄 수 있기 때문이다. 혹시라도 내가 바라는 학교가 그냥 이상으로 그칠지라도 할 수 없다. 어차피 깨진 독을 고치기는 너무 늦었고 내가 한다고 해서 잘될 거라는 보장도 없기 때문이다. 다만 내가 믿는 하나님이 나에게 기회를 주신다면 내 나머지 삶을 걸어볼 것이다.

　　그래서 이 책은 나의 이상을 세상에 알려서 같은 마음을 품은 분들이 선교회를 찾아오도록 하려는 목적으로 쓰였다. 그리고 이 글의 대가로 충분한 자원을 마련한다면 나는 이제껏 구입한 모든 건물을 허물고 새로운 시작을 하려고 한다. 이제껏 쌓은 것이라고는 하나둘씩 모아온 땅과 건물이다. 물론 이렇게 부동산을 늘린 것은 아이들의 미래를 준비하는 센터를 만들기 위함이었다.

　　십 년 전에 선교회가 소유한 땅에 유치원을 만들기 위해 시 관계자들과 미팅을 하고 준비 과정을 마쳤지만, 결국 '돈'이 없어 꿈을 접어야 하던 때가 있다. 이번에도 결과는 같을 수 있다. 열심히 뛰었지만 '돈'이라는 벽 앞에서 한발도 나가지 못하고 꿈을 접을 가능성이 높다. 하지만 이번에는 미리 나의 꿈을 알리기 위해 이 글을 쓰고 있다. 2023년 7월 오랜 시간 동안 바라고 소망하던 '짱박힌' 건물을 구입하였다. 선교회가 소유한 땅과 건물 사이에 타인의 건물이 하나 있었는데 그것이 경매로 나와 어렵사리 선교회 소유가 된 것이다. 이 과정에서 일어난 기적 같은 사건을 일부 이미 소개하였다. 그렇게 바라던 10 Marshall부터 24 Marshall까지 다 선교회 소유가 되었고 이제는 이 모든 건물을 부수고 깨끗한 학교 건물을 지어 아이들에게 주고 싶다. 여기서 독자들에게 밝히고 싶은 것은 이 모든 건물과 땅의 소유주는 하나선교회이고 나의 이름이 들어간 곳은 선교회 창립자라는 이름뿐이다.

　　팬데믹 이후에 나는 그동안 운영하던 재활용 가게를 일 년에 두 개씩 늘려 총 10개를 만들어 학교를 운영하는 자금을 마련하고자 하였다. 하지만 2년 동안 세 개를 더 내어 총 4개를 만들었지만, 수익 차트를 보고 여기서 더 확장하는 것은 위험한 일이라고 단정하였다. 이유는 간단하다. 예상대로 수입이 나오지 않기 때문이다. 한 가지 다행인 것은 첫 번째 가게에서 나오는 수입으로 나머지 세 가게의 임대료와 함께 이 일에 동참하시는 분들께 작은 성의를 보일 수 있다는 것이다. 이 모든 분은 돈이 필요해서 이 일에 참여하신 분들이 아니다. 필자와 함께 가장 오랫동안 가게를 운영해 주신 제니퍼 그리고 80세의 고령에도 필자보다 더 열심히 일하시는 강 장로님 내외분 그리고 로렌 집사님과 무슬림 아주머니 나즈마는 나에게 가족이고 형제이고 자매다. 이분들을 섬기며 함께 이 노동을 감당하게 하신 하나님께 감사드린다.

재활용 가게를 운영하는 일은 참 쉽지 않은 일이다. 물론 생업에 쉬운 일은 없겠지만 이 일은 단순 육체노동이다. 약간의 머리가 필요하지만 전적으로 육체노동이다. 그나마 한인들이 제공하는 헌 옷이나 가전제품은 쓸 만한 것들이 있지만 가게로 가져오는 물건 중에 쓰레기로 취급할 수밖에 없는 물건이 끊이지 않고 들어오고 있다. 심지어는 여성이 사용하던 속옷이 종종 나오는데 더 자세한 표현을 삼가도록 하겠다. 이렇게 성의 없이 던져진 물건은 도네이션이 아니라 쓰레기 처리를 선교회가 대신 하는 것이다.

이렇게 어렵게 물건을 구분하고 정리하고 또 정리하여 물건을 매장에 진열하면 신기하게도 이 물건이 팔려나가고 많은 사람이 만족해하는 recycle이 된다. 비록 수입은 없지만 참 뜻있는 일이다. 필요 없는 물건을 버리지 않아서 좋고, 좋은 물건을 싸게 사는 손님도 좋고, 쓰레기로 몸살을 앓는 이 땅이 좋고, 그리고 이 매장에서 봉사하며 조그만 용돈을 받는 노숙자들이 좋고, 대통령상을 받기 위해 봉사하는 학생과 부모님이 좋고 여러 면에서 유익한 사업이다.

반면에 수입도 없는 이 일로 고생하시는 매장 봉사자들께 죄송하고 또 매장에 와서 행패 부리는 사람이 종종 있는데 아무도 불만 없이 이 모든 짐을 함께 짊어지고 가는 모든 분께 죄송하고 감사할 뿐이다. 이 매장에서 언제 수입이 나와서 학교 운영에 보탬이 될지는 아직 미지수이다. 그래서 나는 내가 할 수 있는 모든 일을 해보려고 한다. 불과 석 달 전만 해도 노래로 선교회를 알려볼까 하는 생각도 해봤다. 노래를 못하는 편보다 잘하는 편이라고 생각한 나는 몇 번 핸드폰으로 내 노래를 녹음하고 다시 들어보았다. 조금 더 다듬고 생목소리가 아닌 음향 시스템으로 녹음하면 들어줄 만하겠다 생각했다. 하지만 유튜브에서 노래하는 사람들의 음성을 들어본 후 접기로 하였다. 유튜브에 천사의 소리가 많아서 내 소리로 선교회를 알리는 방법은 전혀 가능성이 없어 보였다.

그렇게 고민하고 있을 때 2024년 1월 2일, 벨빌 가게에서 패터슨으로 돌아오는 길에 책을 써 보는 게 어떨까 나에게 질문했다. 그게 효과가 있을까? 이 시대에 책을 사는 사람이 있을까? 여러 가지 질문이 오가는 사이 내 가슴이 뜨거워졌다. 나의 가슴이 뜨거운 것과 책의 흥행이 어떤 관계가 있을지 몰라도 최소한 뜨거운 가슴을 경험한 순간을 후회한 적은 없었다.

오래전 신학 진학을 앞두고 있을 때 필자가 일하던 가게로 손님이 찾아오셨다. 아버지께서 운영하시던 포목점 가게에서 일하고 있을 때였다. 나를 찾아오신 분은 이미 말씀드린 바 있는 마곡사 촌구석에서 목회하시던 이모부님이셨다. 필자가 신학을 간다는 소식을 들으시고 기도해 주시려고 오신 것이다. 이모부님을 만난 지는 오래되었지만 그래도 내 기억에 가장 훌륭한 목사님으로 기억되는 분이시기에 나는 그분 앞에 무릎을 꿇고 기도받았다.

그때도 내 가슴이 뜨거움을 경험하였는데 나는 이 현상이 내 마음에 감동이 생길 때 일어나는 심리 현상인지 아니면 엠마오로 향하던 사람들이 예수를 만났을 때 일어난 영적 현상의 일종인지 구분하기 어렵다. 다만 책을 쓰자고 할 때 마음이 뜨거웠던 것이다. 바라기는 이 책을 통해 학교를 짓는 것도 좋지만, 나의 생각을 나누고 더 많은 사람이 사회에서 소외된 우리의 이웃을 돌아보는 계기가 되기를 바란다.

필자와 함께 20여 년간 함께 꿈을 꾼 자매가 있다. 한 아이의 엄마가 된 이 자매는 남편과 함께 선교회를 위해 기도하는 부부다. 처음 선교회에 찾아왔을 때 이 자매는 아리따운 소녀였고 컬럼비아 대학원에서 설계학을 공부하고 있었다. 그때 만난 남자 친구가 지금의 남편 김인기 형제이다. 십 년 전에 유치원 설계를 맡은 건축가도 이 부부였고 이번에 지을 학교 건물도 이 부부가 맡고 있다.

십 년이란 시간이 지나면 이제 꿈을 접을 때도 되었는데, 필자만큼 이 목적에서 자신의 직업인 건축가의 의미를 찾고자 하는 것이 아닐까? 최근에 주고받은 메시지는 설계도가 완성되었다는 내용이었고 나는 2024년 1월 18일에 이 도면을 패터슨시 부서에 제출하였다. 시간이 촉박해졌다. 바라기는 올해 모든 건물을 허물고 내년에 학교 건물을 착공하여 2026년에 어린이들이 입학하는 것이다.

그러기 위해서는 이 책이 수십만 권 팔려야 하는데 이것 역시 혼자만의 상상이지만 나름대로 나에게 책을 쓰는 동기를 부여하였다.

이미 필자의 의도를 밝힌 바와 같이 흙이 가진 자유는 더 이상 무너질 것이 없다는 것이다. 앞으로 하나님의 손에 의해 만들어지는 일만 남았다.

PART 15

내가 바라는 학교

|||||||||||||||||||||||||||||||||||||||||

그럼 나는 어떤 학교를 상상하고 있는지 독자들에게 소개하고자 한다. 필자와 함께 신학교를 졸업한 총각 목회자가 있다. 물론 지금은 결혼도 하고 아기도 있다. 이름은 김익준, IJO이고 졸업한 후 지금까지 버지니아 지역에서 캠퍼스 사역을 하는 목사이다.

보통 목사라면 교회를 개척하거나 대형 교회의 부목사로 취임하여 담임목사가 되는 것이 정석인데 이 친구는 일평생 학생 목회만 하고 있다. 그래서인가 나는 이 친구에 대한 점수를 상당히 높게 주는 편이다. 물론 이 친구에게 나의 평점은 대수가 아니겠지만.

여하튼 오래전부터 이 친구가 지도하는 학생들이 봄방학 그리고 여름방학 동안 많게는 10명 적으면 다섯 명 정도 선교회에 일주일 동안 머물며 봉사 활동을 하고 돌아갔다. 일주일 동안 먹고, 자고, 예배드리는 것 외에는 전적으로 일하고 봉사하며 섬기는 삶을 배우는 것이다. 처음 몇 년은 이 아이들이 나에게 주는 감동이 너무 진해서 차라리 오지 않았으면 더 좋겠다는 생각이 든 적이 있다. 이 학생들이 와 있는 기간 동안 나는 천국에 있는 것 같은 평화로움과 아이들이 발산하는 사랑이 내 가슴을 꽉 채우기 때문이다. 그렇게 일주일 왁자지껄하다가 떠나고 나면 썰렁하게 남아 있는 나는 내 가슴도 썰렁해지는 것을 몇 번이고 경험했다. 그렇다고 오지 말라고 할 수도 없고. 차라리 내가 감내하고 말지.

그렇게 찾아온 아이 중에 이제는 어엿한 사회인이 있다. 2016년부터 삼 년 여름을 선교회로 찾아온 Christy는 졸업 후부터 지금까지 버지니아에서 한 달에 한 번 선교 헌금을 보내는 후원자가 되었다. 크리스티와 다음 달부터 시작하기 위해 준비하는 프로그램은 Virtual Tutoring 프로그램이다. 팬데믹 이후에 방과후 학교를 중단하였는데, Virtual 프로그램을 만들어 버지니아는 물론 다른 주에 있는 봉사자들을 모아 패터슨 저소득층 학생들에게 교육에 필요한 도움을 주고자 한다. 처음에는 패터슨 아이들을 중심으로 시작하여 봉사자가 많이 모일수록 뉴저지 한인 학생들까지 도움을 줄 수 있으면 좋겠다. 그리고 혹시라도 한국에서 미국으로 유학을 꿈꾸는 학생들에게 이 봉사자들을 짝지어 줄 수 있다면 이 또한 의미 있는 사업이 될 것이다. 내가 생각하는 학교는 이렇게 마음 밑바닥에 나누고 싶은 마음이 있는 사람들이 모여 이루는 학교이다. 크리스티처럼 학생 시절 만난 남미 아이들과 흑인 아이들을 마음에 품고 기도하며 이들을 위해 자신의 삶을 나누는 선생님을 하나님께서 보내주시기를 간구한다.

김인기 설계사가 완성한 학교 건물 3층에는 기숙사를 갖추고 있고 12명의 선생님을 수용할 수 있는 시설이다. 아직 패터슨시에서 기숙사를 허락할지는 미정이지만 내가 생각하는 학교는 일반 선생님들이 아니라 대학을 갓 졸업한 병아리 교사들이다. 이들에게 숙식을 제공하고 기본 생활에 필요한 봉급을 지불할 계획이다. 동시에 이들도 선교회를 통하여 섬김을 배우며 또한 학생들을 지도하는 경험을 쌓는 것이다. 그렇게 일 년을 헌납한 후 각자의 필요에 따라 마음에 끌리는 대로 그다음 진로를 결정하는 것이다.

물론 지극히 이상적으로 얼마나 현실성이 있을지는 아무도 알 수 없다. 하지만 필자의 지난 26년은 현실에 의존하지 않고 나의 이상을 따라왔다. 그 이상은 믿음에서 비롯되어 오늘도 현실성 없는 꿈을 꾸며 살아간다. 물론 이상을 따라오며 많은 손해가 있었고 잃은 것도 있다. 하지만 그 대가는 영원한 것이고 그 열매는 이미 눈에 보이고 있다. 사람들의 마음에서 눈에서 필자가 소개하는 천국을 동경하며 바라는 것이다. 이들이 마약 중독자이든 범죄자이든 누군가의 관심과 사랑을 원하며 일반 사람처럼 외로워하며 자신들이 머물 '집'과 '가정'을 찾고 있는 것이다. 시편에 하나님이 행하시는 일 중에 '입양센터'를 운영하시는 구절이 있다.

"하나님이 고독한 자들은 가족과 함께 살게 하시며 갇힌 자들은 이끌어 내사 형통하게 하시느니라 오직 거역하는 자들의 거처는 메마른 땅이로다."(시 68:6)

이 가족이 혈연관계가 아닐지라도 하나님을 경외하는 자들에게 이들이 서로 의지할 수 있는 가족을 만나게 하신다는 것이다. 필자가 원하는 일이 바로 이런 일이다. 누구라도 하나님 안에서 사랑을 찾을 수 있도록.

다시 학교 사역으로 돌아와, 여기서 잠깐 짚고 넘어가야 할 것은 미국 유타에 자리 잡은 몰몬교의 선교 방법이다. 이들의 신학은 여러 면에서 개신교와 차이가 있지만, 한 가지 모방하고 싶은 것은 젊은이들의 선교 방법이다. 고등학교를 졸업한 10대 후반부터 20대 초반의 젊은이들이 사회에 발을 딛기 전에 2년 동안 자비량으로 선교에 참여한다는 것이다. 그래서 미국 사회에서 가장 열심히 선교하는 단체로 유명하고 이들의 사명감이 오히려 개신교 성도들에게 호감이 되고 있다. 바라기는 필자가 계획하는 이 학교에 버지니아뿐만 아니라 미국 어디서든 또는 한국에서 영어가 가능한 신출내기 선생님들이 많이 참여해 주시기를 바란다.

필자가 계획하는 패터슨 학교는 Kindergarten부터 5학년까지 운영할 계획이다. 그 후의 계획은 이제까지 계획보다 더 이상적이기 때문에 지금은 거론할 단계가 아니다. 모든 계획을 다 소개하면 미리 겁먹고 도망갈 사람이 있을 것 같아서 여기까지만 오픈하고 나머지는 때가 되면 다시 소개하도록 하겠다.

학교를 운영하기 위해 필요한 것은 돈과 사람이다. 그런데 돈보다 더 찾기 어려운 게 사람이다. 아무리 경쟁력 있는 보수를 드려도 첫째는 이 아이들을 사랑으로 감싸기가 정말 어렵다. 교사에 대한 사명이 있다면 그래도 어느 정도 버틸 수 있겠지만 그것만으로는 미국의 대도시에, 특히 저소득층에서 교사로 일하며 기쁨을 찾는 분은 열에 하나 정도 될까? 가끔 할리우드에서 제작한 영화 중에 우리의 마음을 감동시키는 헌신하는 교사를 주제로 한 영화가 있다. 이런 영화 같은 스토리가 실제로 있을 수 있지만 그런 감동적인 교사와 제자의 관계는 가뭄에 콩 나는 정도이고 이제는 한국도 미국도 교사로 살아남기가 정말 어려운 상황이다. 그래서 선교회가 원하는 사람은 교사의 사명 그 이상을 가진 사람이어야 하는데, 가뭄에 콩이 나는 것이 기적인 것처럼 나는 기적을 믿기에 오늘도 비이성적인 씨름을 계속하는 것이다.

패터슨 교육 환경이 이처럼 어려운 것은 첫째, 미국의 대도시의 가난한 동네는 대부분 남미 사람과 흑인이 차지하고 있는데 이들에게 교육은 배부른 소리로 들리기 때문이다. 변변치 못한 직업을 가진 어른들이 당장 내야 하는 아파트 렌트비와 전기 가스비 부담을 아이들에게 느끼게 하여 불안한 정서에서 자라나게 되고, 또 몇 달 아파트 렌트가 밀리면 강제 퇴거를 당하고 그나마 더 싼 곳으로 이사를 할 수 있다면 다행이지만 그렇지 못한 경우가 허다하다.

선교회가 처음 아파트를 구입한 후 필자가 겪어야 하였던 일이다. 대도시 저소득층에게 지원되는 많은 프로그램 중에 TRA(temporary rental assistance)가 있는데 일 년 동안 아파트 비용을 정부에서 지원하는 프로그램이다. 젊은 남미 부부가 이 프로그램에 가입하고 선교회가 소유한 아파트에 입주하였다. 그때 필자는 아파트 건물 관리를 해본 적도 없고 또 세입자와의 신경전이 이렇게 어려운 것인지 아무것도 모르는 상태였다. 문제는 TRA 지원금이 끝나고 나고부터였다. 렌트가 밀리기 시작하면서 나는 이분들께 사정을 물어보고 미룰 수 있는 데까지 미루어 보았지만 나는 그때 이분들께 '당하고' 있다는 것을 알지 못한 것이다. 미루고 또 미루고 미룰 수 있을 때까지 미루다가 법적인 모든 방법을 동원하여 시간을 끌다가 나가는 수법이 이 동네 세입자들의 일반적인 생존 방법이었던 것이다. 그때 이들이 동원한 수단과 방법에 나는 신경이 극도로 피곤해져 잠을 설쳐야 할 정도였다. 이들이 몇 달이라도 더 프리 렌트를 얻기 위해 아파트에 안전상 문제가 있다고 시 당국에 고

발을 하여 점검을 나오는 사태가 있었고 또 다른 입주인은 필자가
자신의 팔을 비틀었다고 형사 고발하여 필자가 법원에 가야 했던 때
가 있었다. 한마디로 무시무시한 경험이었다. 또 다른 젊은 부부는
마약을 상습 복용하는 세입자인데 이들이 어디서 옮겨 왔는지 이 친
구들이 아파트에 빈대를 들여와 온몸이 빈대에 물려 벌겋게 부어 있
었다. 마약에 취해서 빈대와 함께 지내는 줄도 모르고 얼마나 오랜
시간 동안 이렇게 지냈는지 본인도 모르고 있었다. 혹시라도 미국의
대도시에서 부동산 구입을 계획하신다면 신중하게 지역과 입주자에
대한 사전 검토를 반드시 하시라고 권하는 바이다.

반면에 아파트 거주자에게 3년 동안 렌트를 면제해 드린 사례가
있다. 세입자는 방글라데시 이민 가정이고 어머니가 노모를 모시고
두 딸과 함께 어렵게 생활하는 분이었다. 노모는 선교회가 건물을
구입하고 얼마 후 돌아가셨고, 그 후로 엄마와 딸 둘이 일 층에 거
주하였다. 이 가정은 렌트를 제때 못 내고 매달 렌트의 일부를 지불
하며 선교회에 도움을 요청한 것이다. 딸들이 고등학교를 졸업하고
대학에 들어간 시점이었다. 마침 선교회 방과후 학교에 자리가 있
어 이 자매에게 학비에 보탤 수 있도록 주 15~20시간 파트 타임 일
거리와 함께 아파트 렌트를 면제하여 이들이 학업을 마칠 수 있도록
도와주었다. 이 가정은 무슬림 가정이지만 이들의 종교가 무엇이든
도움을 주는 것만으로 선교회는 만족하고자 한다. 그리고 선교회가
운영하는 모든 프로그램에 종교의 차별을 두는 것은 하나님이 원하
는 바가 아니라고 필자는 생각한다. 물론 구약시대 이스라엘은 차별
을 두어야 하였다. 그 이유는 아직 둘을 하나로 묶을 수 있는 그리스
도 예수의 시대가 오지 않았기 때문이다. 그러므로 구약시대는 하나

님의 사랑보다 율법의 엄격함이 이들을 지배하고 있었고 하나님의 의도가 아직 베일에 가려있던 시대였다.(고후 3)

하지만 그리스도의 영광에 참여하게 될 때 하나님의 본의를 보게 되고 그의 뜻은 모든 사람에게 하나님의 사랑을 전하는 일이다.

선교회가 운영하는 방과후 학교에 참여한 아이들은 대부분 중간에 그만두게 되는데, 그 이유는 위에서 거론한 바와 같이 밀린 렌트비 때문이다. 짧게는 일 년, 길면 삼 년 이렇게 정기적으로 이사를 하다 보니 도보로 움직일 수 있는 거리가 아니면 방과후 학교에 더 이상 참여하지 못하는 것이다. 이런 불안정한 상태에서 아이들의 학업에 관심을 가지고 응원하는 부모가 얼마나 될지 어렵지 않게 짐작할 수 있을 것이다. 그나마 한 가정이 이전부터 지금까지 같은 아파트에 머물고 있는데 이 아이들의 아버지는 주중에 트럭을 몰고 주말에는 야외 장터에서 잡화를 팔며 아이들을 뒷바라지하는 성실한 아버지, 그리고 어머니가 있는 '재수가 좋은' 아이들이다. 그외의 아이들은 대부분 10대 후반이나 20대 초에 엄마가 되거나 대형 그로서리 스토어에서 캐셔로 일하는 게 전반적 인생의 경로다.

둘째, 낙후된 교육 시설이다. 필자가 처음 언급했던 것처럼 패터슨은 오래된 건물이 많다. 학교 건물도 마찬가지다. 한국에 거주하는 사람들에게 "이게 미국입니다." 하며 패터슨 사진을 보여준다면 아무도 믿지 않을 것이다. 필자가 허물고 싶은 선교회 건물도 다 낙후되었고 이 중 하나는 100년 이상 된 건물이다 보니 당장이라도 내가 망치로 부수고 싶은 충동이 때때로 느껴진다. 또 이 건물을 부수고 싶은 이유는 필자의 아파트 바닥에 너구리 식구가 사는데 이 녀석들의 냄새가 머리를 아프게 하기 때문이다. 놈들을 내쫓기 위해 모든 방법을 시도했지만 결국은 같이 살기로 했다. 가끔 한밤중에 이 녀석들이 가족 싸움을 하는데 나의 수면만 방해하지 않는다면 건물을 부수기까지 함께 살아야 할 상황이다.

  팬데믹이 미국에 처음 들어온 후 2020년 3월 12일 미국의 모든 업체와 기관들이 3달 동안 폐쇄되었다. 나는 이 기간에 집에 있는 것이 답답해서 그동안 선교회가 소유하였지만 사용하지 않던 이층 아파트를 부수고 창고 건물로 개조했다. 물론 이 모든 과정을 시의 허가를 받은 후에 진행해야 하지만, 팬데믹이 강타한 시점에 시정부 역시 모두 집에서 근무하던 때였다. 처음부터 건물을 부수려고 계획한 것은 아니었다. 지붕에 올라가 건물 상태를 점검하다가 이 정도면 그냥 직접 해낼 것 같다고 결정하고 그날부터 망치로 지붕을 뜯어내기 시작하였다. 지붕을 얼마나 뜯어내었을까, 너구리 어미가 아기들을 지키려고 으르릉거리며 나의 접근을 허락하지 않는 것이다. 나 역시 질세라 작대기로 어미를 밀어내고 새끼들을 모아 박스에 넣었다. 그리고 나는 계속해서 지붕을 제거하였고 그러는 동안 어미 너구리는 새끼를 하나씩 옮겼다. 혹시 이 아기 너구리가 자라서 지금 필자가 거주하는 아파트 바닥에 입주한 것이 아닌지. 그렇다면 그때 아기 너구리를 어미에게 건네준 내가 잘못한 것일까? 어미로부터 아기를 떼어내는 일은 짐승이라 하더라고도 하나님이 기뻐하지 않으실 것 같다. 구약 성경에 한 번쯤 생각하고 넘어가야 할 구절을 소개한다.

  "길을 가다가 나무에나 땅에 있는 새의 보금자리에 새 새끼나 알이 있고 어미 새가 그의 새끼나 알을 품은 것을 보거든 그 어미 새와 새끼를 아울러 취하지 말고 어미는 반드시 놓아 줄 것이요 새끼는 취하

여도 되나니 그리하면 네가 복을 누리고 장수하리라."(신 22:6-7)

"네 토지에서 처음 거둔 열매의 가장 좋은 것을 가져다가 너의 하나님 여호와의 전에 드릴지니라 너는 염소 새끼를 그 어미의 젖으로 삶지 말지니라."(출 23:19)

하나님의 백성이 지켜야 할 생명에 대한 최소한의 규정인데 이보다 귀한 사람을 위해서 우리가 지켜야 할 것이 무엇인지 한 번쯤은 생각해 봐야 하지 않을까? 바라기는 제발 교회도 성도들도 교인을 위해 있는 것이 아니라 '사람'을 위해 있고 사람을 위해 나의 것을 희생하고, 나누고, 베풀기를 소망한다.

선교회가 위치한 Marshall St에서 두 블록 떨어진 곳에 School 3가 위치하고 있다. 지난 2023년 7월 28일 교실 지붕이 내려앉으면서 학교의 안전 문제가 거론되었고, 교육청은 일단 이 학교가 보수 될 때까지 학업을 중단하기로 결정하였다. 한 신문 기사에 의하면 이 학교 건물은 124년 된 건물이고 여기에는 아이들이 뛰어놀 잔디밭은커녕 매달려 놀 철봉 하나도 없는 학교라고 한다. 물론 필자도 이 학교를 매일 지나다니다 보니 이미 눈으로 확인하였고 이런 시설에서 공부하는 아이들에게 과연 무슨 정서가 있을까 생각하니 분통이 터졌다. 1970년 필자가 봉천동에서 다니던 학교가 2024년 미국의 패터슨 학교 건물보다 낫다고 말하면 과연 누가 믿을 수 있을까? 하지만 이것이 자본주의의 현란한 불빛 뒤에 숨어 있는 어두운 현실이다. 가진 자와 못 가진 자의 차이는 하늘과 땅이고 사회는 이것을 방관하거나 모른 척하고 지나가는 것이다.

나는 이 사이에서 이 현상을 먹이사슬처럼 자연적인 결과로 보는 것이 아니고 인간의 욕심이 낳은 죄의 적나라한 전시회로 보는 것이다. 이 신문 기사(Northjersey.com[12])에 의하면 이 학교에 다니는 학생 중 90%가 남미와 흑인 아이들이고 2/3는 외국에서 출생한 아이들이다. 더 주목해야 하는 사실은 학생의 60%가 결손 가정에서 자라나고 있다는 것이다. 패터슨 학교에 등록된 학생 수가 25,000명이라고 하니 그중에 60%, 15,000명의 아이들이 한부모 가정에서 원하지 않는 '고생' 길로 가도록 사회가 허락한 것이다. 미국 내 결손 가정에서 자라나는 아이들의 숫자를 비교해 보면 다음과 같다.

통계청 자료[13]가 발표한 결과에 따르면 1970년 3,800,000명의 아이가 1988년 9,400,000로 증가하였는데 이는 전체 아이들 중에 13%(1970년)에서 27%(1988년)로 4명의 아이들 중에 하나로 증가한 것이다. 다행인 것은 한부모 가정에서 자라나는 어린이가 30%에 머물고 더 이상 늘어나지는 않았다는 것이다. 통계청에 의하면[14] 2023년에 17세 미만 아이들은 총 72,296,000명이고 이 중 약 30%의 어린이가 결손 가정 아이들이다. 그리고 청소년 교정국 웹사이트에서 발췌한 도표에 따르면 흑인 가정과 남미 아이들의 환경이 상대적으로 열악한 것을 쉽게 비교할 수 있다.[15]

---

12 https://www.northjersey.com/story/news/watchdog/2023/05/17/paterson-schools-have-many-needs-few-resources-and-students-know-it/69991205007/

13 https://www2.census.gov/library/publications/1989/demographics/sb-03-89.pdf

14 https://www.census.gov/library/visualizations/interactive/childrens-living-arrangements.html

15 https://www.ojjdp.gov/ojstatbb/population/qa01202.asp?qaDate=2022#:~:text=Between%201970%20and%202022%2C%20

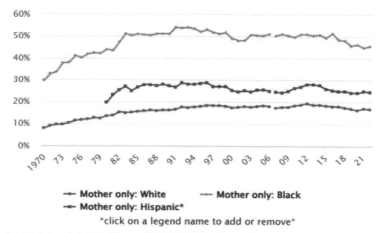

Note: * Persons of Hispanic ethnicity can be of any race; however, most are white. Race proportions include persons of Hispanic ethnicity.
The Current Population Survey methodology changed to more accurately reflect children's coresidence with their parents. This change is reflected in the estimates beginning in 2007, where two parent homes include all homes in which a child lives with both parents, married or unmarried (biological, step or adoptive). For more information please read: Improvements to data collection about families in CPS 2007.

　　이 같은 가정환경과 교육환경을 종합하면 아무리 똑똑한 아이라 해도 주어진 상황을 극복하고 앞으로 나갈 수가 없는 것이다. 나는 방과후 학교를 운영하며 내 눈으로 이 현실을 똑똑히 보았다. 대부분의 아이들은 모두 똑똑하다. 무엇이든지 던져 주는 대로 머리에 쏙쏙 들어가서 유치원 과정에서 1학년으로 올라가는 아이들은 모두 초롱이들인데, 가정환경이 무너지면서 아이들의 학업이 흔들리고 그렇게 일이 년 매서운 바람이 나무를 흔들어 낙엽을 떨어뜨리듯 아이들의 환경을 흔들어 재치면 학업은 점점 낙후되고 아이들의 미래는 점점 멀어만 간다. 결국 이 아이들의 미래는 가난을 되풀이하

the,to%2045.6%25%20for%20Black%20youth.

고 무너진 가정과 사회를 이어받아 똑같은 과정을 되풀이하는 것이다. 나는 비록 단 몇 명이라도 이 가난의 고리에서, 무너진 환경에서 아이들을 빼앗아 오려고 한다. 그것은 단순히 따뜻한 마음이 아니라 죽을 각오를 하고 덤벼야 가능한 일이다. 하나님은 그 일을 나의 마음에 심으시고 그 마음이 나의 가슴을 뜨겁게 달아오르게 하셨다. 나의 답답한 마음은 하늘을 향해 부르짖는다. 하나님, 세상이 너무 불공평합니다.

물론 하나님은 이미 아담이 죄를 지을 때, 카인이 동생을 죽일 때, 노아가 배를 만들 때 수많은 인간의 잔인함에 깊은 한숨을 내쉬었음을 성경이 기록하고 있다.

"땅 위에 사람 지으셨음을 한탄하사 마음에 근심하시고."(창 6:6)

성경은 하나님의 근심을 총 12번에서 14번 기록하고 있는데 어쩌다 보니 내가 하나님의 한탄하심을 이 도시에서 보게 된 것이다. 한 개의 사람이 보아도 한심한 세상인데 이토록 오랫동안 미련한 인간들이 하는 짓거리를 보고 참으시고 기다리신 아버지 하나님의 마음이 얼마나 아프셨을까 생각하니 눈물이 핑 돈다. 내가 신이라면 당장 모든 돈을 부자들로부터 회수하여 모두 평화롭게 살 수 있는 마을을 만들 텐데. 내가 신이 아닌 것이 다행이다.

필자가 패터슨 도시계획부에 제출한 도면은 약 100명의 학생을 수용할 수 있는 건물이다. 아이들이 모여 발표할 수 있는 강당이 있고 한 교실에 10명에서 20명을 수용할 수 있는 교실이 13개다. 특히 선교회가 위치한 장소는 패터슨으로 들어오는 입구 코너에 서 있는 요충지다. 이곳에서 패터슨으로 출입하는 많은 운전자와 행인들에게 미래의 아이들에게 가장 좋은 교육환경을 함께 만들어 가자고 호소할 것이다.

셋째, 거대한 교직원노동조합이 걸림돌이다. 물론 교사의 인권을 위해 만들어진 단체이고 나름대로 필요해서 조직을 만들었지만 반대로 이 안정감이 경쟁 사회에서 앞으로 나가야 하는 동기를 잃게 한다. 패터슨에서 일하시는 선생님들을 탓하는 게 아니다. 다만 사람의 본래 모양이 이기적이다 보니 아이들에게 지친 상태에서 이 직업을 계속 자신의 수입을 위해 유지하다 보면 아이들이 받아야 하는 혜택을 받지 못한다는 것이다. 패터슨에서 아이들을 가르치는 일은 많은 인내와 창의적인 노력이 필요하다. 어쩌면 부모가 하지 못하는 일, 불안한 정서의 아이들까지 면밀히 살펴야 하는데 이것이 선생님이 혼자 감당하기에는 버거운 일이다.

20여 년 전에 필자가 패터슨에서 선생님으로 수고하시던 한국분과 대화한 적이 있다. 필자와 비슷한 나이가 되시는 분이었다. 지금은 패터슨을 떠나 한인이 많이 있는 학군에서 일하시는 것으로 알고 있다. 이분이 어떻게 패터슨에 오셨는지 지금은 기억할 수 없지만, 그래도 짧지 않은 시간을 패터슨 아이들을 위해 수고하신 분이다. 이분이 필자에게 한 말 중에 '보고도 못 본 척' 할 때가 많다는 것이었다. 아이들이 추운 날 재킷도 안 입고 학교에 오거나 교실에 와서 계속 잠을 자기도 하고 밥을 걸러서 허기진 아이 등 어머니의 심정으로 아이를 보셨으니 참 마음이 아프셨을 것이다. 이렇게 비정상적인 아이를 발견하면 선생님이 아동 보호국에 연락을 하는 것이 교사들의 책임인데 어떤 때는 모른 척하셨다는 것이다. 고발하면 상황이 더 악화될 수 있기 때문이다. 아이를 부모에게서 분리시키거나 다른 가정으로 입양을 보낼 수 있으니 아이의 어머니에게 청천벽력이 될 수 있는 것이다.

　이렇게 비정상적인 아이들이 커서 폭력적인 청소년이 되고 이 아이들이 자신들이 자라난 환경을 저주하며 남들이 받는 혜택을 너그럽게 봐줄 리 만무하다. 사회는 치안을 염려하고 학교 역시 이런 아이들로 인해 또 다른 공무원을 학교에 투입시키는데 바로 '경찰'이다. 패터슨뿐만 아니라 많은 대도시 학교에 경찰이 상주하고 있는데 물론 선생님을 보호하는 일도 하지만 또 다른 업무는 아이들이 총기와 마약 반입을 막기 위해서다. 패터슨 학교에서 일하시던 선생님 한 분이 유튜브에 동영상을 올렸는데 학교 내에 폭력 장면과 함께 이 학교를 떠나게 된 이유를 설명하시는 비디오였다. 이분의 경험처럼 청소년의 행동을 직접 본 것은 아니지만 아이들 프로그램을 운영하며 비슷한 경험을 하였다. 매년 선교회가 운영하는 여름 캠프에서 발생한 일이다. 4주 동안 아침 10시부터 오후 3시까지 아이들에게 예배와 찬양, 게임, 수학여행 등 다양한 방법으로 아이들을 즐겁게 하며 하나님의 말씀을 가르치는 시간이다. 지금은 여러 교회와 봉사자들에 의해 운영되기 때문에 필자는 문을 열어주는 일(?)만 하면 된다.

　하지만 초창기에 필자가 이 프로그램을 운영하며 어서 하루가 끝나기를, 그리고 어서 여름 프로그램이 끝나서 애들을 더 이상 볼 수 없기를 하고 바라던 날을 기억한다. 특히 비 오는 날은 아이들을 보살피는 일이 더 힘들다. 좁은 공간에 40여 명의 아이들이 모여 있다 보면 조그만 소리라도 통제를 안 하면 고성의 비명이 오가게 되기 때문이다. 즐겁게 비명을 지르면 뛰어노는 아이가 있는가 하면 아이들 중에 비정상적인 행동을 목격하는데, 아버지가 형무소에 있는 아이가 이 중 하나였고 또 한 아이는 삼촌이 총으로 사살되는 현장을 목격한 아이였다.

첫 아이는 활발하고 총명한 흑인 아이였다. 몸이 날렵해서 모든 운동을 좋아했고 장차 무슨 운동이든 원하는 필드에서 성공이 가능한 아이라고 나는 믿었다. 그런데 한 가지 단점이 아이가 폭력적이어서 다른 아이들에게 공포를 조성하였던 것이다. 왜 이렇게 폭력적일까 궁금했는데 어느 날 이 아이가 바닥에 머리를 파묻고 앉아 있는 것을 보고 그 이유를 물어보았고, 왜 아이의 성격이 이렇게 과격한지 설명되었다. 형무소에 수감된 아빠를 찾아가는 것이 아이의 기쁨인데 이제 곧 출소를 앞두고 아빠가 아이에게 나는 엄마와 너에게 돌아가지 않을 것이라고 하였다는 것이다.

무슨 이유로 아빠가 형무소에 있는지는 몰라도 아빠와의 단절이 그동안 이 아이의 정서에 큰 불안감을 만들었고 엎친 데 덮친 격으로 아빠의 이별 소식이 아이에게 분노를 만든 이유가 된 것이다. 이 아이의 눈은 참 깨끗했다. 머리도 똑똑하여 조금만 도와주면 일반 아이처럼 대학을 마치고 사회로 갈 수 있는 충분한 잠재력을 가진 아이였다. 그 똘망똘망한 눈은 지금도 눈에 선하다. 지금은 다 큰 성인이 되었을 텐데, 바라기는 형무소에 있지 않았으면 한다. 다시 말하지만 내가 본 아이를 통해서 알게 된 것은 아이들은 다 충분한 가능성을 가지고 있다는 것이다. 남미 아이도 흑인 아이도 한국 아이만큼 똑똑하고 모두 잘났다. 그런데 상황이 다른 것이다. 첫째는 부모의 위치가 다르고 둘째는 뒷배가 없다는 것이다. 나는 이 부분을 모든 사람이 인정하고 선입견이나 인종차별적인 발언을 삼가하시길 부탁드린다. 흑인에게 한국 사람이 사용하는 검XX는 그만큼 이 사람이 얼마나 무식한지 스스로 밝히는 것이다. 미국에서 사업하시고 아이들이 미국에서 성공하기를 바라는 부모라면 우리 아이들과 함께 성공할 수 있도록 흑인과 남미 아이들을 위해서 함께 노력하기를 바란다.

두 번째 아이의 상황은 더 심각했다. 심각한 분노조절장애와 불안증으로 오피스에 있는 책장을 뒤집고 컴퓨터 등 책상 위에 있던 사물을 바닥으로 던져버리는 상상이 안 되는 행동을 이제 10살쯤 된 아이가 저지른 것이다. 아이가 한 행동이라고 생각할 수 없는 일들이 이 동네에서 종종 일어나는데 이런 환경에서 아이들을 위한 훌륭한 교사가 되는 것은 이상이지 현실이 되기 어려운 일이다.

교사들은 여기에서 선택을 하게 되는데 월마다 지불해야 하는 집 모기지와 차 페이먼트를 위해 이 자리를 버텨낼 것인가 아니면 투잡을 뛰는 심정으로 아이들의 미래를 위해 헌신할 것인가 고민에 빠지게 된다. 물론 이 중에 '똑똑한' 교사는 석사 학위를 취득하여 좀 더 안정된 학군으로 좀 더 높은 월급을 주는 학교로 전임하는 것이다. 문제는 많은 선생이 집 모기지와 차 페이먼트를 위해 패터슨 학군에 남는데 이나마도 감사드리는 이유는 이분들이 없으면 패터슨에 남아날 선생이 없다는 것이다. 다만 선생으로서 직업 이상도 이하도 아닌 자세로 아이들을 대할 때 아이들은 짐이고 그냥 스쳐 지나가는 이름에 불과한 것이다.

이런 태도가 아이들에게 이로울 것이 없지만 교직원노동조합은 이런 자세로 있는 선생님을 보호하고 혜택을 주기 위해 존재하기 때문에 학생들의 미래와 별개의 문제라는 것이다. 이러한 태도에 정면으로 부딪히기 위해 주 정부와 다른 교육 관계자들이 들고 나온 계획이 Charter School이다. 이 제도가 처음 도입될 때 교직원노동조합과 큰 갈등이 있었지만 결국 조합은 비효율적인 교사 제도의 허점에 백기를 들고 이제 많은 대도시의 학교는 공립학교와 Chater 학교가 공존하고 있다. 필자도 이 제도가 도입된 것에 대해 긍정적으로 보고 있다. Charter School의 장점이 많이 있는데, 이 중에 가장 돋보이는 장점은 선생님의 역할이 정기적으로 점검받는다는 것이다. 물론 학교의 성적 관리가 선생님의 책임에 포함되어 있다.

한 예로 학교에서 정한 학생 성적 목표에 달성하지 못할 경우 그 이유와 보완 방법 등을 첨부해야 하고 만일 발전할 가능성이 보이지 않을 때 학교는 더 이상 정부로부터 지원을 받지 못하는 것이다. 물론 교사들에게는 부담이 될 수 있지만 학업이 부진한 도시 아이들에게는 이 방법이 도움을 줄 것이라 필자는 생각한다.

이렇게 공립학교의 부실함을 채워줄 다른 형태의 학교(Charter school)가 있는데 나는 왜 그 이상의 학교를 세워야 하는가?

첫째, 차터 스쿨의 입학 규정이 제각기 다르고 또 수요에 비해서 공급이 부족하다. 차터 스쿨을 운영하는 교육 관계자들도 이 학교를 통해 생활을 하다 보니 아이들의 입학 과정에서 무언의 차별을 두게 되는데, 한 통계에 의하면 아이들의 발달장애에 관하여 학교에 질문하면 일반 학교보다 답변이 늦는다고 한다. 가능하면 다른 학교로 가도록 간접적으로 알려주는 방법이다. 물론 이에 대하여 불만이 있는 것은 아니다. 모두 자기 그릇을 챙겨야 하니까.

둘째, 이미 소개한 바와 같이 부모의 역할을 감당할 성인이 결핍된 환경에서 자라난 아이들을 사랑으로 품을 수 있는 교사를 찾는다는 것은 현실적으로 어려운 일이다. 그래서 나는 아직 현실의 차가운 문을 지나기 전의 풋내기 교사들을 초청하여 신앙의 눈으로 아이들을 보게 훈련시키고자 한다. 그래서 나는 젊은 교사들에게 나의 전부를 투자하여 이들로 하여금 불쌍한 마음으로 이 아이들을 품을 수 있도록 도울 것이다. 단 일 년만이라도 패터슨 아이들에게 젊음을 희생할 수 있는 학생들이 온다면 장담하건대 이 교사들은 일생에 가장 귀한 경험을 하게 될 것이다. 또한 지식을 흡수하는 아이들이 선생님의 사랑까지 느낄 수 있는 학교를 만들고자 기도한다.

PART 16

건축과 운영 경비

||||||||||||||||||||||||||||||||||||||||||

선교회가 현재 지역 교회와 개인들로부터 받는 후원금은 일 년에 약 12만 달러다. 거기에 가게에서 들어오는 수입이 있었는데 지금은 새로 오픈한 세 가게를 살리기 위해 계속 투자 상태이다. 학교를 운영하기 위해 필요한 자금은 학생 수 50명을 기준으로 일 년 예산을 백만 달러로 잡는다면 지금 있는 4개의 가게에서 한 가게당 10만 달러의 수입을 창출해야 하고, 나머지 60만 달러를 후원금으로 운영하는 방법이 있다.

물론 가능한 얘기다. 이제까지 선교회를 알리기 위해 노력한 바가 없지만 꾸준하게 후원하시는 분이 있고, 혹시 이 책을 통하여 필자에 공감하시는 성도분이 미국 전역에서 한국에서 함께하신다면 얼마든지 가능한 얘기다. 하지만 필자는 가능하면 자생하는 학교를 만들고자 한다. '장사'를 하려는 것이다.

한때 미국에서 라디오만 틀면 나오는 광고가 있었는데 바로 Kars4Kids. Car를 Kar로 바꾸고 미국 어디서든 거대한 광고판에 이 기관을 수억의 광고비를 지불하며 대대적인 홍보를 하였다. 특히 이 기관이 만든 광고 음악은 너무 쉬우면서도 듣기가 거북한 역효과 광고로 미국 운전자들은 모두 들어보았을 것이다. 유대인 기관이 1994년에 설립하여 2022년 수입이 91 밀리언 달러로 2021년 110 밀리언보다 적은 액수다. 위의 액수는 Propublica라는 인터넷에서 찾은 기록이다.[16] 같은 웹사이트에서 하나 미션(Hana Mission)을 입력하면 2022 선교회 수입이 271,000으로 나와 있다. 이 기록에서 한 가지 발견한 것은 2017년 선교회 수입이 750,000달러로 나와 있는데 나는 이 금액이 어떻게 생긴 것인지 궁금해서 이전 기록을 찾아보았다. 그해 기부금은 가게 수입과 함께 187,922인데 나머지 금액이 어디서 온 것일까? 이전 기록을 조사한 결과 이 금액은 PNC 은행에서 탕감해 준 융자 금액이었다. 그때 선교회 사정이 좋지 않아 몇 번 융자 금액 중에서 원금은 갚지 못하고 이자만 갚은 적이 있었다. 그렇게 일 년 지나고 나서 PNC 은행에서 연락이 왔다. 원금 70여만 달러에서 일부만 현찰로 갚으면 나머지는 다 탕감해 주겠다고. 설마. 내 귀를 의심하지 않을 수 없었다.

그때 선교회가 모을 수 있는 돈과 여기저기서 빌려서 약 이십여만 달러를 갚고 나머지는 다 탕감받고 그것이 수입으로 기록된 것이다. 보통 은행은 원금을 갚지 못하면 건물을 차압하여 경매로 처분하는데 무슨 일인지 PNC 은행에서 탕감을 받은 것이다.

한 가지 가능성 있는 이론은 이 융자는 저소득층 지역을 위해 특별히 정부 보조로 이루어진 융자였다. 그때 이 프로그램을 소개해 주신 분이 베다니교회 성도이자 PNC 은행 팔리세이드 박 지점장이시다. 아무리 저소득층 후원 프로그램이라고 해도 은행에서 이만한

---

16   https://projects.propublica.org/nonprofits/organizations/223746050

금액을 탕감받고 한동안 꿈을 꾸는 게 아닌가 의심하였다.

그런가 하면 융자해 주겠다고 선교회에서 착수금으로 $5,000를 받고 결국은 못 해준다는 답을 받은 적이 있는데, 이에 대한 하나님의 진노였는지 얼마 후에 이분이 연방 수사관에게 체포되어 사기죄로 고소를 받았다. 이분의 이름을 인터넷에서 검사하니 대출 비리, 뇌물 등 6개 혐의에 다 유죄를 선고받은 것으로 나타났다. 그때 이분이 필자를 은행으로 초대하여 나에게 기도해 달라고 하셔서 사무실에서 기도한 기억이 있는데 참 안타까운 일이 이분에게 일어났다.

여하튼, 다시 Kars4Kids로 돌아와, 이 기관은 유대인에 의해 세워지고 기관에서 창출한 수입의 대부분을 유대인만을 위하여 사용하였다는 기사를 읽고 나는 잠시 분통이 터진 기억이 있다. 기부는 모든 사람에게 받으면서 어떻게 수입금은 유대인만을 위해 사용하는 것인지. 한 하나님을 섬기는 사람들이지만 어떤 면에서 유대인의 생각이 너무 막혀 있어 답답하기 그지없다. 이들이 창출한 수입 중에 대부분은 미국에서 태어난 유대인 아이들에게 조국 방문을 위한 프로그램과 전적인 '유대인화'를 위해 쓰인다고 한다.

나는 Kars4Kids를 통해서 많은 것을 배우는데, 먼저 세금 공제의 혜택을 교민 사회에 알리는 것이다. 무엇이든 비영리 단체로 등록된 기관에 기부하였을 때 세금 공제를 받을 수 있다는 것이다. 그렇기 때문에 많은 사회단체와 비영리 단체는 기부 영수증을 발행하고 이 영수증을 증거로 세금 액수를 줄일 수 있다는 것이다. 한 예로 IRS 웹사이트에 따르면 기부금에 따라 다르겠지만 그해 벌어들인 총소득에서 최대한 50%까지 세금을 면제받을 수 있다고 한다.

You may deduct charitable contributions of money or property made to qualified organizations if you itemize your deductions. Generally, you may deduct up to 50 percent of your adjusted gross income, but 20 percent and 30 percent limitations apply in some cases.[17]

이 숫자는 IRS에서 채취하였지만 기부에 앞서 기부자는 반드시 회계사에게 자문을 받기 바란다. 지금은 한인 가정으로부터 많은 옷가지와 신발 등이 선교회로 보내지지만, 기부에 해당하는 세금 공제를 한인 사회에서 더 활용한다면 선교회도 앞으로 더 다양한 기부 종목을 받을 것으로 기대해 본다.

기부에 관하여 독자들에게 부탁드리는 것은 이 사업에 많은 봉사자가 필요하다는 것이다. 현재 4개의 가게가 있지만 앞으로 점차 가게 숫자를 늘리고 더 많은 봉사자를 모집하고자 한다. 선교회는 앞으로 운영 체제를 주위 교회와 협력하여 그 숫자를 10개로 늘리려고 한다. 선교회에서 운영하는 가게에서 운영 방법을 배운 직원을 지역 교회 부근에 파견하여 새로운 가게를 오픈하고 주변 교회와 협력하여 운영하는 방법이다. 아직까지 이 방법이 구체화되지는 않았지만, 첫 번째 목표를 New Brunswick으로 정하고 주변 교회와 의논하고자 한다.

이렇게 가게 숫자를 늘려야 하는 이유는 한 가게에서 10만 달

---

17 https://www.irs.gov/charities-non-profits/charitable-organizations/charitable-contribution-deductions#:~:text=You%20may%20deduct%20charitable%20contributions,limitations%20apply%20in%20some%20cases.

러를 창출하는 일은 그리 간단한 일이 아니기 때문이다. 현실적으로 5만 달러의 이윤을 남길 수 있다면 성공한 가게라고 볼 수 있다. 그래서 나온 계산이 5만 달러 수입 × 10 가게로 일 년 총수입 $500,000을 목표로 하는 것이다. 선교회가 지탱할 수 있는 경제력이 생긴다면 언젠가는 Goodwill이 운영하는 규모로 확장하는 꿈을 꾸며 오늘도 동동걸음으로 하루를 인내하는 것이다. 현재 운영되는 가게에 큰 도움을 주시는 손길은 뉴저지 테나플라이 학부모회이다.

자녀들과 함께, 그리고 자녀들보다 더 열심히 가게에서 봉사하셔서 이 지면을 통해 다시 한번 감사드린다. 그리고 지난 주일에는 학부모님과 아이들이 함께 노숙자분들에게 식사를 대접하였는데 이 경험을 통하여 한국 아이들이 이 사회에 기여하는 이민자가 되기를 바라 본다.

학부모회에서 가게 일에 개입한 후 물건 수거와 판매가 많이 수월해졌는데, 그 이유는 어머니들이 가게로 직접 기부 물품을 가져오시고 또 정해진 시간에 어머니들이 돌아가며 물건 정리를 해주시기 때문이다. 이렇게 학부모님들이 더 많이 참여해 주신다면 가게 숫자를 늘리는 일은 시간문제다. 판매도 마찬가지다. 가게로 가져오기 어려운 물건은 어머니들이 대화하는 카톡방에 물건을 올려 직접 판매를 성사시키고 판매 금액을 선교회에 보내주시니 일석삼조다. 하지만 갈 길이 멀다. 연 매상 백만 불을 달성하자면 좀 더 혁신적인 생각이 나와야 할 것이다.

학교 운영비는 그렇다 치고 학교 건물을 어떻게 지을 것인가 생각하면 역시 기적을 바라는 수밖에 없다. 물론 이 글이 사람의 마음을 감동시켜 큰 효과를 본다면 더할 나위 없이 감사하고 기쁘겠지만, 그것을 마냥 기대할 수 없는 만큼 다른 방법도 구상 중이다.

바라기는 이 책을 통하여 감명받은 사람이 많이 나오기를 기대하며 나의 최선을 다하고자 한다. 그분들이 몇 분이든 간에 함께 이 조그만 천국을 만들어 갈 수 있다면 그분과 나는 정말 복 받은 사람들이다.

PART 17

다시 찾은 모퉁잇돌

||||||||||||||||||||||||||||||||||||||||||

나는 이제껏 교회가 잃어버린 모퉁잇돌을 찾아 헤맸다. 물론 교회는 멀쩡한데 나 혼자 쓸데없는 짓을 하는 게 아닌가 하는 염려가 없지 않다. 하지만 나는 계속해서 교회가 세상을 끌어안을 때까지 그리스도의 모퉁잇돌 위에 교회를 세우라고 요청할 것이다. 그러지 않고서는 지금처럼 세상의 빛이 아니라 지탄의 대상이 되기 때문이다. 교회가 모퉁잇돌 위에 세워져야만 그곳에서 희망의 빛, 구원의 빛이 나오기 때문이다.

성경은 그리스도 예수를 '모퉁잇돌'이라고 여러 번 지칭하고 있다. 건축을 시작하기 전에 큰 돌을 모퉁이에 놓고 여기서부터 건물의 높이와 넓이 등을 정하고 세워 나가는 것이다. 에베소서에서 예수는 교회의 모퉁잇돌이라고 소개하신다.

"너희는 사도들과 선지자들의 터 위에 세우심을 입은 자라 그리스도 예수께서 친히 모퉁잇돌이 되셨느니라."(엡 2:20)

마태 21:42에서 예수는 이스라엘의 지도자들이 거부한 돌이 하나님 나라에 모퉁잇돌이 되었음을 우리에게 가르치신다. 이 모퉁잇돌 위에 교회가 세워지고 성도가 세워져야 불판 위에 놓인 옥수수처럼 요란한 소리가 나지 않을 텐데, 언제부터인지 교회는 현대 건축에 불필요한 모퉁잇돌을 빼고 좀 더 효율적인 방법으로, 지능적으로 교회를 세우면서 이제는 울리는 꽹과리가 다수인 교회가 된 것이다.

　나의 좁은 생각으로는 이런 현상이 일시적인 현상이 아니라고 생각한다. 이전에도 그랬고 지금도 그리고 앞으로도 교회가 부유해지고 세상과 친구가 될 때 항상 이런 일이 교회에 발생한다. 로마의 황제 콘스탄틴이 기독교를 국교로 세울 때도 그랬고 중세 시대 유럽의 교회가 엄청난 양의 땅을 소유한 때, 그리고 현시점의 한국과 미국에 있는 많은 교회가 그렇다. 엄청난 규모의 건축물 안에서 엄청난 사이즈의 찬양단이 엄청난 오케스트라와 함께 할렐루야를 찬송하며 하나님께 영광을 돌리는 비디오가 유튜브에 종종 나오는데, 나에게는 아름다운 음악일 뿐이다. 이 모습을 보고 하나님이 과연 기뻐하시는지 의심만 들 뿐이다. 내가 너무 한쪽으로 편향된 것일까? 좀 더 과감하게 주장하자면 나에게는 교회에서 노래하는 교인보다 배고픈 노숙자에게 빵을 나눠 주는 무신론자가 하나님을 만날 확률이 더 높다고 생각한다. 이것은 교리적인 면에서 충분히 내가 패할 수 있는 주장이지만, 교회 밖에서 수십 년 사람을 섬겨오다 보니 나도 내가 꿰맞춘 신학적 논리로 내 위치를 사수할 준비를 하였다.

　나에게 이런 가치관이 생긴 배경에는 몇 가지 이유가 있는데 그중에 첫째, 하나님은 나에게 말씀과 사람을 주시고 작품을 만들어 내라고 요구하셨다. 나는 그 안에서 없는 재료로 작품을 만들기 위해 끙끙대다 보니 사람을 살리는 것은 한가지, 말씀으로 찾아오신 하나님의 사랑임을 알게 되었다. 그리고 정작 사람에게 도움을 주기 위해 만들어 놓은 많은 약품과 제도와 정책이 이 사람들에게 전혀 도움이 안 되고 있는 것을 보게 되었다. 더 나아가, 이같이 많은 재료는 사람을 죽이는 역할을 하고 있다는 것이다. 너무나 극단적인 표현이라고 할 수 있겠지만 이것이 지나온 26년간 필자가 본 인간 사회와 그 안에서 고통받는 사람들의 모습이다.

그런데 교회도 이와 비슷한 행동으로 사람을 살리는 일보다 사람이 듣기 좋아하는 소리로 교인에게 스스로를 속이는 효과를 만들고 있다. 역시 사람은 자기가 원하는 것만 하는구나. 일하는 수고 없이 공짜로 받는 돈과 구원의 열매 없이 공짜로 받는 약속이 서로 비슷한 조건에서 비슷한 결과를 만들고 있는 것이다. 물론 사회 제도를 통해 도움을 받아 공부도 하고 직업을 찾는 자가 있는 반면에 이 제도를 악용하여 자신은 물론 사회를 함께 절벽으로 밀어내는 자가 수없이 많은 것을 보았다. 마찬가지로 교회를 통해 하나님의 용서와 사랑을 경험하는 사람이 있는가 하며 수없이 많은 목사들과 교인들이 함께 그리스도의 빛을 가로막고 세상을 어둡게 하고 있다.

필자는 이미 어릴 때 장애인 판정을 받았다. 그때는 몰랐지만 미국에는 장애인에게 주는 혜택이 많다. 그중에 장애인은 어디를 가도 주차하는 어려움을 겪을 필요가 없도록 모든 시설에 장애인 주차 공간을 출입구에서 제일 가까운 곳에 준비하도록 법을 정하였다. 그런데 이 법이 오용되는 것을 수없이 보는데, 특히 주차 문제가 어려운 곳일수록 이 제도의 악용이 눈부시게 나타난다.

선교회가 운영하는 4번째 가게는 클리프톤(Clifton) Lakeview Ave와 Christie Ave 코너에 위치하고 있는데 필자는 항상 Christie Ave를 통해 가게로 진입한다. 이 길은 도보로 5분 정도 길인데 이곳에 장애인 주차 공간이 8개 배치되어 있다. 물론 이같은 제도로 도움을 받는 사람이 당연히 있다. 하지만 이제껏 필자가 만난 장애인 주차증을 가지고 있는 분 중에 아무도 이 특권이 필요한 사람을 보지 못했다. 특히 필자가 만난 장애인 주차증을 가진 사람이 교회에 다니시는 분이다 보니 나로서는 또 한 번 죄송한 마음을 가지게 된다.

교회도 다 사람이 있는 곳이니 오용과 도용이 있는 것은 당연한 일이지만 이 일로 인해 교회가 빛을 손실한다면 그 교회는 더 이상 예수의 몸이 아닌 폼 나는 기업일 뿐이다. 교회는 그리스도의 몸이라고 성경이 누누이 강조한다. 그리스도의 몸은 어둠에 있는 세상을 향해 존재해야 한다. 빛을 발하고 그 빛이 닿지 않는 곳까지 찾아가야 한다. 그런데 필자는 교회 안에 빛을 가두고 있거나 빛이 꺼진 교회들을 바라보며 다시 불을 켜 달라고, 세상이 빛을 보기 원한다고 간청하는 것이다. 필자는 매일 아침 노숙자들에게 식사를 대접하기 전에 하나님의 말씀을 전파한다. 그리고 난 후에 식사를 대접하는데, 여기에서 밥을 먹고 돌아가는 사람이 대부분이지만 옷가지를 달라는 사람이 있는가 하면 돈을 달라고 하는 등 여러 가지 유형의 사람이 있다. 물론 달라는 대로 다 주는 건 아니다. 주고 말고는 상황마다 다르지만 결론은 똑같다. 이 사람들에게 진정 필요한 것은 하나님의 사랑이요 그리스도의 보혈인 것을 알려주는 것이다. 어둠의 권세가 이들의 영혼 안에서 물러가기까지, 그리고 하나님의 빛이 이들을 감싸안을 때까지 우리는 섬김으로 이들과 함께 가야 하는 것이다.

둘째, 나는 지난 1996년 미국 내 한인 교단에서 안수받은 목사이지만 교단과 아무런 이해관계가 없다. 몇 번 개인적으로 친분이 있는 목사님께서 교단 모임에 참여할 것을 강권하셔서 선배 목사님의 부탁에 죄송하여 참여한 것이 전부다. 누구인지 기억에 없지만 필자가 교단과 상관없이 혼자 놀고 있어서 제명을 권하였다는 소리를 들었다. 그런데 건방진 소리지만 제명을 당한다 해도 나에게 큰 변화가 없기 때문에 귀담아듣지 않았다. 교단에 대하여 불만이 있거나 불이익을 당한 것이 아니라 선교회와 가게 그리고 내 사업 등 벌려 놓은 것이 많다 보니 일이 넘쳐 나는 것이다. 아쉬운 것은 선교회 초창기에 교단에 거는 기대가 있었지만, 나의 사역이 교단 목사님들께 주목을 받지 못하여 그냥 맨발로 뛰어야 했다.

그런데 웬걸, 교단도 소속 교회도 없이 줄 끊어진 연이 되어 바람 부는 대로 날아다니다 보니 나를 살려줄 분이 하나님뿐이었던 것이다. 뒤주에 처박혀도 혼자 일어서야 했고 벼락을 맞아도 혼자 감당해야 했다. 그 안에서 바라볼 곳은 하늘뿐이었다. 그렇게 은혜로 살아나서 그 은혜를 나누다 보니 하나님의 은혜가 교회 밖에도 있다는 것과 그 은혜를 필요로 하는 사람들이 교회 안보다 밖에 더 많다는 것을 보게 된 것이다. 이 은혜는 기독교인도 필요하지만 유대인과 무슬림이 필요하고 무신론자와 동성연애자들이 필요하고 사회의 모든 구석에 웅크리고 있는 사람들에게 필요하다는 것을 알게 되었다. 바로 여기에 그리스도의 보혈이 필요하고 하나님의 사랑이 있어야 하는 것이다. 세상이 보기 원하는 것은 그리스도가 달려 돌아가신 십자가가 아니다. 그리스도처럼 자기를 죽기까지 내어놓는 교회와 성도를 보고자 하는 것이다.

길음동에서 목회를 하시던 외삼촌 교회에 높이 십자가가 걸려 있었는데 그 탑이 교회 건물에 있었는지 아니면 교회 마당에 있었는지는 기억에 없다. 다만 십자가가 높이 세워져 있었고 그 높이가 그때 엄청난 것으로 기억된다. 이런 논리는 신학에 없는데 이렇게 높은 십자가가 어떤 면에서 기독교인들의 위상을 높였지만 반면에 '코'를 높인 것이 아닌가 생각하게 한다.

하나님을 믿는 것이 부끄러운 일은 아니지만, 십자가를 너무 높이 들다 보니 교인들이 영웅이 된 듯한 착각에 빠지게 되는데 이것은 마치 전쟁에 나간 용사들의 사기가 걸린 기수의 운명을 재현하는 듯하다. 기수의 운명은 단 하나 죽을 때까지 깃발을 사수하는 것이다. 이런 생각으로 교회도 죽을 때까지 십자가를 세우고 십자가와 운명을 함께할 생각일까? 나는 교회의 사기는 높이 달린 십자가가 아니라 예수의 죽음과 동참하는 영광이라고 생각한다. 모퉁잇돌은 별로 보여줄 것이 없다. 그냥 나머지 돌과 나무 하나하나가 각자의 자리에 잘 세워질 수 있도록 모퉁잇돌이 먼저 자리를 잡아주는 것이다.

나는 교회가 사회의 모퉁잇돌이 되어 그 위에 성도는 물론 타 종교인도 비종교인도 함께 거주할 수 있는 기반이 되기를 원한다. 예수께서 말하셨다.

"이같이 너희 빛을 사람 앞에 비취게 하여 저희로 너희 착한 행실을 보고 하늘에 계신 너희 아버지께 영광을 돌리게 하라."(마 5:16)

교회가 모퉁잇돌이 될 때 세상 사람들이 어디에 계신지도 모르는 창조주께 영광을 돌릴 수 있다는 말이 아닐까?

그러나 너무 높은 십자가 때문일까 교회는 세상과 담을 쌓고 우리끼리 모여 '교제'하다가 가끔 절기 행사로 세상에 나가 깜짝 쇼를 벌인다. 너무 비꼬는 말이라고 할지 모르지만 어쩌다 한 번 행하는 실천은 쇼 그 이상도 이하도 아닌 것이다. 말 그대로 Show, 보여주기 위한 일이기 때문이다. 어떻게 사람에게 보여주기 행사를 하면서 "하나님은 당신을 사랑하십니다."라고 하나님 이름을 들먹이는 것일까? 빛을 비추는 등대가 일 년에 몇 번 비추는 고장 난 등대라면 아무 쓸모 없는 시설이라고 하겠다. 마찬가지로 교회가 쇼비즈니스를 한다면 그 교회는 교인과 그 교회를 운영하는 지도자들을 위해 존재하는 것이다. 하나님과 아무 상관 없는 단체라는 것이다.

수년 전 아들과 함께 필자의 동생이 살고 있는 덴버에서 뉴저지로 운전하고 온 적이 있다. 너무 평평해서 졸음이 몰려오던 그때 엄청나게 큰 십자가를 보게 되는데, 한쪽에서는 가슴이 벅차 오지만 또 한쪽에서는 글쎄... 하며 머리가 복잡해지기 시작했다. 구글 지도에서 이 좌표를 찍으면 사진을 볼 수 있다.[18] 십자가는 어떤 사람에게는 신앙고백이고 또 다른 기독교인에게는 용기가 될 것이다.

그런데 필자에게는 고양이 밥과 비슷한 의미도 있다. 필자의 딸이 애완용 동물을 원해서 엄마와 딸이 의논한 후에 고양이를 선택했다. 2011년에 모셔 온 고양이가 얼마 전까지 아파하다가 바로 몇 주 전에 편하게 잠들었다. 딸아이와 함께 자라난 고양이를 재우고 나니 필자의 관심은 딸의 마음이었다. 혹시라도 아파하거나 힘들어하면 어떡하나 염려한 것이다. 자기 말로는 괜찮다고 하는데 좀 더 지켜봐야 하겠다. 이렇게 많은 사람이 멍멍이와 고양이에게 사랑을 주고 밥을 주고 하다 보니 이 시대에 엄청난 소비력을 가지고 있다는 것이다. 필자가 운영하는 클로스터 재활용 가게 옆에 동물 병원이 있는데 아마도 치과 다음으로 가장 수익이 높은 곳이 동물 병원이겠

18　https://www.google.com/maps/@39.1062301,-88.5728764,3a,60y,38.48h,98.61t/data=!3m6!1e1!3m4!1sW58hgZ8aRV42NMj3mVqJOQ!2e0!7i16384!8i8192?hl=en&entry=ttu

다. 그리고 동물 병원 건너편에는 냥이와 멍이의 편의점이 있는데 이곳 역시 바쁜 가게 중 하나이다. 하필이면 나는 왜 제일 수익률이 낮은 재활용 가게를 하게 되었을까?

내가 본 패터슨 사람들은 어떤 면에서 클로스터 냥이과 멍이보다 못한 삶을 살고 있는데 내 눈에 보이는 호강하는 냥이와 멍이가 어떻게 좋게만 보이겠는가? 뿐만인가, 이 세상에 아직도 넉넉지 못한 형편에서 끼니를 때우기 위해 일하는 많은 사람의 애환이 닮긴 삶이 얼마나 많은데 우리는 냥이와 멍이에게 이렇게 헌신하고 있는 것인가?

물론 패터슨 사람을 본 내 눈이 잘못이지 냥이와 멍이를 사랑하는 애호가들이 무슨 잘못이 있을까. 내 눈에 비친 십자가가 내 머리에서 환산될 때 나는 저 돈으로 몇 사람에게 빵을 주고 침대를 주고 직업을 주고... 더 줄 수 있을까 생각하였던 것이다. 내 눈이, 내 머리가 다 맞다는 건 아니지만, 내가 본 세상이 가끔 차라리 안 봤으면 하는 생각이 있지만, 이미 본 이상 나는 내 생명을 다할 때까지 적은 자들의 편에서 세상을 봐야 하는 운명이 된 것이다.

십자가가 고속도로 옆에 엄청난 위용을 자랑하니 다른 종교 단체들도 질세라 이번에는 필자가 거주하는 뉴저지에 미국에서 가장 큰 힌두 사원이 들어서게 되었다. 한 가지 특이한 점은 이 사원 건축에 12,500명이 참여하여 자원봉사하였다는 것이다. 누군가가 이 사원이 들어서는 것에 불만을 품었는지 뉴저지 당국에 고발한 사건도 있었다. 임금을 떼어먹었다고 주장한 것이었는데 자원봉사자들로부터 아무런 불만을 발견하지 못하고 사건은 마무리되었다. 누가 고발하였을까? 혹시 공화당 당원일까 아니면 인종차별이나 종교차별주의자가 아닐까? 결국 커다란 십자가는 누군가에게 도전이고 횡포이고 탄압이 될 수 있다는 것이다.

그리스도는 모퉁잇돌이다. 그런데 언제든지 교회가 부유해질 때 모퉁잇돌이 삐뚤어지거나 사라져 버린다. 동시에 십자가를 높이 쳐들고 이 땅을 정복하겠다고 나서는 '거룩한' 무리라고 자처하는 것이다. 그리고 이런 사람들이 한국에도 미국에도 요란하게 떠들어댄다. 트럼프 대통령이 임기 전 선거 캠페인이 한창일 무렵 뉴스에 자주 오르던 사람이 있는데 이름이 'Jerry Falwell Jr.'다. 미국 기독교 대학 중 가장 큰 Liberty University의 총장이었고 트럼프를 지원하기 위해 공식 석상에 몇 번 등장한 인물이다. 이렇게 공화당과 백인 보수기독교가 손을 마주 잡고 선거 운동을 할 때, 어떤 백인 여성이 눈물을 흘리며 트럼프는 기독교를 수호하기 위해 하나님이 보낸 사람이라고 호소하는 장면이 뉴스에 소개됐다.

'와우, 나 참 기가 막혀서.' 혼자 중얼거린 말이다. 그렇게 공식적인 지지를 표명한 Falwell 총장은 아내와 함께 자택에서 수영장을 관리하던 청년과 성적으로 문란한 스캔들에 휩싸여 결국 얼마 후 학교에서 사임하였다. 이뿐만 아니라 이분이 학생들에게 한 말 중에 무슬림이 쳐들어오면 우리는 이들이 들어오기도 전에 모두 죽여버리겠다고 모두 총을 소지하도록 격려했다는 것이다. 마치 무슬림과 싸우던 천 년 전의 십자군 전쟁을 미국에서 다시 시작하겠다는 말로 들렸다.

최소한 나에게는 이렇게 십자가를 높이 드는 교회가 경계의 대상이다. 왜냐하면 많은 경우에 이들의 관심은 천국이 아니라 이 땅에 있기 때문이다. 이전에도 그랬고 지금도 마찬가지다. 바로 모퉁잇돌을 상실한 동네다. 미국에서 이런 복음주의자들에게 경고하는 기독교 지도자가 몇 분 있었지만 역부족이었다. 이렇게 복음주의자들이 그리스도의 십자가로 요란하게 떠들어대는 배경에는 이 땅의 주인이라는 권위의식에서 비롯된 것이라고 생각하는데, 이 권위의식은 성경을 잘못 해석한 로마교회로부터 출발한 것이라고 본다. 예수께서 베드로의 신앙고백을 축복하며 "이 반석 위에 내 교회를" 세우시겠다고 하셨는데 이것은 베드로의 고백이 교회의 기반이 된 것이지 베드로라는 인물이 아니라는 것이다.

"예수께서 대답하여 이르시되 바요나 시몬아 네가 복이 있도다 이를 네게 알게 한 이는 혈육이 아니요 하늘에 계신 내 아버지시니라. 또 내가 네게 이르노니 너는 베드로라 내가 이 반석 위에 내 교회를 세우리니 음부의 권세가 이기지 못하리라."(마 16:17-18)

이 같은 사실을 분명히 하시기 위해서 일어난 사건인지는 모르지만, 축복을 받은 베드로가 너무 나서자 잠시 후 베드로는 사탄의 끄나풀도 될 수 있다는 사실을 예수께서 알려주셨다.

"예수께서 돌이키시며 베드로에게 이르시되 사탄아 내 뒤로 물러가라 너는 나를 넘어지게 하는 자로다 네가 하나님의 일을 생각하지 아니하고 도리어 사람의 일을 생각하는도다 하시고."(마 16:23)

그럼에도 불구하고 로마교회는 베드로의 후계자를 자청하며 그 세력을 확대하여 세상 곳곳에 십자가를 심어두는데 이 과정에서 수많은 사람이 생명을 잃고 약탈을 당하고 침략을 받게 된 것이다.

이 과정을 교회는 '선교'라고도 하고 '전도'라고도 한다. 그리고 그 후손들이 아직도 미국 땅에서 십자가를 휘두르며 이 땅은 내 땅이고 내가 만든 나라다, 나가라고 소리치는 것이다. 트럼프 전 대통령이 잘 쓰는 단어 중에 'Disgrace(불명예, 수치)'가 있다. 법원에서 자신이 저지른 죄명이 밝혀질 때마다 잘못을 인정하기는커녕 미국의 법이 선거에 이용된다는 것은 수치다, 자신과 경쟁하는 후보자들에게 모함과 욕을 하면서도 자신은 결백하고 나머지 후보자들이 미국의 수치다, 계속해서 수치, 불명예를 사용한다.

나는 미국이라는 나라가 이분을 대통령으로 선택한 것이 수치라고 생각한다. 물론 필자의 가족 중에, 이사분 중에 이분을 후원한 분도 있다. 우리의 사랑은 누구를 후원하는 것도 전혀 상관이 없다. 다 그 나물에 그 밥이다. 그럼에도 불구하고 이런 대통령을 후원하며 십자가를 휘두르는 기독교가 나에게는 수치고 불명예다. 나는 이제까지 내가 본 교회의 모습에서 로마교회와 비슷한 점을 많이 발견하였는데 이 점은 한국도 마찬가지다.

수년 전 뉴저지 한 교회에서 설교할 기회가 있었다. 설교를 마치고 식사 자리에서 어느 중년 여성이 "은혜받았습니다." 하면서 건네준 명함에 태극기 부대 임원으로 적혀 있었다. 필자가 가지고 있는 태극기 부대의 이미지는 미국의 백인우월주의, 복음주의와 비슷하다. 태극기 부대에 대하여 아는 바는 없지만 이들이 하는 행동이 내가 본 백인우월주의자들과 비슷하기 때문이다. 내가 가진 선입견이라고 할 수도 있지만, 단정하건대 이렇게 생각하는 사람이 적지 않을 것이다.

이미 소개한 것처럼 내가 아는 예수의 삶은 조용한 삶이다. 로마 왕국을 쓰러뜨려 이스라엘을 되찾고자 한 것도 아니고 바리새인들이 장악하던 산헤드린을 정복하는 것도 아니었다. 예수의 삶은 배고픈 자들에게 빵을 주고 아픈 사람을 고쳐주고 어둠에 갇힌 사람에게 빛을 주는 삶이었다. 반면에 이 시대의 기독교는 요란하다. 미국의 복음주의자들은 물론이고 태극기 부대도 요란하고 신사도 운동도 요란하고 신천지뿐만 아니라 많은 한국의 여러 이단 단체들의 요란한 행사와 집회로 인해 사회가 진통을 겪고 있다. 이 모습이 팬데믹 때 두드러지게 나타났다. 정부에서는 집회를 자제하고 공공의 안전을 위해 최선을 다하는데 그 와중에 교회에 나가 예배를 드리는 일이 신앙을 지키는 일이라고 설교하시는 목사님이나 이를 따르는 성도들이 안쓰러웠다. 더 나아가 교회에 나가지 않는 분들과 타 종교인들에게 한 기독교인으로 죄송하고 미안한 마음이 있다.

　기독교는 이렇게 시끄러운 종교가 아니다. 예수께서 지시하신 삶은 한 알의 씨앗이 되는 것이다. 기득권이나 개인의 권리를 위해 항쟁하고 타 종교를 대항하여 싸우는 종교가 아니다. 이는 모두 교회를 통하여 자기의 목적을 완성하려는 우리의 열정에 불과하다. 씨앗의 원리와 목적에 대하여 더 말할 나위는 없지만, 꼭 기억하고 싶은 것은 수동적 본질이다. 혼자서는 어찌할 수 없는 흙과 비슷한 존재이다. 하나님이 흙으로 사람을 지으시고 영을 불어넣으신 것처럼, 씨앗도 하나님의 햇빛과 물 그리고 흙으로 싸여야 쓸 만한, 가치 있는 열매가 되는 것이다. 그런데 하나님이 의도하신 열매보다 인간이 원하는 열매를 찾다가 이스라엘은 신보다 왕을 선택하였고 이 시대역시 진리보다 돈을 선택한 것이다. 그 결과 인간의 지식이 우리에게 돈을 만드는 방법을 가르치고 돈으로 가치를 따지는 사회가 되다 보니 인간의 상품 가치가 점점 하락하고 있다. 마찬가지로 교회 역시 이 세력에 무능하게 대처하거나 세상과 함께 흘러가고 있는 것이다. 하나님의 힐링보다 인간이 만들어 낸 힐링을 쫓아 가면서 왜 이럴까 자꾸 문제를 제시하지만, 우리는 혼돈에 빠져 지푸라기라도 잡는 심정으로 여기저기 기웃거리다가 거짓 선지자들이 진리라고 하면 덥석 무는 것이다.

PART 18

모퉁잇돌 위에 세워진 교회

||||||||||||||||||||||||||||||||||||||||||||||||||||||||||||||||||

교회가 모퉁잇돌 위에 세워지면 어떤 변화가 이 사회에 일어날까?

첫째, 교회의 숫자가 감소되지 않을까?

팬데믹 이전에 운영하던 방과후학교를 재개하려고 준비하다가 우리 옆에 있는 다른 프로그램이 방과후학교를 신설하고 아이들을 다 몰아간 것을 알게 되었다. 과연 이 아이들을 다시 몰아와야 할까?

그 답은 쉽게 결정되었다. 아이들이 혜택을 받는다니 그것으로 만족한 것이다. 방과후학교를 운영하여 더 많은 지원금을 받아내고 또 그 지원금으로 내가 먹고산다면 이야기가 달라질지 몰라도, 이 프로그램을 운영하지 않아도 나는 이미 할 일이 많이 있다. 교회도 마찬가지다. 밥 먹고 살 길이 있다면 아마도 많은 교회가 이렇게 똑같은 프로그램으로 경쟁하며 교인 모시기를 상전 모시듯 할 필요가 없어질 것이다.

필자가 팬실베니아에서 신학을 공부할 때 지도하던 학생들 중에 가정 형편이 어려워 수양회 경비를 교회에서 대신 내준 기억이 있다. 학생들의 부모님이 하시던 장사가 안 되어 경제적으로 어려움을 겪고 있었다. 그렇게 얼마나 시간이 지났을까, 학생 아버님이 한인이 운영하는 야간 신학에 입학한 후 나에게 함께 주님의 길을 가는 종으로 자신의 신분 변화를 알려주셨다. 하나님의 섭리에 내가 무슨 할 말이 있을까? 하지만 얕은 지식으로 적은 자본으로 시작할 수 있는 사업 중 하나가 교회다 보니 조심하지 않을 수 없다. 한국은 어떤지 모르지만, 미국 내 한인이 다수 거주하는 지역은 교회 간판이 한 건물에 몇 개씩 되는 곳이 있다. 이미 교회가 있는 건물에 교단이 다르다는 이유로 같은 건물에 쳐들어가는 목사는 어떤 마음으로 아래위층에서 이웃 간에 목회를 할 수 있을까? 하나님의 권위로 상도덕도 무시하는 것일까? 필자 역시 지난 15년간 음주 운전 교육을 운영하며 그동안 몇 번 오피스를 내기도 하고 접기도 하였다. 그때마다 동일한 교육 기관이 지역 내에 있는지 먼저 살펴보고 최소한 몇 블록이라도 떨어진 곳에 자리를 트는데 이렇게라도 해야 서로 간에 감정이 틀어지지 않기 때문이다. 그런데 교회가 한 건물에 아래위층에 있다면 이것도 선의의 경쟁일까? 불행 중 다행이라고 해야 할지 모르겠지만 교인 숫자가 줄어들고 있다는 것을 한국 갤럽 리포트가 증명하고 있다.

1984년부터 2021 한국인의 종교 현황을 조사한 결과 "종교인 비율은 1984년 44%, 1989년 49%, 1997년 47%에서 2004년 54%까지 늘었으나 2014년 50%, 이번 2021년 조사에서는 40%로 줄었다. 2000년대 이후 종교인 감소의 가장 큰 원인은 청년층에 있다. 2004년의 20대 중에서는 45%가 종교를 믿었지만, 2014년 20대는 31%, 2021년 20대에서는 그 비율이 22%에 불과하다. 30대의 종교인 비율 역시 2004년 49%, 2014년 38%, 2021년 30%로 감소했다."[19]

이처럼 한국의 종교인이 감소하는 현상은 어느 사회를 막론하고 똑같은 절차를 밟는다. 즉, 우리의 생명이 위협받을 때 신이 필요한 것이지 우리에게 생활에 안녕이 찾아올 때 신은 우리에게 불필요한 간섭에 불과한 것이다. 우리가 배고프고 생활이 불안한 시절 우리는 어떤 신이든 우리 편이 필요했고 그 신 앞에 엎드려 기도하던 때가 있었다. 하지만 이제는 기도할 시간이 없다. 이제는 돈을 써야 하는 시대에 우리가 살고 있기 때문이다. 산으로 강으로 가던 시대는 옛날얘기고 이제는 동남아시아로 유럽으로 여행하기에 바쁘다 보니 시간이 부족한 것이다. 2015년 한국 통계청의 조사에 따르면 개신교 인구가 967만여 명(전체 인구수의 19.7%)에 반해 한국기독교목회자협의회의 2023년 발표에 따르면 개신교 인구가 771만 명(15%)으로 이전보다 200백만이 감소되었다고 한다.[20]

이렇게 기독교 인구가 감소하는 이유에는 많은 원인이 있겠지만 갤럽이 조사한 다음 숫자에 중요한 단서가 숨어있다.

"현재 종교를 믿지 않는 사람(이하 '비종교인', 902명)이 가장 호감을 느끼는 종교는 '불교' 20%, '천주교' 13%, '개신교' 6% 순으로 나타났다. 2021년 현재 종교 분포가 불교 16%, 개신교 17%, 천주교 6%라는 점을 고려하면, 비종교인의 천주교 호감도는 교세보다

---

19   https://www.gallup.co.kr/gallupdb/reportContent.asp?seqNo=1208

20   https://kr.christianitydaily.com/articles/116753/20230303/%EA%B0%9C%EC%8B%A0%EA%B5%90%EC%9D%B8-%EC%88%98-771%EB%A7%8C-%EC%B6%94%EC%A0%95-%EA%B0%80%EB%82%98%EC%95%88-%EC%84%B1%EB%8F%84-226%EB%A7%8C.htm

높고 개신교 호감도는 상대적으로 낮은 편이라 할 수 있다."

나는 비종교인이 기독교에 제일 낮은 호감도를 보인 이유로 제일 쉬운 종교로 보고 있기 때문이 아닐까 생각한다. 속세를 뒤로하고 백팔번뇌를 제거하기 위해 고행하는 스님이 불교의 상징이라면 결혼을 포기하고 평생 독신으로 신을 섬기는 신부님이 가톨릭의 대표적 특성이다. 이에 비하면 개신교의 특성은 무엇일까? 바로 '아무나'이다.

"이에 종들에게 이르되 혼인 잔치는 준비되었으나 청한 사람들은 합당하지 아니하니 네거리 길에 가서 사람을 만나는 대로 혼인 잔치에 청하여 오라 한대."(마 22:8-9)

아무나 목사가 되고 아무나 교회로 들락날락하는 것이다. 물론 '아무나'는 예수님의 선물이고 기독교의 장점이 되기도 한다. 인간은 누구나 자신이 받는 대가를 통해 자존감을 느끼고 이를 통해 자부심을 키워가는데 자신이 '아무나'에 포함된다면 이는 자존심이 허락하지 않고 동시에 본능적으로 거부감이 올 것이다. 하지만 아무나 목사가 되어 아무나 모아서 세력을 불려 나가다 보니 사회에서 매력을 잃고 결국 막 나가는 아무나 집단이 된 것이다. 아무나 목사가 되어 이 아무나가 교단을 만들고 아무나 또 회장이 되다 보니 아무나에 저항하는 또 다른 아무나가 다른 교단을 만들게 된 것이다. 더 나가서 아무나 성경을 자기 맘대로 해석하다가 아무나 원하는 대로 새 분파를 만들어 이처럼 많은 한국교회에 이단이 왕성하게 번식하게 된 것이다. 그렇기 때문에 어떤 면에서 필자에게 줄어드는 교인 숫자는 반가운 소식이다.

필자가 신학에 진학하기 전 아버님이 운영하시던 포목점 중에 하나를 맡아 운영한 적이 있다. 이때 가게는 맨해튼 북부에 위치한 Mt Vernon에 위치하고 있었고, 이때 같이 일한 친구 중에 자메이카 친구가 있었다. 본인을 크리스천이라고 소개한 이 친구는 신학을 꿈꾸고 있던 필자보다 성경을 줄줄이 꿰고 있었는데 이에 나를 감탄시켰고 가게 직원으로 고용한 것이다.

그 후로 나는 이 친구의 보스가 아닌 친구고 형제로 대우하였고 시간이 날 때마다 성경에 대하여 서로의 의견을 나누던 때가 있었다. 그러던 어느 날 이 친구에게 가게를 맡기고 잠깐 나갔다 오다가 마침 가게에서 나가는 손님에게 반갑게 인사하였다. 다른 뜻은 없었고 어떤 물건을 구입하였는지 궁금하여 쇼핑백에 담긴 물건을 살펴본 것이다. 그리고 가게로 들어왔는데 이 친구가 하는 말이 이제까지 손님이 하나도 없었다는 것이었다. 아뿔싸, 그동안 얼마나 해 드셨을까? 기독교가 너무 쉬워서 이런 일이 생기는 것인지 곰곰이 생각해 볼 문제다. 반면에 아버님 가게에서 10년 동안 성실하게 일한 친구의 이름은 모하마드이고 이름이 알려주듯이 바로 무슬림이다. 그래서일까, 나 역시 기독교인이라 하면 무슬림보다 더 신중하게 사람을 보는 눈을 가지게 되었고 당연히 선교회 가게에서 일하는 직원 중에 무슬림 아주머니가 있다.

패터슨에 처음 도착했을 때 놀란 이유가 미국 내에 이렇게 가난한 곳이 있는 줄 몰랐다는 게 첫 번째라면, 두 번째 놀란 이유는 수없이 많은 교회다. 특히 흑인들과 남미 사람들이 만든 무허가 교회가 골목마다 위치한 술집만큼 많았다. 한번은 선교회에서 일하기 원하는 흑인 여성에게 자기 이력서와 학교 졸업 증명서를 요구한 적이 있다. 본인을 pastor 목사라고 소개한 이분이 며칠 뜸을 들이더니

들어보지도 못한 학교에서 발행한 종이 한 장을 들고 왔다.

인터넷에서 간단하게 몇 번 강의를 듣고 받은 수료증이었다. 안타까운 일이지만 패터슨 주민 대부분이 교육 수준이 낮다 보니 일반적으로 누군가 목사라 하면 쉽게 빠져들고 이들이 쳐놓은 어망에 걸리는 것이다. 다행히 이런 교회가 패터슨에서 많이 사라졌는데 필자 생각에는 2018년부터 지금까지 패터슨에 많은 변화가 있었기 때문이 아닌가 추측한다.

그 변화는 2018년에 시장으로 당선된 아랍계 미국인 Andre Sayegh으로부터 시작되었다. 주민의 대부분인 남미 사람과 야당 쪽 '흑인'을 대표하는 후보자들을 제치고 시장이 된 Sayegh은 두 그룹이 치고 싸우는 와중에도 지금까지 패터슨 발전을 위해 많은 일을 했다. 여기에서 또 한 번 짚고 넘어가야 할 것은 필자가 패터슨에 처음 왔을 때부터 시장 자리는 흑인이나 남미 사람들이 집권하였는데 대부분 뇌물 수수 범죄로 교도소를 다녀왔다는 것이다. 그리고 이들의 공통점은 모두 '예수'의 추종자들이라는 것이다.

Wikipedia에서 현 시장의 종교를 가톨릭이라고 소개하는데 이는 Sayegh 시장이 가톨릭 고등학교를 나와 가톨릭 대학을 졸업하였고 또 남미 사람이 장악한 가톨릭 도시에서 시장으로 살아남기 위한 노력이 아닌가 필자는 추측한다. 왜냐하면 첫째, 시리아와 레바논에서 오신 부모님이 기독교일 가능성이 희박하고 둘째, 필자가 학교 건축을 상의하기 위해 시장님을 만나고 헤어질 때 아랍어로 "앗 살람 알레이쿰." 하고 필자와 함께한 건축사에게 인사한 것이다.

이 문구는 아시는 바와 같이 아랍권과 무슬림의 대표적인 인사말이다. 물론 시장님과 종교에 관해서 심도 있는 대화를 한 것은 아니다. 또 이분이 기독교인지 무슬림인지 중요하지 않다. 그런데 어제 (2/2/2024) 신문에 이분이 기사에 올라왔는데 패터슨에 5백만 달러를 들여 무슬림 센터를 짓기로 확정하였다는 것이다. 무슬림이 더 모일수록 도시는 안전해지는데 다만 목사의 한 사람으로 즐겁기만 한 것은 아니다. 기독교 사립 학교는 3개에서 1개로 줄었는데 무슬림 학교와 종교 시설이 패터슨에 계속 확장되고 있기 때문이다.

예수께서 "가난한 자들은 너희와 항상 함께 있으니."라고 하셨는데 웬일인지 교회는 부자와 함께하고 무슬림이 가난한 패터슨에 자리를 틀고 있다. 예수의 말씀에 기독교보다 무슬림이 잘 순종하고 있는 게 아닌가 고개를 갸우뚱하게 한다. 이유가 어떻든 교회가 그리스도의 기반 위에 세워지지 못할 때 그 여파는 교회는 물론 사회까지 암흑기를 맞게 되는데 패터슨도 마찬가지였던 것이다. 이 기세로 본다면 교회 숫자는 계속 감소할 것이고 교인이라고 칭하는 자도 함께 줄어들 전망이다.

둘째, 공무원 수가 줄어들지 않을까? 복지 사회의 시작은 성경에 쓰여 있는데 그것은 신약 시대 이전 구약 시대부터이다. 유대인에게 지시하신 하나님의 계명 중에 노예 제도와 땅에 관한 자세한 명령이 있다. 노예는 6년 이상 소유할 수 없고(이스라엘인일 경우) 땅과 모든 채무 관계는 50년마다 리셋이 되는데 저당 잡혔던 땅을 돌려받고 모든 채무 관계가 '0'으로 돌아가는 것이다. 이뿐만 아니다. 이스라엘은 과부와 고아, 이방인에 대한 법이 엄격하여 이들을 유린하고 공정한 대우가 없을 경우 하나님의 처벌이 찾아올 것을 경고한다. 또한 배고픈 사람은 누구든지 남의 밭에 들어가 곡물을 먹을 수 있고 다만 자루에 싸서 가지고 나오는 것을 금하고 있다.

신약도 마찬가지이다. 사도행전에 기록된 교회는 과부를 돌아보았고 부한 자와 가난한 자가 함께 공용하여 궁핍한 자가 없었다고 기록하고 있다. 교회가 땅을 사고 교회를 짓기보다 국가와 함께 백성을 보살핀다면 당연히 공무원 숫자가 줄어들지 않을까? 한국도 공무원 숫자가 점점 늘어나고 있는 것으로 아는데 이것은 바람직 한 방향이 아니다. 미국에 살고 있는 교민들은 이 결과를 몸으로 느끼는데 뉴저지와 뉴욕을 오가는 필자에게는 더욱 뼈저리게 느껴진다. 바로 '조 다리' 통행료가 너무 비싸기 때문이다. 뉴저지와 뉴욕을 오가는데 건너지 않을 수 없는 다리가 George Washington Bridge이다. 그래서 한국분들 사이에 '조 다리'로 일컬어진다. 문제는 조 다리의 통행료가 거의 매년 올라가는데 어디서 멈출 수 있을지 아무도 모르는 것이다. 필자의 오피스 두 곳은 조 다리 외에 또 하나의 다리를 건너야하는데 두 다리를 건너 일을 보고 뉴저지로 돌아오면 약 $35의 통행료가 부과된다. 아무리 많은 세금을 걷어도 계속 인상되는 공무원 숫자와 급료를 감당하기에 역부족이라 뉴욕시는 계속해서 새로운 징수 방법을 더하고 있다.

최근에 또 한 가지 법을 만들었는데 2024년 4월부터 맨해튼 60가 남쪽으로 진입하는 차량은 최소 $15를 더 내라는 것이다. 이름은 congestion toll(복잡세). 교통을 복잡하게 하는 차량에 세금을 붙이겠다는 말인데, 이 세금으로 인해 내 마음까지 복잡해지는데, 나는 누구에게 세금을 받아야 하나? 교회가 지역 사회를 돌보는 일에 앞장선다면 아마도 공무원 숫자도 줄고 이웃에게 더 진정성 있는 교회가 되지 않을까?

민주주의와 복지사회가 등장하면서 그동안 교회는 섬기는 일보다 성장하는 데 집중하였다. 물론 성장하는 건강한 교회가 있고 성장을 통해 더 많은 일을 감당할 수 있는 것은 부인할 필요가 없다. 하지만 목사가 하나님의 '종'이라는 착각에서 깨어나지 않는 한 교회는 이전과 똑같은 실수를 되풀이할 것이다. 유대인은 물론이고 로마교회가 그랬고 유럽의 교회와 미국 복음자들 그리고 한국의 수많은 목사들이 세상과 분리된 '정결한 인간'으로 믿는 것이다. 그러다 보니 세상은 죄가 범람한 곳이고 이곳은 사탄의 권세 아래 소돔과 고모라처럼 하나님의 화염병을 받게 될 것으로 단정한 것이다. 그러다 보니 세상은 교회가 가끔 봉사활동 하는 곳이고 노방전도 훈련받는 곳이 된 것이다. 세상은 교회를 품은 곳이다. 아무리 세상이 사탄의 권세 아래 있다 해도 사탄 역시 하나님의 권세 아래 움직이는 수단에 불과하다. 교회는 자신을 품은 세상을 따뜻하게 데우는 일을 해야 한다. 그러기 위해서는 목사들이 하나님의 영광을 위해서 일한다는 생각은 접어두고 세상을 위해 일하는 모습을 먼저 보여야 한다.

"우리가 이 계명을 주께 받았나니 하나님을 사랑하는 자는 또한 그 형제를 사랑할지니라."(요1 4:21)

그리고 그 형제는 같이 한배를 탄 모든 세상 사람이다. 나는 목사들이 좀 더 솔직해져 우리도 별로 차이가 없는 노력하는 사람 중에 하나라는 것을 인정하기 바란다. 속세를 버리고 불도를 찾는 스님처럼 우리도 진리를 깨닫기 위해 그 길을 걷고자 노력하는 사람일 뿐이다. 우리는 우리가 찾은 진리를 타 종교와 비교할 필요가 없다. 내것은 옳고 당신 것은 틀렸다고 가르치려 할 필요가 없다. 하나님은 진리를 찾고자 하는 자를 만나주실 것이라고 믿으면 된다. 우리가 해야 할 일은 '이웃 사랑'이다. 강단에서 사랑의 종류를 논하는 게 아니라 사회에 낮은 자리에 있는 분들을 찾아가 이들과 함께하는 일이다. 갈 곳 없는 노인들에게 부담 없이 눈치 보지 않고 쉬어 갈 수 있는 자리를 마련해 드리고 부모를 잃은 아이들에게 눈치 보지 않고 먹을 수 있는 충분한 음식과 안식처를 제공해 주고 아이들이 자라나 사회에 잘 정착할 수 있도록 이들과 함께 자라나는 것이다. 이렇게 교회가 이웃을 위해 발 벗고 나선다면 아마도 나라는 더 건강하게 나랏일을 할 수 있지 않을까? 그러기 위해서는 목사들이 먼저 높은 강단을 던져버리고 아래로 내려오기를 바란다. 적은 자가 되기를 바란다.

셋째, 잠잠한 교회.

딤전 2:2을 공동번역과 개역한글을 함께 묶어보았다.

＊개역한글 l "임금들과 높은 지위에 있는 모든 사람을 위하여 하라 이는 우리가 모든 경건과 단정한 중에 고요하고 평안한 생활을 하려 함이니라."

＊공동번역 l "왕들과 높은 지위에 있는 모든 사람을 위해서도 기도 하시오. 그래야 우리가 조용하고 평화롭게 살면서 아주 경건하고도 근엄한 신앙생활을 할 수 있을 것입니다."

"Peaceful and quiet lives in all godliness and holiness."(1 Tim 2)

성도가 기도하는 목적 중에 우리의 신앙생활이 있다. 그리고 이 생활이(딤전 2:3) 하나님께 선하고 받으실 만한 일이라고 기록하고 있다. 다시 말해 하나님이 찾으시는 것은 교회와 성도는 단정하고 조용한 삶이다. 아마도 한국교회가 이 구절에서 강조하는 것은 경건이거나 근엄일 것이다. 하지만 필자는 조용함이다. 그리고 나는 26년 동안 조용하게 살아왔다. 그리고 오늘도 조용하게 혼자서 깡통 밴을 몰고 George Washington 다리를 넘어 뉴욕장로교회에서 기부한 물건을 수거해 왔다. 도와주신 목사님들과 장로님께 감사드린다.

필자가 뉴욕장로교회를 처음 방문한 게 십수 년 전이다. 처음 이 교회를 방문했을 때 나에게 많은 질문이 있었다. 한인교회로는 그 당시 가장 큰 교회였고 교회 건물이라기보다는 웅장한 회사 건물처럼 느껴졌다. 선교회를 오랜 시간 동안 후원한 교회로 말을 아껴야 하지만 내 속에 있는 생각은 이미 많은 사람을 알고 있으리라 생각한다. 우리가 가지고 있는 자부심을 가장 잘 나타내는 단어가 '제일'이다. 그러다 보니 제일 장로교회, 제일 성결교회, 제일 감리교회 더 나아가 '제일' 큰, '제일' 아름다운, '제일' 화려한 등등 무슨 일이 있어도 제일이 되고자 하는 인간의 속성이야 말로 제일 먼저 버려야 하는 죄의 근원인 것이다. 필자는 깡통 밴을 몰고 남들이 버리는 쓸모없는 물건을 모아 가게를 운영하고 있다. 그러다 보니 제법 값나가는 물건을 찾기 위해 부자 동네에 위치한 교회에 수거함을 설치하고 주에 한 번 물건을 수거한다. 그런데 이렇게 교회를 돌다 보면 우울한 생각이 들기도 하는데, 첫째는 내 처지가 한심할 때가 있어서고 둘째는 이 많은 돈이 부동산에 묶여 있기 때문이다. 한심한 처지는 가끔 인간적으로 생각할 때마다 드는 어쩔 수 없는 현실이니 그렇다 치고 내가 해결할 수 없는 문제지만, 왜 교회는 이렇게 많은 돈으로 이렇게 크고 많은 교회를 지어야 하는 것인가. 여기에 대하여 나는 할 말이 없다. 왜냐하면 내 생각이 틀릴 수도 있고 또 나만 모르는 게 있을 수 있기 때문이다. 다만 안타깝고 답답한 것이다.

다시 조용한 생활로 돌아와서, 하나님이 원하시는 성도의 삶은 그냥 조용한 삶이다. 요란한 신앙고백과 떠들썩한 종교행사가 아니라 조용하고 화평하게 사는 것이다. 호수에서 올라오는 아침 안개처럼 성도들의 삶은 조용한 가운데 외부 사람들에게 평화를 가져오는 도구가 되어야 한다. 그리고 내부로는 단정함과 경건으로 그리스도의 반석 위에 단단하게 세워진 건축물이 되는 것이다. 물론 이제까지는 전도와 부흥 그리고 선교에 힘써왔지만, 지금은 가진 것을 지키는 시대에 들어온 것이다. 더 이상 타 종교의 영역을 넘어서 십자가로 선한 싸움을 하는 것이 아니라 우리가 믿는 것을 경건하게 행하면 되는 것이다. 지금은 좀 잔잔하지만 한때 많은 목회자들과 성도들이 무슬림을 전도하겠다고 세미나를 열고 이들의 가정이나 가게를 방문하며 무례한 행동을 하는 것을 목격하며 필자는 오히려 무슬림 가정에게 죄송한 마음을 가지게 되었다. 그들이 믿는 경전은 내가 보아도 퍼즐 조각이 빠져 있는 미완성 작품이다. 유대인이 봐도 그렇고 기독교인이 봐도 끼워맞춘 표시가 여기저기에 있다. 하지만 이들에게 코란은 진짜다. 마치 김정은이 위대한 우리의 아버지라고 눈물까지 흘리며 열창하는 북한 우리 동포들처럼. 하지만 때가 되면 모두 입으로 예수 그리스도를 주라 시인하고 그 앞에 무릎을 꿇을 것이다.

"하늘에 있는 자들과 땅에 있는 자들과 땅 아래에 있는 자들로 모든 무릎을 예수의 이름에 꿇게 하시고 모든 입으로 예수 그리스도를 주라 시인하여 하나님 아버지께 영광을 돌리게 하셨느니라."(빌 2:10-11)

그때까지 우리는 조용히 이들을 섬기고 그리스도의 희생을 실천하면 되는 것이다. 미국 내에 무슬림이 많은 이유는 이들이 사용한 전략적 효과이다. 최근에서야 무슬림 이민자들이 아시아와 유럽, 그리고 중동 지역에서 몰려와 시세를 확장하고 있지만 미국 내부의 이전 무슬림은 대부분 흑인이었다. 미국 역사에서 자행된 흑인 핍박이, 특히 크리스천들의 핍박이 흑인들에게 돌이킬 수 없는 반감을 낳았고 이 기회를 이용한 무슬림의 전도 효과가 먹힌 것이다.

그중에 대표적인 흑인이 전설의 주먹 모하마드 알리다. 침례교 출신인 알리의 이전 이름은 Cassius Clay이었고 1961년 19살 나이에 무슬림으로 개종한 모하마드 알리가 되었다. 알리가 무슬림이 되는 데 가장 영향을 끼친 사람은 Marcom X이고 두 사람은 비슷한 나이지만 Marcom X는 1960년대 미국의 무슬림을 대표하는 지도자였다. 이들 모두 백인우월주의와 인종차별을 자행하는 교회라는 단체에 몸과 마음이 허락하지 않았을 것은 당연한 일이다.

그렇다. 미국은 지금도 백인우월주의에 의해 몸살을 앓고 있고 이 부류 안에 백인 복음주의자들이 대거 참여하고 있다. 이들이 지지하는 대통령이 강간을 하였든 뇌물을 받았든 이들에게는 오로지 미국 땅을 소수민족에게 빼앗기지 않는 것이 목표고 이를 위해서는 소수민족과 피부색이 진한 사람을 우습게 보는 트럼프 전 대통령이 적격인 것이다. 이렇게 무의미한 십자군 전쟁은 지금도 계속되고 있고 그 안에는 이 땅을 구하기 위해, 둘을 하나로 만들기 위해 피 흘리신 예수가 서실 자리는 없는 것이다.

그래서 나는 단정한다. 혹시 나의 신앙관에 오류가 있다면 지적을 받을 것이고 또 고쳐나갈 것이다. 하지만 이제까지 내가 본 교회에 씨앗을 가진 교회가 많지 않았다. 자랑이 아니라 내가 본 교회는 적은 분량이 아니다. 필자와 피로 연결된 인맥에서만 열댓 명이 목사이고 신학 시절 섬긴 교회들 그리고 26년 동안 필자가 운영하는 선교회에 후원금과 행사에 참여한 목사가 수십 명이다. 물론 이 안에는 씨앗처럼 조용한 목사도 장로와 집사도 있다. 이분들이 계시기에 하나님께 감사드리고 나에게 본을 보이시는 평신도가 계시기에 그분들께 이 지면을 통해 감사드린다. 바라기는 이렇게 씨앗의 본분을 다하는 성도와 목회자가 더 많이 나와 교회의 참모습을 보여주기를 바라고 나는 이 글을 쓰는 것이다.

넷째, 교회가 모퉁잇돌 위에 세워진다면 노숙자의 수가 최소한 반으로 줄어들 것이다. 필자가 노력하는 부분 중 하나가 바로 노숙자 문제인데, 정말 대책이 없는 이 시대의 골칫덩어리다. 몇 년 전 캘리포니아는 이 문제로 비상사태를 선포한 바 있고 지금도 이 문제는 해결 방법이 안 선다. 노숙자들을 위해 캘리포니아주는 일 년 예산으로 3.3 Billion[21] 달러를 책정하였지만, 이 문제는 해결될 기미가 보이지 않는다. 특히 LA 한인들이 모여 사는 코리아타운에 노숙자 문제가 심화되면서 이 지역 한인들이 불안해하는 기사가 종종 뉴스에 나온다. 아무리 돈을 쏟아부어도 이 문제는 돈으로 해결할 문제가 아닌데 책상에 앉아서 일하는 분들은 돈밖에 다른 제안을 못 하는 것이다.

이 문제는 한국보다 미국이 더 심한데 노숙자 문제에 '마약'이 반 이상을 차지하기 때문이다. 하지만 설령 마약을 끊는다 해도 인권주의가 팽배한 이 사회에서, 서로 자기 방어에 충실한 노사관계에서

---

[21] https://lao.ca.gov/Publications/Report/4808#:~:text=In%20all%2C%20the%202023%2D24,California%20Tax%20Credit%20Allocation%20Committee

이들에게 일거리를 주고 반갑게 환영할 기업이나 상점은 기대하기 어렵다. 필자가 이들과 생활하며 배운 것은 이들이 노숙자 생활에서 선교회 안으로 자리 이동을 하여도 이들의 자존심을 내려놓기까지는 성격에 따라 차이가 있지만 일단 10년을 잡아야 한다. 다들 10년이 필요한 것은 아니지만 일단 10년을 목표로 하고 차근차근 걸음마부터 이 친구들과 함께 걸어야 한다는 것이다. 정신 나간 사람이 아니라면 10년 동안 자기 방도 치우지 못하는 다 큰 어른을 먹여주고 재우고 할 수는 없다. 그렇기 때문에 이 문제는 돈으로 해결할 수 있는 문제가 아니다. 약으로 치료할 수 있는 문제는 더욱 아니다. 미국의 많은 기관은 이런 프로그램을 제공하고 정부와 계약 관계를 맺고 1인당 하루 얼마씩 계산해서 지원금을 받게 된다. 이런 프로그램이 없는 것보다 낫다고 할 수 있을까 모르겠지만 결국은 다 돈으로 해결하려다가 나라도 망하고 사람도 망하는 것이다. 너무 많은 프로그램을 운영하다 보니 운영하는 사람은 돈을 빼먹고 도움을 받아야 하는 사람은 좀 더 높은 자존심으로 당당히 자신의 요구를 외친다. 그래서 나는 나랏돈은 절대 사양이다. 아무리 많은 돈으로 일등 시설을 지어 준다 한들 이것은 나에게도 내가 도와주려는 사람들에게도 아무에게도 도움이 되지 않는다. 이들을 불쌍히 여겨야 한다. 인간이 가지고 있는 가장 귀한 존엄성을 땅바닥에 내동댕이친 이 사람들이 여기까지 오게 된 이유를 알아야 하는데, 그 속에 있는 자신만의 비밀을 만난 지 얼마 안 된 사람에게 털어놓기를 바랄 수 없다. 그리고 말문을 열고 속을 열었다 해도 이 말이 어느 정도 객관성이 있는지는 몇 년이 지나 봐야 알 수 있다. 결국은 한집에서 같이 살면서 방 치우는 법, 빨래하는 법, 설거지하는 법 등으로 시작해서 사람과 사람 간의 대화 소통하는 법 그리고 고용인과 피고용인의 관계 등 손잡고 가야 할 길이 아주 멀다. 그래서 이 일을 맡아야 할 기관은 교회밖에 없다.

이들을 돕다 보면 억울한 일도 많다. 그리고 평생 남을 이용하다가 온 이분들은 나는 물론이고 모든 기관의 정보와 물품을 개인이 필요한 대로 무단 도용하고 훔치고 남용할 것은 각오해야 한다. 그러다 보니 나라도 사회도 이들에게 등을 돌리고 문제는 더욱 악화되고 있는 것이다. 하지만 교회가 모퉁잇돌 위에 세워진다면, 예수의 뜻이 무엇인지 알게 된다면 좋든 싫든 이들을 끌어안을 수밖에 없다. 왜냐하면 그것이 하나님의 뜻이고 예수의 명령이기 때문이다.

얼마나 많은 목사들이 잃어버린 양이란 주제로 설교를 하였는지 알 수 없지만, 이 동네 잃어버린 양은 여전히 잃어버린 양들이다. 주제는 아름답지만 우리가 나서기에는 비용적으로 시간적으로 너무 멀리 양이 가 버린 것이다. 그러다 보니 이 시대에 잃어버린 양은 교회의 몫이 아니다. 이 사회에 노숙자는 교회도 기피하는, 그냥 없어도 되는 사람이다. 그럼 교회에서 찾는 잃어버린 양은 누구인가? 적당히 가지고 적당히 살면서 그래도 주일 헌금을 들고 올 수 있는 그런 사람? 한 가지 더 안타까운 일은 교회가 사회의 그늘에 가려진 사람을 찾아오는 것을 가끔 목격하는데 모두 다 똑같은 방법으로 이분들께 접근한다는 것이다.

Drive-By or Drive Through. 'Drive-by'는 영화에 나오는 갱단들의 싸움에서 따온 단어이고 'Drive Through'는 점심을 사 먹기 위해 차 타고 음식을 주문하는 모습이다. 이미 언급한 것처럼 패터슨에 일요일은 음식이 넘쳐 나는 날이다. 노숙자뿐만 아니라 길에 사는 다람쥐와 고양이 그리고 너구리까지 배 터지는 날이다. 수많은 교회에서 음식을 가져와 나눠 주기 때문이다. 나는 이 일에 전혀 감사하지 않는다. 그저 가슴이 아플 뿐이다. 물론 배고픈 사람에게 밥을 주는 행위에 무슨 잘못이 있을까마는 이들에게 정작 필요한 것은 밥이 아니라 하나님의 사랑이다. 그 사랑은 말로 설명이 안 된다. 이전에 브라질에서 만난 농아들처럼 언어를 듣지 못하여 농아가 된 것처럼 사랑을 받아본 적이 없는 사람에게 하나님은 당신을 사랑하십니다 말해도 못 알아듣는 것이다. 누군가 사랑을 보여줘야 하는데 사랑을 가지고 있는 교회가 부족하기 때문에 보여 줄 방법이 없다는 것이다. 이것은 마치 미국 사회가 가난한 사람을 돕겠다고 만든 복지제도가 결국은 사람을 더 망가뜨리는 결과를 나타내는 것과 똑같은 결과이다.

사랑은 내 손에서 예수처럼 피가 나지 않는 한 결코 증명될 수 없고 보여지지도 않는다. 예수께서 이 시대의 교인들에게 이제는 선교사를 보내는 때는 지났고 바로 너희가 선교를 해야 한다고 명령하시면 과연 이 일을 감당할 성도가 있을까? 아마도 대다수는 '돈'으로 면죄부 사듯이 대처하던가 예수를 모른다고 부인하는 결과가 나오지 않을까? 물론 성도를 이렇게 만든 목사들이 먼저 도망가고 그나마 모르고 따라온 교인에게는 이제라도 바르게 섬길 수 있는 기회를 주시지 않을까?

많은 사람이 내 주위에서 죽었지만 필자가 직접 집행한 장례식은 단 한 번뿐이다. 패터슨에서 만난 노숙자 쟌이 죽으면서 장례식을 치르게 되었는데, 마침 이 친구가 참전용사여서 국가 묘지에서 장례식을 치렀다. 이 친구를 생각하면 마음이 짠해지는데 술을 좋아한

이 친구가 고집이 대단했지만 나름대로 자신만의 철학을 가지고 생의 마지막 부분까지 남에게 해를 주지 않았다는 것이다. 그리고 이 친구가 나에게 준 도움이 남다르다. 2000년경에 이 친구를 만나는데, 마침 그때 길에서 나눠주던 커피를 Ebay에서 구입한 버스에서 나눠주기 시작한 때였다. 그때 구입한 버스는 메릴랜드 교육청에서 핸디캡 학생들을 위해 사용하던 버스로 몇 개의 의자를 분리하고 접는 나무 선반을 좌우로 붙여 다수의 노숙자들이 추운 겨울에도 내부에서 식사를 하도록 쟌과 내가 직접 개조한 것이었다.

그때 이 버스를 약 2천 달러에 구입하여 한 3년간 운행하였는데 이 사이에 몇 번이나 버스에 문제가 있었고 그때마다 쟌이 버스를 고쳤는데, 쟌이 없었다면 감당하기 어려웠을 것이다. 이렇게 돈 안되는 일을 감당하면서 느낀 것은 돈이 아니라 사람을 위해 일할 때 신은 필요한 사람뿐 아니라 필요한 돈도 주신다는 것이다. 쟌의 고집은 대단했다. 몇 번이고 우리는 티격태격 싸우면서 정이 깊어지고 서로 헤어졌다가 다시 만나고를 몇 번 하다가 병원에서 연락이 왔다. 병원에 찾아갔을 때 쟌은 얼굴이 너무 흉해서 알아보기 어려운 지경이었다. 그때 병명은 지금도 기억하는데 이름이 단순하기 때문이다. AAA(abdominal aortic aneurysm), 복부 대동맥확장증으로 의사는 환자의 가족을 찾아달라고 요청하여 쟌의 가족에게 연락하였다. 중환자실에서 가망이 없다고 하여 나는 주여 감사합니다 하고 기도드렸다.

목사가 환자의 죽음에 '살려주세요'가 아니고 '죽여주셔서 감사합니다' 했다면 이해할 사람이 있을까? 하지만 그동안 술로 찌든 사람이 더 이상 술과 씨름하지 않아서 좋고 나는 더 이상 쟌과 다투지 않아서 좋았던 것이다. 그런데 어찌 된 일인지 다시 살아나 내 옆에 거머리처럼 붙어서 나를 더 괴롭히는 게 아닌가. 이렇게 한 5년을 더 살다가 결국은 술로 인해 인생을 마감하였는데 쟌이 천국에 있을지 아니면 반대편에 있을지는 나도 모르겠다. 워낙 고집이 세서 신도 필요 없고 자기 나름대로 철학대로 살았기 때문이다. 하지만 나는 하나님께 탄원서를 제출할 것이다. 쟌이 저에게 준 도움이 이만큼입니다, 자비로우신 주님. 아마도 하나님은 쟌에게 무한한 사랑으로 천국 문을 열어주시리라 나는 믿는 바이다. 한 영혼이 필자를 만나 하나님의 백성이 되었다면 그보다 더 큰 영광을 이 땅에서 찾아볼 수 있을까?

미국에서 배고파 우는 사람은 없다. 물론 그것이 건강에 좋지 않은 음식이라 해도 먹을 것은 넘쳐난다. 패터슨만 해도 CUMAC, Father Englihs, EVAS, OASIS, Straight and Narrow 등 음식, 숙소, 약물 중독치료 등 다양한 프로그램이 있다. 많은 사람이 이 프로그램을 이용하고 사회로 돌아가지만 정작 도움을 받아야 하는 사람은 도움을 기피하거나 위의 기관에서 퇴소되는데 그중 가장 큰 이유는 규율에 적응이 안 되는 것이다. 막장 인생을 살아가던 사람에게 당장 최소한의 규정을 내밀면 처음에는 따라가는 듯하지만 일주일이 채 안 돼 스스로 나오든가 쫓겨나든가 둘 중에 하나로 결말을 내린다. 한마디로 이들은 무전무패로 나만의 삶을 고집하며 사회의 어떤 간섭도 원하지 않는 부류이다. 그런데 겨울이 되면 얼어 죽고, 약물에 절어 죽고, 총 맞아 죽고, 병들어 죽고, 죽음을 재촉하는 것이다. 그렇다 보니 일반인들은 이들을 Untouchable로 규정하고 그냥 죽을 때까지 내버려두는 것이다. 이들이야말로 진정 잃어버린 양이 아닐까?

선교회가 수용할 수 있는 인원은 총 10명이다. 하지만 현재 6명이 거주하고 있다. 이 중 2명은 10년 넘게 필자와 함께 한 형제라고 이미 소개하였고 나머지 4명이 있는데 이들 모두 쉽지 않은 사람들이다. 아마도 혼자 감당할 수 있는 최대한의 인원이 아닐까 생각한다. 사람을 더 받게 되면 이들에게 잠자리는 제공할 수 있겠지만 이들의 친구가 되기에는 부족하다. 한 사람이 섬길 수 있는 숫자는 4명이면 족한 것 같다. 필자는 한국교회가 예배당의 일부를 개조하여 이렇게 노숙자들에게 의식주 문제를 해결해 주고 이들에게 필요한 상담과 치료를 제공해 주기를 바란다. 한국에도 '밥 퍼 목사'가 있고 노숙자들에게 밥과 빵을 제공하는 기관이 있지만 나는 교회가 이 일을 감당해야 하는 책임이 있고 이를 마다한다면 그 믿음은 '자신을 속이는' 믿음으로 보아야 할 것이다.

"너희는 말씀을 행하는 자가 되고 듣기만 하여 자신을 속이는 자가 되지 말라."(약 1:22)

다섯째, 교회가 모퉁잇돌 위에 세워진다면 변호사 사무실이 줄어들 것이다. 미국은 소송의 나라다. 매일 아침 새로운 소송이 뉴스를 장식하고 너도나도 우리 모두 소송하자 응원하는 나라이다. 필자도 몇 번 소송에 걸려보았지만 모두 다 무작위 소송으로 나를 해친 사람은 하나도 없다. 왜 이렇게 소송이 빈번하게 일어나는 것일까? 혹은 손해 배상을 요구하는 것이고 더러는 위자료를 또는 상해소송 등 우리 일상이 소송의 연장이고 모두 다 소송할 준비를 하고 살아가는 세상이다. 그러다 보니 교회도 소송을 일삼는다. 교회당을 놓고 소송하고 목회자와 장로가 소송하고 교인끼리 소송하는 일이 비일비재하다. 성경이 말하는 성도의 삶은 손해를 보는 것인데 돈 앞에 손해는 없고 소송만 있을 뿐이다. 예수의 삶은 손해를 본 삶인데 예수를 따르는 사람이 웬 소송? 성경은 분명히 하고 있다.

"그러므로 예물을 제단에 드리려다가 거기서 네 형제에게 원망 들을 만한 일이 있는 것이 생각나거든 예물을 제단 앞에 두고 먼저 가서 형제와 화목하고 그 후에 와서 예물을 드리라."(마 5:23-24)

"너희가 피차 고발함으로 너희 가운데 이미 뚜렷한 허물이 있나니 차라리 불의를 당하는 것이 낫지 아니하며 차라리 속는 것이 낫지 아니하냐."(고전 6:7)

모퉁잇돌 위에 세워진 교회라면 성도라면 소송이 아니라 손해를 보라는 것이다. 하지만 이 건은 논리이지 현실과 맞지 않다고 교회가 우긴다면 나는 성경 자체가 현실과 맞지 않는데 왜 예수를 믿는지 반박하고 싶다. 우리의 믿음은 비현실적이다. 보이지 않는 신을 믿고 대속하신 피가 우리를 구원하였다고 믿는 이 모든 논리가 비현실적이라는 것이다. 그러니 현실과 비현실을 따지지 말고 믿음을 가지려면 가르치신 분의 의도를 파악하고 실천해야 마땅한 것이다.

필자가 운영하는 재활원 가게를 오픈하기 위해 건물을 찾던 중 패터슨 옆 동네 Elmwood Park에 빈 건물이 있어 연락하였다. 마침 선교회를 후원하는 한인 교회에 다니던 교인이었다. 한국분과 계약을 마치고 마침 이분이 도시 관계자에게 물어볼 것이 있다고 통역을 부탁하여 필자가 이분과 함께 타운에 찾아갔다. 그런데 마침 도시 관계자가 우리가 들어갈 건물 앞에 도로 공사가 있을 것이고 그것이 얼마나 걸릴지는 알 수 없다고 우리에게 알려주었다. 도로 공사가 진행되는 동안 가게는 운영이 불가능할 것이 분명하여 결국은 가게 계약을 파기하였는데, 건물주는 이 계약을 파기한 것은 필자이기 때문에 두 달 보증금과 한 달 렌트에서 반만 돌려주겠다는 것이었다. 건물주는 이 공사가 있을 것을 알고는 있었지만 이렇게 오래 걸릴 줄은 자신도 몰랐던 것이다. 그런데 건물주보다 더 무서운 분이 함께 온 부동산 중개인이었다. 반만 받으시든지 아니면 법정에 가자는 것이었다. 결국 문제는 반만 받고 해결되었지만 상대가 성도이든 선교 단체이든 내가 손해 볼 이유는 전혀 없다는 것이었다. 오히려 반이라도 돌려주니 감지덕지해야 하는 것인지.

우리가 기도할 제목은 소송을 이기는 것이 아니라 내가 이 소송으로 누군가에게 아픔을 주게 된다면, 누구의 재물을 빼앗기 위함이라면 차라리 단념할 수 있는 용기를 호소하는 것이다. 모퉁잇돌 위에 세워진 교회와 성도라면 이 정도 용기와 결단이 있으리라 생각한다. 이런 전제하에 교회 땅값을 놓고 시 당국과 그리고 지역 주민들과 다투는 교회는 이미 그리스도의 교회가 아니라고 생각하면 되겠다.

교회가 모퉁잇돌 위에 다시 세워진다면 교인은 물론 사회가 덕을 볼 것이다. 더 이상 지탄의 대상이 아니라 세상을 끌어안는 선망의 대상이 될 것이다. 더러는 사탄이 교회를 핍박한다고 주장한다. 그래서 교회는 세상과 맞서 싸워야 하고 그것이 우리가 신앙을 지키는 방법이라고 굳게 믿고 있다. 필자는 '전혀 아니올시다'라고 생각한다. 이미 지적한바 있는 것처럼 은행에서 만난 분들이 교회에 대하여 못마땅한 것은 교회가 모퉁잇돌 위에 세워지지 못했기 때문이다. 그러다 보니 세금 혜택은 다 누리면서 사회에 환원하는 모습은 보이지 않고 오히려 세상보다 더 얄미운 행동을 하는 교회와 교인이 보이기 때문이다. 하나님이 당신을 사랑하십니다 말은 하는데 이들이 행동으로 그 사랑을 보이지 못하고 있기 때문이다. 이들이 교회에 대하여 등을 돌리는 이유는 교회가, 교인이 하늘나라 백성이라고 주장하며 세상이 하는 행동과 전혀 다르지 않기 때문이다.

필자가 수거하는 재활용품이 상당수 교회에 설치한 수거함에서 나오는데 여기에 가끔 포함된 것이 명품이다. 구찌, 샤넬, 디올 등이 필자의 눈에 들어올 때 한편으로는 반갑기도 하면서 다른 한쪽에는 아쉬움이 남는다. 반가운 이유야 당연히 이걸 가게에서 팔면 최소한 $80을 받을 것이기 때문이다. 겨울에는 재킷을 $10~$20 받기 때문에 그래도 매상을 올리는데 여름에 $2짜리 셔츠를 팔자면 어지간히 힘든 게 아니다. 그러다 보니 이렇게 명품 가방 하나가 몇 번이나 허리를 구부려야 얻을 수 있는 $80을 단 한 번에 만들 수 있기 때문이다. 반면에 교회를 다녀도 세상이 주는 기쁨을 피할 수는 없는 것인가 혼자 질문하며 아쉬움이 남는다. 가게에서 일하시던 권사님 한 분이 이렇게 말씀하셨다.

"저도 이전에는 이런 것 좋아했어요."

권사님께 다시 여쭈어보지는 않았지만, 그때 충동적으로 든 생각이 "지금은요?" 반문하는 것이다. 혹시 지금도 좋아하신다면....

그런데 이렇게 명품을 수거하여 가게로 가져가 직원에게 보여주니 또 한 번 아쉬움이 생기는데 '가짜', '모조품'이라는 것이다. 이때 생기는 아쉬움은 첫째, $80 풍선이 터진 것이고 둘째, 얼마나 명품을 좋아하면 가짜를 들고 다닐 정도일까 하는 안타까움이다. 역시 다시 한번 돈의 힘을 과시하는 세상과 그 세상에서 헐떡대는 교회를 본 경험이다. $80은 처음부터 없던 것으로 생각할 수 있지만 이렇게 세상과 손잡고 걸어가는 교회를 향해 내가 할 수 있는 일이 무엇이 있을까?

선교회로 전화가 왔다. 사업을 접으신 성도분께서 남아있는 신발을 전부 기부하시겠다는 것이다. Nike, North Face, Timberland 등 모두 새것으로 깡통 밴에 두 차를 실어 왔으니 그 금액은 몇만 달러에 다다를 것이다. 나는 평생 Nike 신발은 신어본 경험이 없는데 이번 기회에 나도 한번 신어볼 기회가 온 것이다. 돈이 없어서 못 신어본 것이 아니고 이해할 수 없이 비싼 가격에 필요를 느끼지 못한 것이다. 이렇게 엄청난 양을 Nike 신발을 받은 후 이 신발을 얼마에 팔아야 하는지 가격을 검색하며 어떤 신발은 Ebay에서 $300에 팔리고 있었다. 나는 이때 얼마나 Nike가 신발 시장에 자리 잡고 있는지, 또 얼마나 많은 디자인과 가격대가 있는지 놀랐다. 그리고 도대체 이렇게 많은 돈을 지불하고 신발을 구입하는 사람들을 이해할 수 없었다. 그래서 나는 이전에도 안 신었고 앞으로도 Nike를 신지 않기로 작정했다. 신발이 마음에 들지 않기 때문이 아니라 세상이 주는 만족함에 대항하는 혼자만의 반항인 것이다. 그리고 이 반항을 버지니아에서 올라온 학생들에게 소개했다. 물론 Nike를 신지 말라고 강요한 게 아니다. 내가 왜 Nike를 신지 않는지 이유를 알려준 것이다. 그것이 Nike이든 iPhone이든 아니면 명품 가방이든 세상이 좋아하는 모든 것을 똑같이 좋아한다면 과연 하나님을 믿고 안 믿고의 차이는 무엇이란 말인가?

세상이 좋아하는 많은 것 중에 또 하나 교인들도 좋아하는 것이 있는데 바로 '맛집'이다. 하나님이 주신 음식을 내 돈 내고 먹는데 무슨 잘못이 있을까마는, 우리에게 음식이 주는 Pleasure(만족감)가 우리의 삶에 얼마만큼 작용하는지 스스로에게 물어보자는 것이다.

한번은 어느 교회에서 초청하여 선교회를 소개하러 방문하였는데 교회로 향하기 전에 저녁 식사를 대접받았다. 그리고 담임 목사님과 함께 그날 나오신 분들이 대접한 고기로 오랜만에 저녁을 잘 먹었다. 그런데 고기를 먹으며 오가는 대화의 주제는 맛집이었고 그중 한 분이 한국의 호텔에서 경험한 뷔페식당을 소개하셨는데 죄송한 단어이지만 '미친' 가격에 '먹방 천국'이었다는 것이다. 필자도 이전에 먹방을 본 적이 있고 맛있게 구운 생선을 발라 먹는 모습을 보며 침을 흘린 적이 있다. 한국에 갈 기회가 있다면 시장에서 판매하는 해산물 식당에 가볼 의향이다. 하지만 어디까지나 여행의 일부로 한번 기회를 갖는 것이지 비싼 돈을 내며 이번 주는 이곳, 다음 주는 저곳으로 시간과 돈을 내 식감의 만족을 위해 사용한다면 이 또한 세상이 볼 때 별수 없는 교회와 교인으로 보일 것이다. 독자 중에 말도 안 되는 소리라고 이 책을 여기서 마칠 분을 위하여 성경 한 구절을 소개한다.

"음식은 배를 위하여 있고 배는 음식을 위하여 있으나 하나님은 이것저것을 다 폐하시리라. 몸은 음란을 위하여 있지 않고 오직 주를 위하여 있으며 주는 몸을 위하여 계시느니라."(고전 6:13)

우리의 배는 물론 몸 전체가 주를 위하여 있는 것이지 맛과 음란의 향락을 위하여 있는 것이 아니라는 것이다. 쉽지 않은 일이다. 먹는 것도 주의하고 입는 것, 신는 것, 모든 것을 주의하라면 귀찮아서 어떻게 하나님을 믿을 수 있을까? 물론 여기에서 알고 지나가야 할 것은 '하지 마라'가 아니다. 버지니아 대학생들에게 하지 마라, 신지 말라 하지 않았다. 더 나아가 학생들이 봉사 활동을 마치고 돌아가기 전에 가게에서 물건을 하나씩 선물하였는데 그중에 Nike를 선물로 받은 학생도 있다. 필자가 지적하는 것은 이 사회를 섬기는 교회가 되기 위해서는 우리가 알아야 할 것이 바로 이런 것이라는 것이다. 우리는 아무것도 손해 볼 생각이 없으면서 진리를 알고 있다고 타인을 가르치려 한다면 이것이야말로 언어도단이요 잃어버린 모퉁잇돌의 증거라고 할 수 있다는 것이다. 나는 물론 어느 누구도 내가 믿는 것을 남에게 강요할 수 없다. 하지만 내가 믿는 바를 삶으로 행할 때 사람들은 이를 궁금해하고 혹시라도 감동을 받아 진리를 탐구할 의지가 생길 수 있겠지만 겉과 속이 다른 교회와 성도를 본다면 여기에는 감동은커녕 지탄의 대상이 될 뿐이다.

그렇다면 이렇게 열심히 공부하고 일하는 목적이 무엇일까? 먹지도 말고 입지도 말고 사지도 말고 돈을 벌어서 어디에 쓰라는 말인가? 필자가 10대 후반으로 기억한다. 김동호 목사님이 이모부님이 시무하시던 시카고 성결교회에서 부흥회를 하셨는데 그때 하신 설교는 기억에 없지만 단 한마디가 아직도 귀에 생생하다.

"공부해서 남 주자."

그때 내 귀에는 진리로 다가왔다. 그리고 빨리 감기 버튼을 누르면 40여 년의 세월이 흐르고 지금 나는 김동호 목사님의 명언을 살짝 바꿔서 "돈 벌어서 남 주자"를 실행하고 있다. 돈이 잘 들어오지 않는다면 "돈 아껴서 남 주자"도 이론 중 하나이다. 교회가, 성도들이 열심히 번 돈의 일부를 사회로 환원한다면 과연 사회는 교회를 어떻게 바라볼까?

나는 내가 사는 삶을 누구에게도 강요하지 않는다. 심지어 내 자식에게도 강요하지 않는다. 다만, 혹시, 언젠가 아이들이 나를 이해하고 예수의 삶을 받아들이기를 바라며 기다리고 기도할 뿐이다. 필자가 처음 패터슨 공원에서 커피를 나눠줄 때 한국분이 길을 지나가다 신기한 듯 나를 찾아오셨다. 당시에 패터슨에서 사업을 하시던 분이었다. 그 후로 잊을 만하면 전화를 주시고 같이 식사하고 몇 번 만나다가 이제는 절친이 되었다. 아직 신의 존재에 대한 질문과 의문이 남아있어 성도라고 단정 지을 수는 없지만 부인의 요청으로 예배에 참여하시고 계시다. 이분께서 말씀하신 내용을 종합해 보면 오랜 시간 교회를 다니셨지만 예배만 드리고 오는 이유가 바로 교회에도 금수저 흙수저의 구분이 보이기 때문이다. 어떤 면에 이민 사회의 주일은 어쩌다 한번 명품 가방을 메는 날이고 명품 자동차를 타고 타인과 비교하러 교회에 가는 날이 아닐까? 특히 안정된 외곽에 위치한 교회가 그렇다. 성공의 명사 메르세데스 벤츠, 부의 상징 BMW 등은 기본이고 이 위에 몇 단계 더 높은 알지 못하는 자동차 모델이 상당히 있다. 언젠가 필자가 북부 뉴저지에 위치한 교회에 물품을 수집하러 들렸다. 파킹랏도 아닌 바로 교회 정문에 어쩌다 한번 보이는 모델로 번쩍 빛나는 벤츠가 주차되어 있었다. 누군가 급하게 교회에 일이 있어 입구에 세우고 들어간 것 같다. 명품을 든 사람에게 사회는 카메라를 들이대고 부러운 눈으로 이들을 바라보기 때문에 누구라도 기회가 된다면 모두 가지려고 하는 것이다. 경찰도 마찬가지다. '똥차'를 타는 사람과 명품을 몰고 다니는 사람을 다르게 취급하는데 이것은 사람 사는 곳은 어디든 마찬가지다.

교회는 이런 차별을 없애기 위해 노력해야 하는 곳이다. 가진 사람도 못 가진 사람도 동등하게 바라보고 오히려 가진 사람이 그 소유를 감춰야 하고 못 가진 사람이 혹시라도 자신의 치장에 주눅 들지 않도록 이들을 배려해야 하는 곳이다. 만일 교회 안에도 흙수저와 금수저의 차별이 있다면 이것은 목사의 잘못이고 교회 지도부가 먼저 들고 일어서야 할 일이다. 왜냐하면 한 영혼을 실족시키는 자에게 엄청난 경고를 하고 있기 때문이다.

"누구든지 나를 믿는 이 소자 중 하나를 실족케 하면 차라리 연자 맷돌을 그 목에 달리우고 깊은 바다에 빠뜨리우는 것이 나으니라."(마 18:6)

그것이 목사든 장로이든 한 영혼을 소홀히 하여 실족케 하는 자는 즉, '사형'감이라고 예수께서 직접 말씀하신 것이다. 그러므로 가진 자가 더 낮아지도록 노력하는 곳이 바로 교회이고 못 가진 자가 가진 자를 가르치는 곳이 하나님의 집이다. 그래서 성경은 가진 자를 따로 불러 경고하고 있다.

"너희 중에 분깃이나 기업이 없는 레위인과 네 성중에 거류하는 객과 및 고아와 과부들이 와서 먹고 배부르게 하라 그리하면 네 하나님 여호와께서 네 손으로 하는 범사에 네게 복을 주시리라."(신 14:29)

만일 이렇게 유심히 낮은 자리에 있는 사람들을 살피지 못하고 혹시라도 이들에게 상처를 입힐 경우 하나님의 경고는 어마무시하다.

"너는 과부나 고아를 해롭게 하지 말라. 네가 만일 그들을 해롭게 하므로 그들이 내게 부르짖으면 내가 반드시 그 부르짖음을 들으리라. 나의 노가 맹렬하므로 내가 칼로 너희를 죽이리니 너희의 아내는 과부가 되고 너희 자녀는 고아가 되리라."(출 22:22-24)

신약도 마찬가지다. 그 유명한 예수의 말씀은 교인이 아니어도 찾아볼 수 있다.

"낙타가 바늘귀로 나가는 것이 부자가 하나님의 나라에 들어가는 것보다 쉬우니라 하시니."(막 10:25)

그런데 예수의 형제 야곱은 한술 더 떠서 부자에게 회개하라고 경고하고 있다.

"들으라 부한 자들아 너희에게 임할 고생으로 말미암아 울고 통곡하라. 너희 재물은 썩었고 너희 옷은 좀먹었으며 너희 금과 은은 녹이 슬었으니 이 녹이 너희에게 증거가 되며 불같이 너희 살을 먹으리라 너희가 말세에 재물을 쌓았도다."(약 5:1-3)

모든 부자가 죄를 지었다는 것은 아니지만 부자가 되기 위해서는 더 많은 죄를 짓게 되는 현실에 우리가 처해 있기 때문에 이 길을 걷고자 하는 자에게 교회는 알려주어야 한다. 대부분의 사람은 이 길에서 실족하는 것이다. 그것이 바로 산상수훈이고 예수께서 일러주신 씨 뿌리는 자의 비유이다. 그렇기 때문에 가진 자는 더 큰 위험에 처에 있는 것을 교회는 지적하고 더 신중하게 살도록 지도해야 하는데 현실은 그렇지 못하다.

모퉁잇돌이 사라진 교회는 부자를 상석에 앉히고 이들은 이에 보답으로 더 많은 헌금을 내고 교회 건축에 일조를 하여 결국은 교회의 중직을 맡게 된다. 이런 목회자와 교회에 항상 나타나는 현상이 '깨지는' 교회다. 교회는 이 관계를 청산해야 한다. 교회는 갑과 을의 관계를 뒤엎는 단체이다. 우선 목회자가 낮아져야 한다. 집안에 목사가 많다 보니 성도들이 때마다 선물을 들고 오는 것을 목격했다. 절기 선물이 미덕이고 풍습이다. 목회자에게 선생에게 선물하는 것이 무슨 문제가 있을까마는, 목사도 인간인지라 자꾸 받다 보면 기대하게 되고 또 선물을 들고 오는 사람을 위해 더 기도하지 않겠는가. 불행인지 다행인지 모르지만 노숙자가 필자에게 선물을 들고 온 경우는 한 번도 없다. 26년 동안 이 자리에 있었지만 기억에 남는 선물은 하나도 없다. 반면에 뉴저지 모 교회에 설교하러 갔을 때 받은 기억은 뚜렷하다. 대형 교회다 보니 설교를 세 번 하였는데 첫 번째 설교를 마치고 과일을 먹었고 두 번째 설교를 마치니 인삼차와 떡이 나오고 세 번째 설교를 마치니 밥과 두둑한 돈봉투가 나왔다. 속으로 '와' 하면서 이런 대접을 계속 받다 보면 '내가 왕이다!' 하고 말 기분이었다. 다행히도 이 교회 담임 목사님은 결코 왕의 자리에 앉으신 분이 아니었다. 아마도 초청 강사들에게 이렇게 대접하시면서 자신에게는 결코 과한 대접을 용납하지 않으신 게 아닐까? 스스로에게 과하지 않게 자신을 비울 수 있는 분이라면 얼마나 많은 기도와 자기 성찰이 필요할까? 나는 아직 그런 자리에 서 본 경험이 없기 때문에 알 수 없는 일이다.

PART 19

내가 본 예수의 삶

|||||||||||||||||||||||||||||||||||||||||||||

예수께서 예수의 일을 하실 수 있었던 이유가 있다면 가장 먼저 인간이 가장 빈번하게 넘어지고 사단이 매번 재탕해도 되는 세 가지를 물리셨기 때문이 아닌가 생각한다. 바로 인간이 가장 필요로 하는 빵과 인간이 가장 원하는 권력, 그리고 모든 인간이 사모하는 재물이다. 모든 인간이 이 세 가지에 다 넘어진다. 빵이 없으면 도둑질을 해서라도 먹어야 하고 배가 부르면 재물을 찾기 위해 힘을 내고 마지막으로 힘을 갖게 되면 권력과 명예를 추구하게 된다.

예수 역시 공생애를 시작하기 전에 이 기본적인 인간의 한계를 넘어야만 하나님이 원하시는 일을 행할 수 있기 때문이다. 역시나 나도 이 시험에서 몇 번이고 넘어지는데 다행인 것은 내가 가고자 하는 '영광'의 길이 일찌감치 막힌 것이다.

선교회를 만든 지 얼마 되지 않았을 때 내 옆에는 젊고 의지 있는 사람과 많지는 않아도 경제적인 여유가 있는 분들이 함께해 주셨다. 그때는 뭐든지 할 수 있을 것 같았고, 그 용기를 가지고 뉴저지 북부 한인들이 많이 거주하는 레오니아에 위치한 공원에서 대규모 모금 행사와 함께 선교회 홍보 행사를 준비했다. 많은 후원자와 교회들이 동참하였고 라디오 광고를 통해 행사는 잘 준비되었다. 그런데 그날 따라 하루 종일 하늘이 어두웠고 가랑비가 많지는 않았지만 계속해서 가지도 오지도 않고 우리를 맴돌고 있었던 것이다. 행사는 치른 것이 아니고 견뎌냈다고 할 수 있겠다. 흐린 날씨로 인해 공원에 나오는 사람도 적었고 질퍽한 잔디밭에서 진행하는 행사는 하루 종일 하늘을 보며 불편한 마음을 가다듬어야 했다. 속으로는 우울하지만 겉으로는 행사에 참여하는 사람들에게 나도 없는 용기와 위로를 해드려야 했다. 그렇게 나의 자존심과 믿음은 박살이 났다.

그런데 더 큰 문제는 행사를 마친 후에 벌어졌다. 잔디에 주차했던 트럭이 물이 찬 땅에 계속해서 가라앉아 나올 생각을 안 하였던 것이다. 이리저리 바퀴를 돌려보아도 잔디만 망가질 뿐 바퀴는 더 깊이 가라앉았다. 결국은 경찰이 오고 경찰은 견인차를 호출하는데 일반 견인차는 감히 잔디에 들어올 엄두를 못 내고 까마득하게 먼 거리에서 쇠줄로 트럭을 끌어낼 수 있는 대형 견인차가 왔다. 결국 이날 올렸던 조그만 수입은 이 견인 비용으로 다 지출하고 그 후 고원 당국에서 잔디 보수 공사로 더 지출해야 했던 아름답지 못한 추억이 남아 있다.

지나와 돌아보면 이 행사를 통해 나는 또 한 번 실패를 경험하는데, 이 실패가 오히려 축복이 된 것이다. 이 행사가 망가진 행사임에 분명한데 이 행사 후에 한인회 임원과 연결이 되어 광복절 행사에 초청돼 영문도 모르고 참석한 기억이 있다. 혹시라도 이 행사를 성공적으로 마치게 되었다면 과연 나는 지금 어떤 자리에 있을까 상상해 볼 때 아마 정치적인 일에 관여하고 있지 않을까? 그렇게 승승장구 달리다가 코가 깨지고 하나님께 돌아온 탕자가 되지 않았을까?

결국 나는 이때까지 아무것도 이룬 것이 없는 무명의 고시원 쪽방에 사는 한 사람에 불과하다. 한 가지 이룬 것이 있다면 패터슨 한 허름한 건물에서 춥고 배고픈 사람들의 친구가 되어 이들에게 조그만 소망을 가질 수 있도록 촛불을 켜 놓고 이들과 추위를 이겨내고 있는 것이다. 하나님이 허락하시면 더 큰 불이 되고 싶다. 환한 등대가 되어 어두운 세상을 밝히는 빛이 되고 싶다.(빌 2:15)

또 한 가지 내가 본 예수의 삶은 결코 화려한 면이 없었다는 것이다. 그 유명한 이사야 53장에 표현한 대로 "고운 모양도 없고 풍채도 없은즉, 우리가 보기에 흠모할 만한 아름다운 것이 없도다."

그런데 우리는 예수의 모습에 아랑곳없이 예나 지금이나 아름다운 건물, 아름다운 예배, 아름다운 노래 등으로 우리들의 입맛에 맞는 맛집을 만드는 것이다. 나는 아름다운 것은 하늘에 있지 이 땅에 있는 것이 아니라고 생각한다. 하나님이 보시기에 아름다운 것은 하늘을 바라보며 애통해하는 우리의 가슴이다. 그리고 우리가 애통해야 하는 것은 모든 창조물이 오늘도 우리의 죄로 인하여 진통을 겪고 있기 때문이다. 그리고 위로하시는 분이 우리의 애통하는 가슴에 찾아오실 때 우리는 다시 용기를 내어 공의를 실천하기 원하여 애쓰며 자비를 베풀기 위해 우리의 가진 것을 내어놓고 오직 주만을 바라보며 그분과 함께 남은 여정을 함께 걷는 것이다.

우리 눈에 아름다운 것은 예수 앞에 제시한 마귀가 보여준 천하만국과 그 영광이다. 세기의 영웅들은 이 천하만국과 영광을 얻기 위해 목숨을 건 도박을 하였고 우리와 같은 일반인은 그보다 작은 사이즈의 영광을 얻기 위해 목숨은 아니어도 상당한 대가를 지불하는 것이다. 여기에서 우리가 지불하는 대가는 세상살이에 꼭 필요한 것은 아니다. 있어도 그만, 없어도 그만인 우리의 양심이다. 내 눈이 원하고, 몸이 원하고 내가 좋아하면 그만이다. 이를 위해 양심은 걸리적거리는 부속품일 뿐이다.

언제부터인가 필자도 한국인인지라 Netflix에서 한국 드라마를 보게 되었는데 얼마나 보았는지 더 이상 미국 영화가 눈에 들어오지 않게 되었다. 그 이유는 미국 영화는 대체로 말초신경 자극으로 시작해 무슨 내용이었는지 깊이가 없이 폭파시키고 때려 부수다가 끝나는 경우가 전부이기 때문이다. 사람의 관계와 감정의 깊이가 없는 국민학생용 필름이 대다수이기 때문이 아닌가 생각된다. 이에 반해 한국 드라마는 인간과 인간관계에서 일어나는 사건 속에서 사람이 느껴야 하고 알아야 하는 감성을 체험하도록 현대인들에게 처방해 주는 것이다. 그런데 드라마에서 공통적으로 다루는 주제가 재벌과 정치인의 관계 또는 정치인과 법조계의 관계에서 발생하는 '양심파산'이다. 예수께서 마귀의 제안을 어렵지 않게 물리치신 이유는 바로 눈에 보이는 아름다움이 결국은 파산된 양심이 가져오는 결과이기 때문이 아닐까? 그렇기 때문에 내 눈에 보이는 아름다운 것을 소유하려다가 결국은 하나님이 우리 안에 남겨 놓으신 선물마저 창문 밖으로 내동댕이쳐지는 것이다.

나이가 60이 되니 눈이 침침해져 더 이상 깨끗한 창문 너머로 보이던 산과 바다는 사라지고 뿌연 안개를 통해 사람들이 보이고 지나가는 차들이 보인다. 그런데 이것도 나쁘지 않다. 사물이 잘 보이지 않으니 내 눈이 쉼을 얻은 것이다. 내 눈이 사물에 대한 집중력이 떨어지니 마음에 바라는 것이 적어지는 것 같다. 사람들은 끊임없이 아름다운 것을 동경한다. 화려한 것을 추구하며 빛나는 자리를 쫓아

가지만 기억해야 할 것은 '거기에 예수는 없다'이다. 교회는 더 이상 눈에 보이는 아름다운 건물과 귀가 즐거워하는 아름다운 음악 그리고 교회의 자랑이 되는 '우리 목사님'을 내려놓고 우리 주님께서 찾아가신 배고픈 사람과 병든 사람 그리고 세상에서 버림받은 귀신 들린 자와 죄인들을 만나야 할 것이다.

PART 20

Ready for Take-off 이륙 준비 완료

|||||||||||||||||||||||||||||||||||||||||||||||||||||||||||||||||||||||||||||||||||||||||||||||||||||

　필자가 비행에 관심을 갖게 된 이유는 이전에 잠깐 소개한 것처럼 지인의 소개를 통해서이다. 아프리카에서 의료 선교를 하다가 이분이 미국으로 들어오며 가져온 비행기를 소개하였고 나는 그때부터 비행에 관심을 갖게 되었다. 그 당시 비행에 들어가는 비용이 얼마인지도 모르면서 괜한 관심을 갖게 되었다고 후회한 적도 있지만 나름대로 겪어본 일에 후회는 없다.

　이미 소개한 것처럼 선교회를 시작할 수 있었던 배경에 가족의 후원이 있었고 당연히 가장 큰 후원은 아내로부터다. 10년 동안 식당을 운영하며 뒷바라지를 하지 않았다면 필자가 여기까지 올 수 없었을 것이다. 그리고 아내가 식당을 처분할 무렵 필자는 뉴욕 교통국이 관할하는 음주 운전 교육에 참여하게 되고 그 뒤로 이제까지 이 프로그램을 운영하여 필자의 가족이 생활하게 되었다. 하지만 팬데믹을 거치며 모두 어려운 기간에 필자도 정부의 지원금을 사용하였고 그때 빌린 융자 금액을 아직도 갚고 있는 상황에 세스나 150을 더 이상 내 옆에 품고 있을 만한 여유가 없었다.

　비행에 관심을 가진 이유 중에 하나는 자비량 선교라는 나의 위치에서 음주 운전 교육 외에 다른 방법으로 나의 가족과 나를 먹여 살릴 수 있는 끊임없이 연구해야 하였기 때문이다. 뉴욕주는 아직 음주 운전 교육을 교실에서 대면 강의를 하지만 미국 내 여러 주는 인터넷 Virtual 교실로 변경하였다. 만일 뉴욕도 인터넷으로 이 프로그램을 전환하면 아마도 가장 큰 운영 단체가 단독으로 교통국과 계약하고 나머지 피라미 교실은 모두 폐업할 수 있는 가능성을 배제할 수 없는 상태이다. 그러다 보니 나는 비행으로 사업을 꿈꾸었다. 그러나 그것 역시 꿈에 불과했다. 비행으로 사업을 하기에는 나에게 재력도 시간도 없었기 때문이다. 비행 면장에는 개인 면장과 계기 면장, 상용 면장, 교관 면장이 있는데, 나는 상용 면장에서 두 번 낙방한 후에 이 꿈을 접어야 했다. 그리고 더 이상 비행을 지속하는 것은 무리고 낭비로 단정하고 아쉬운 마음은 있었지만 팬데믹 융자금을 갚는 데 일부 사용하고 어려운 선교회 살림에 일부를 사용하였다. 그러나 내 마음은 아직도 하늘에 있고 그때의 기억을 되새기며 혹시라도 때가 된다면 다시 이륙하고 싶은 마음이 있다. 하지만 그때가 이 땅에서 다시 오지 않는다 해도 나는 2차 계획이 있다. 날개도 없이 날 수 있는 날이 온다고 믿기 때문이다. 성경에 하늘에서 예수를 만난다고 했기 때문이다. 날개도 없이 하늘을 나는 기분을 생각하면 혼자 삼삼한 기분에 얼굴에 미소가 생긴다.

비행을 하기 전 조종사는 매번 비행기 동체를 면밀하게 살피고 Check list에 적힌 순서대로 작동을 시작하는데 여기에서 중요한 단계 중 하나가 비행기가 실을 수 있는 무게이다. 필자의 100마력 비행기가 실을 수 있는 무게는 '만땅' 가스와 함께 약 200kg 무게를 들어 올릴 수 있는데 필자와 함께 한 명이 탈 수 있는 무게이다. 워낙에 작은 비행기다 보니 옆에 누가 타는가에 따라 활주로의 길이가 더 필요하기도 하고 착륙할 때도 혼자 탈 때보다 더 빨리 비행기가 땅으로 떨어지는 느낌이 든다.

여기에서 비행을 잠시 소개하는 이유는 사람이 감당할 수 있는 한계가 있다는 것이다. 100마력의 세스나 비행기가 감당할 수 있는 무게가 있는 것처럼 누구나 다 감당할 수 있는 한계가 있다. 만일 무게의 한계를 넘어서면 잠시 이륙하는 듯하더니 잠시 후 비행기가 활주로 앞으로 곤두박질치게 되어 비행기와 조종사가 명을 다하게 되는 것이다. 교회도 교인도 마찬가지이다. 예수의 모습을 아랑곳없이 부와 명예를 과중하게 싣고 가다가 결국은 활주로 너머 강에 떨어지던가 숲으로 곤두박질치는 것이다.

하늘로 올라가기 위해서는 많은 준비가 필요하다. 그중에 꼭 필요한 조건 중 하나가 겸손이다. 물론 자연을 대하는 인간은 종교를 떠나서 모두 겸손해야 한다. 그것이 농부이든 어부이든 자연 앞에 놓인 인간은 정말 초라하다. 8억의 인간이 없어도 자연은 움직이고 차라리 인간이 없어진다면 자연은 저 아름다워지지 않을까?

필자가 신학교 재학 때 다녀온 여행 중에 브라질 농아학교가 있다. 미국 선교 단체를 통하여 한 달간 농아들과 지내며 여름캠프에 참여하였다. 그때 이들이 놓인 삶 속에 나는 많이 녹아졌고 내가 이들을 위해 할 수 있는 일이 정말 없다는 것을 다시 한번 느꼈다.

그중에 나를 엉엉 울게 만든 사건이 있는데 그 캠프에 참여한 학생 중에 상당수가 태어나면서 가지고 온 병이 아니라 어린 시절 고열로 병을 앓다가 병원에 갈 비용이 없어서 귀가 멀게 되었고 자연히 말을 배우지 못한 것이다. 그렇게 많은 아이들이 모여 있었는데 그중에 필자에게 친근하게 다가온 남매가 둘 다 이렇게 농아가 되었다는 소리에 나는 내가 어린 시절에 겪어본 아픔 때문인지 이들의 고통이 바로 나의 고통이 되는 듯하였다.

하루는 이 아이들과 선교사를 따라 그 동네 폭포를 찾아갔는데 그 이름이 무엇인지 기억이 안 나서 인터넷 사진을 비교해 보니 내 기억과 가장 근접한 사진이 Salto do Itiquira인데 지금으로서는 확인할 방법은 없다. 다만 여기서 느낀 점을 나누고 싶은 것이다.

먼저 폭포를 위에서 내려다보고 절벽을 돌아 내려가 아래서 위를 쳐다보았는데 그때 드는 생각이 내가 여기서 떨어져 죽는다면 과연 무엇이 달라질까 하는 질문이다. 물론 가족이 슬퍼할 것이다. 하지만 아내는 계속 아내의 인생을 살고 아들은 엄마가 잘 키울 것이고 그다음 생각이 바로 여러분께 드리는 선물이다.

여러분과 나는 있어도 그만 없어도 그만인 존재다. 그냥 주어진 삶을 성실하게 살다가 가는 것인데 어쩌면 우리는 너무 많은 것을 계획하고 바라고 실망하고 화내다가 정작 알아야 할 것을 놓치고 떠나거나 혹은 너무 늦게 알게 되어 후회하며 떠나는 것이다. 교회도 마찬가지다. 그리스도의 사명을 받았기 때문에 큰일을 해야 한다는 생각이나 우리가 아니면 저 사람이 구원을 받지 못하여 죽게 된다는 생각을 버리고 우리는 일단 우리를 가볍게 하는 데 집중해야 할 것이다. 물건을 수거하러 갈 때마다 느끼지만 우리는 너무 많은 것을 소유하고 필요 없는 이름과 신분에 모든 것을 바치다가 모두 허무하게 떠나는 것을 수없이 보았다. 왜 미리 내려놓고 미리 나눠 주고 항상 주님과 만날 날을 준비하며 살 수 없는 것인지 안타까울 뿐이다. 조그만 엔진이 들어 올릴 수 있는 무게는 제한되어 있는데 우리는 너무 많은 것을 실으려다 보니 제한 무게를 넘어서 결국 비행기가 뜨지 못하는 것처럼 우리 인생도 꼭 가져가야 할 것보다 필요 없는 것으로 가득 채우고 결국은 천국에 가지 못하는 것이다.

조종사들이 주의해야 할 태도 중에 "Macho Attitude"인데 자신을 너무 신뢰하는 태도이다. 하늘을 나는 조종사는 특히 겸손해야한다. 왜냐하면 하나님 안전에서 오고 가기 때문이다. 땅도 바다도다 하나님 것인데 그중 하늘은 더 신의 영역이라고 나는 생각한다. 왜냐하면 하늘은 우주로 가는 관문이고 우주는 미지의 세계, 즉 하나님의 영역이다. 필자는 우주에 대한 생각은 가능한 기피한다. 왜냐하면 우주는 나를 복잡하게 하고 답도 없는 질문이 나를 너무 답답하게 하기 때문이다.

성경을 읽다 보면 대부분의 질문은 답이 나온다. 이 세상의 시작과 끝 인간의 이전, 현재 그리고 장래의 모습 등 정말 지혜를 주는책이다. 그런데 인간이 살기 위해 알아야 할 것을 다 포함되어 있지만 신의 영역에 관해서는 자세한 내용이 없다. 특히 우주의 모습은정말 미비하다. 아마도 그곳은 신의 영역이고 우리가 몰라도 되거나몰라야 신상에 좋기 때문이 아닐까? 이세계에 다녀왔다는 목사도있고 교인도 있다고 하는데 나는 전혀 이분들의 간증에 관심이 없다. 왜냐하면 이분들은 코끼리 다리를 붙들고 코끼리는 나무라고 할사람들이라고 생각하기 때문이다. 나는 기다릴 것이다. 우주의 끝이어떻게 생겼는지 천국이 과연 어떤 곳인지 기필코 알아내고 말 것이다. 물론 하나님이 허락하시면. 그때까지 우리는 모르는 게 너무 많다. 그렇다 보니 내 생각 역시 우물 안의 개구리다. 30여 년 사람을보다가 깨달은 것도 40년을 대하고 나면 또 어떻게 달라질지 아무도 모르는 것이다.

조종사와 목사의 관계는 참 비슷한 부분이 많다. 그중 하나가 바로 하늘을 누비고 다니는 것이다. 조종사는 비행기로 누비고 다니지만 목사는 삼차원 하늘을 넘어 사차원 하늘에 있는 듯하다. 바로 하나님의 전에 나가는 사람이다. 그래서 더욱 겸손해야 한다. 조종사들이 매일 창공으로 날아오르기 전에 자신의 심신 상태와 비행기를 점검하듯이 목사들도 이 점에 있어 두려운 마음으로 하늘로 올라야 할 것이다.

여기에서 두려운 마음은 이 일이 먹고 살기 위해 하는 일도 아니고 나를 꽝 나게 하는 일도 아니어야 한다는 것이다. 왜냐하면 이런 준비나 자제가 없으면 조종사도 목사도 다 하늘에서 떨어질 수 있기 때문이다. 그런데 필자의 경험에 의하면 하늘에서 떨어지는 확률은 조종사보다 목사가 더 높다. 이유는 간단하다. 조종사는 많은 규정을 지켜야 하고 이 직업을 유지하기 위해서는 끊임없이 관리를 받아야 하기 때문이다. 조종사는 면장을 일 년이나 이 년에 한 번 갱신하는 데 이때 간단한 신체검사를 받는다. 그리고 최하위 수준인 개인 면장을 소유한 조종사도 이 년에 한 번씩 교관과 함께 비행하며 느슨해진 비행 운전과 자세를 점검받아야 하는데, 사람을 운반하는 항공사 직원은 더 말할 나위 없다. 또 비행 기종이 바뀔 때마다 이에 따르는 비행시간과 훈련을 받게 되는데 목사는 한 번 안수 받으면 끝.

또 한 가지 다른 점은 FAA에서 조종사의 모든 움직임을 보고 있다는 것이다. 필자가 비행하면서 저지른 실수가 수차례 있는데 이 중 하나는 접근 금지 명령(TFR: Temporary Flight Restriction)을 어긴 것이다. 필자가 거주하는 곳이 맨해튼 근방이다 보니 대통령이 방문할 때마다 그 주변 뉴저지까지 통행 금지 명령이 떨어진다. 그날이 바로 금지된 날이었지만 동네에서만 왔다 갔다 하는 나에게 그 주의보를 알려준 사람이 없었던 것이다.

물론 조종사는 이것도 매번 살펴야 하는데 일 년에 한 번 있을까 말까 한 이 주의보를 살피지 않았던 것이다. 그날도 혼자 비행 훈련을 마치고 집으로 돌아가는데 누군가 나에게 전화하여 공항으로 다시 돌아오라고 하였다. 무슨 영문인지도 모르고 공항에 돌아온 나를 기다리던 사람들은 국토안전부 요원이었고 이분들은 나에게 미란다 원칙을 고지한 후에 질문을 시작했다.

다행인 것은 필자가 출발한 공항은 Lincoln Park 공항이었고 이곳은 금지 구역 외부에 위치하고 있고 나의 항로는 맨해튼 반대 방향, 즉 금지 구역 밖으로 나갔던 것이다. 만일 Lincoln Park에서 맨해튼 방향으로 비행하였다면 미 공군 F-16 전투기가 필자의 항로를 막아섰을 것이다.

이런 일은 상상이 아니라 민간 항공계에 종종 일어나는 일이다. 나는 변호사를 선임할 필요가 없다고 말하고 있는 그대로 대답하였다. 그리고 차후에 FAA에서 벌칙을 받을 것이라고 하였는데 다행히 이 일은 이대로 마무리되었다. 이처럼 FAA는 내가 어디 사는지 언제 비행하였는지 모든 것을 통제하고 있는 반면 목사는 하나님의 레이더 아래 있지만 우리의 귀가 둔해지며 하나님의 미세한 음성을 듣지 못하거나 무시하다가 자기도 하늘에서 떨어지고 교회도 추락하게 된다.

나는 하늘을 나는 동안 항상 감사하며 주제넘는 기회를 주신 하나님께 감사드렸다. 비행기는 인간의 지식과 지혜가 만들어 낸 명작 중 하나이지만 하늘을 가로지르는 행위는 결코 당연하게 여겨서는 안 되는 경건한 직업이라고 생각한다. 물론 배를 모는 선장도 마찬가지일 것이다. 하물며 하늘을 창조하신 하나님 앞에 얼마나 더 경건하고 낮아져야 할까? 내가 매번 하늘로 날아오를 때는 하나님의 이름을 불렀다. 무서워서 부르고 감사해서 부르고 위대해서 부르고 무한한 하늘이 나에게는 너무 크고 웅장하여 이 큰 창조물 위에 계신 분의 이름을 부르는 자체가 부끄러웠다. 내가 경험한 하늘과 하나님은 나에게 많은 것을 주셨는데 그것은 첫째 극히 무의미한 나에게 지극히 무한한 하늘을 품게 하신 것이다.

이미 말한 것처럼 나는 있어도 그만 없어도 그만인 존재다. 그런 나에게 하늘에 계신 하나님이 찾아오셔서 내 삶에 새로운 지평을 열어주셨는데 바로 무한한 가능성이다. 이 글도 그 가능성을 보고 쓰는 것이다. 결과는 하나님의 것이고 나는 그냥 하루를 낭비하지 않고 보내도록 노력할 뿐이다. 나는 건축할 재력도 없으면서 건축 설계사가 그린 도면을 이미 패터슨 도시 개발 오피스에 제출했다. 수백만 달러에 달하는 건축 비용은 둘째 문제다. 나는 그냥 하늘의 섭리에 맡기고 내 일을 할 뿐이다. 하지만 믿어 의심치 않는다. 나의 꿈이 하늘이 주신 꿈이라면 하나님이 이루실 것이라고.

둘째, 내가 하늘을 품을 수 있었던 것은 나의 노력으로 된 것이 아니다. 이미 몇 번이나 죽을 고비를 넘겼지만, 나는 그냥 바람이 가는 대로 내 몸을 맡겼을 뿐이다. 어려서 죽을 수 있었고, 사춘기에 차 사고로 죽을 수 있었고 이십 대에 자해로 죽을 수 있었고 그 후로 계속해서 이생과 저생 사이에 있었지만 나는 그분의 손에 붙잡혀 끌려왔을 뿐이다.

필자가 비행하며 몇 번 위기가 있었는데 그중 하나가 바람의 위력을 잘 알지 못한 이유다. 바람뿐 아니라 비행은 날씨에 민감하게 반응하기 때문에 조종사가 되기 위한 필수 조건이 날씨에 대한 지식이다. 그날은 Orange country airport에서 혼자 훈련을 하고 있었는데 바람이 무척 센 날이었다. 혼자서 밀어도 움직이는 비행체이다 보니 조그만 바람에도 흔들림이 심한 비행기다. 공항에 착륙하기 위해 정해진 항로를 따라 원을 그리고 마지막으로 활주로와 일 자가 돼야 하는데 왼편에서 바람이 너무 세게 불며 나는 벌써 멀찌감치 밀려가 있었던 것이다. 그럼에도 불구하고 계속해서 활주로와 일 자를 만들려 하다가 비행기가 한쪽으로 너무 기울어졌다. 바로 여기서 비행기가 Stall에 걸리게 되는데 제어 장치가 말을 듣지 않고 비행체가 땅으로 다이빙하는 것이다. 물론 조종 훈련 중에 Stall recovery 과정은 있지만, 이것 역시 땅에서 너무 가까워서 비행체를 바로잡기에는 너무 늦었다. 다행히 내 비행 기술인지 아니면 내 때가 아직 안 돼서인지 착륙은 성공이었다. 비행기를 끈으로 고정시키고 공항 직원이 사용하는 오피스에 들어가서 잠깐 휴식을 취하려 할 때 이렇게 바람이 심한데 비행기를 끌고 온 정신 나간 친구가 누구인지 나를 보러 온 직원이 말하였다.

"너의 비행기가 너무 기울어서 땅에 떨어지는 줄 알았다."

다음에는 그렇게 무식하게 비행하지 말라고 우려 섞인 목소리로 타이르신 것이다. 무식이 용감하다고 지금 생각하면 그때 나의 비행기는 물로 내 운명도 끝날 수 있었다.

셋째, 나는 세상을 위에서 보는 경험을 하였다. 비록 바울의 삼층천은 아니지만 세상을 위에서 볼 때 다시 한번 겸손을 체험하게 된다. 집들이 내 손가락만 해지고 농지가 한눈에 들어오고 산과 강과

도시가 다 한눈에 들어온다. 이것은 경비행기를 몰고 해발 8,000피트에서 내려다본 경험이다. 이렇게 세상을 위에서 내려다보면 모든 것이 겸허해진다. 저만치 내 발밑에서 수많은 사람들이 오늘도 고생하며 돈을 모아 조그만 집이라도 마련하려고 노력하는 것을 생각할 때 우리의 삶이 가련하게 느껴진다. 그리고 조그만 집에서 더 큰 집으로 옮겨 보려고 더 열심히 일하는 사람이 있고 또 저택을 구입하여 친구들과 와인을 마시며 축하하는 모습이 다 그림처럼 다가온다. 하지만 하늘에서 보는 집은 다 똑같다. 30만 달러짜리 집도 300만 달러짜리 집도 다 성냥갑이다. 그렇게 치열하게 경쟁하다가 때가 되면 돌아가는데 이 굴레에서 벗어날 수 있는 사람은 얼마나 될까? 저 조그만 성냥갑 하나를 소유하려고 돈을 벌기 위해 노력해야 하는 인간의 삶이 초라하게 느껴지고 또 저 도시 안에서 벌어지는 치열한 삶을 멀리서 바라보면 하나님이 인간을 보실 때 참 슬프시겠다는 생각이 들었다. 그러다 보면 그냥 하늘로 더 높이 올라가 이 땅과 작별하고 싶은 충동이 생긴다.

너무 바쁘지 않다면 나는 모든 사람이 하루의 일과 중에 하늘을 바라보는 시간을 가졌으면 하는 생각이 든다. 필자 역시 더 이상 비행할 수 있는 기회는 없지만 때만 되면 하늘을 본다. 그리고 남들보다 하늘을 더 많이 보는 이유가 있는데 그것은 비행기가 지나갈 때마다 하늘을 보는 것이다. 필자가 거주하는 패터슨 지역으로 경비행기가 지나가고 거대한 항공기가 지나가기 때문에 하늘을 자주 보게 되는 것이다. 이 중에 낮게 뜬 경비행기가 소음을 내며 지나갈 때마다 나는 하늘을 한 번 더 쳐다보고 휴 하며 한숨을 내쉬는데 더 이상 이륙할 수 있는 동체가 없기 때문이다. 하지만 이 역시 잠깐씩 경험하는 객기이다. 나는 하늘 아래 우리가 수고하고 노력하는 것 중에 하늘로 가져갈 수 있는 것이 얼마나 될까 모든 사람이 생각해 보기를 바란다.

특히 교회와 성도들은 이 생각을 꼭 해봐야 할 것이다. 하늘로 가져갈 수 있는 것을 위해 노력한다면 우리의 삶이 좀 더 부드럽고 인자해지지 않을까? 이 땅에 있는 것을 소유하기 위해 기를 쓰며 싸우고 그리고 소유한 것을 보여주고 싶어서 안달 내다가 결국은 다 잃어버리고 가는 것이 인생인가 보다.

넷째, 나를 단순하게 하셨다. 거대한 하늘과 하나님 앞에 나는 거룩할 수도 겸손할 수도 없다. 마치 5천 피트 위에서 내 몸을 비행기와 분리시킨다면 그냥 떨어져 사망하는 것처럼 나는 비행기가 있어서 공중에 있는 것이고 하나님이 계시기 때문에 오늘도 숨 쉬는 것이다. 이처럼 아무것도 아닌 다 고만고만한 인간들이 서로 내가 더 크고 똑똑하고 잘살고 도토리 키재기를 하고 있다. 그래서 나는 포기했다. 그냥 있는 그대로 살기로 했다. 물론 무책임하게 살겠다는 것은 아니다. 가식과 포장을 하지 않으려고 노력하려는 것이다. 그렇다, 이 시대는 포장이 상품이다.

지난 크리스마스에 수거함이 위치한 파킹랏을 허락하신 사장님들께 과자 한 봉지를 선물하였다. 그리 싼 과자는 아니지만 내용물보다 포장이 더 화려하였다. 나는 이 시대의 모든 것이, 우리 눈에 보이는 사물이 다 과장이고 포장이고 직간접적 사기와 거짓으로 충만하다고 생각한다. 그래서 나는 포장을 벗기는 전문가가 되고자 한다. 남의 포장은 둘째 문제고 일단 나를 둘러싼 포장을 벗겨 내는 일이 우선순위다. 그러고 나서 교회의 포장을 벗겨 내고자 한다. 교회는 내가 사랑하는 그리스도의 몸이라고 하였는데 어느새 아무나가 점령한 요새가 되어 양보다는 늑대가 모이는 집단이 된 곳이 허다하기 때문이다. 복잡한 교회의 구조를 무너뜨리고 대기업처럼 세련된 껍질도 벗겨 내어 만민이 기도하는 집, 사회의 약자와 소외된 자가 하나님의 사랑을 체험하는 곳이 되도록 노력하고자 한다. 교회와 교인은 가진 것을 내려놓고 단출하게 여행길을 나서야 할 것이다. 그리스도와 손잡고 가려면 툴툴 다 털어내야 한다. 거대한 십자가도 필요 없고 아름다운 예배당도 필요 없다. 줄 수 있는 것은 다 나눠 주고 빈손으로 가야 하는 길이 진리의 길이고 자유의 길이다.

다섯째, 하늘의 것을 사모하게 하셨다. **야고보서 1장에 "모든 선하고 완벽한 선물은 위로부터 온다."**고 하고 세상이 주는 것에 속지 말라고 우리에게 권면하고 있다. 하늘에서 본 것이 너무 위대하기 때문일까 아니면 하늘에서 보지 말아야 할 너무 완벽한 것을 보았기 때문인가. 그에 비해 내가 본 세상은 불안한 세상이다. 모든 것에 허점이 있고 불공정이 있고 모순덩어리다. 물론 그나마 하나님의 말씀 (성경)이 나에게 길을 보이시고 소망을 갖게 하고 꿈을 꾸게 하시니 나는 감동으로 살아간다. 그러다 보니 하늘의 것이 더욱 간절하게 기다려지고 보고 싶고 갖고 싶은 것이다. 물론 눈으로 보는 하늘이 주는 것은 한계가 있다. 그 이상을 보아야 한다. 나는 교회와 성도들이 모퉁잇돌, 예수 위에 세워질 때 이 완전한 하늘의 것을 볼 수 있다는 것을 알려주고자 한다.

조종사의 위험한 태도가 또 하나 있는데, 바로 "빨리 빨리 (Impulsivity)이다. 시간에 쫓기거나 우리의 작은 실수를 대수롭지 않게 여기고 목적지에 달성하고 싶은 욕망이다. 바로 모로 가도 서

울만 가면 된다는 사고방식이다. 한국 식품점에서 일하는 남미 사람들도 이 단어를 사용하는 것을 본 적이 있다. 한국 사람이라면 누구나 가지고 있는 장점 중에 하나인데 이것이 조종사들에게는 큰 사고를 유발하는 태도 중 하나인 것이다. 하물며 목회자들에게 얼마나 치명적인지 성공을 목표로 목회하거나 눈에 보이는 것을 향하는 부지런히 가다 보면 결국은 막다른 골목에 다다르는 것이다. 그러는 사이 모퉁잇돌은 빠져나가고 비틀거리는 교회와 교인들은 상처를 안고 교회를 떠나거나 아예 진리를 거부하는 자리까지 떨어진다.

　오랫동안 부모님과 함께 교회에 따라다니며 교회에서 자라난 청년이 자신이 겪은 교회의 갈등을 필자에게 털어놓은 적이 있다. 선교회에 봉사하러 오면 잠깐씩 필자와 대화하던 훌륭한 청년이 언제부터인지 다니던 교회에서 떠나 자신이 전공한 철학을 바탕으로 예수가 아닌 다른 진리를 찾고 있었던 것이다. 물론 아버지의 심정으로 이 친구가 언젠가는 돌아올 것이다 생각은 하지만 그때 나는 좀 더 이 청년에게 관심을 가지고 인도하지 못한 것을 후회했었다. 다행인 것은 아직도 필자와 교류 관계가 있고 이 친구 역시 필자를 형으로, 친구로 생각하니 때가 되면 다시 진리의 길이 어느 만큼 진행되었는지 물어볼 것이다. 진리는 이전에도 그리고 앞으로도 항상 우리 곁에 있지만 이를 보는 일은 참 어렵다. 일단 눈에 보이는 것을 찾는 인간이다 보니 진리에 관심을 갖는 사람이 없고, 둘째, 진리는 우리가 원하는 것을 주는 게 아니기 때문이다. 우리가 원하는 것은 다 우리 눈에 보이고 나를 좀 더 편하고 행복하게 하는 사물이다 보니 그것을 취하기 위해서는 남보다 빠르게 머리 회전 능력이 있어야 하고 남보다 먼저 그 계약을 성사시켜야 하는 것이다.

필자가 처음 선교회를 시작하였을 때 패터슨에서 자전거 가게를 운영하시는 한국 노부부가 계셨다. 가끔 시간이 될 때 가게에 들러 인사드리며 대화를 나누었는데 그때 그 권사님이 하신 말씀 중에 나의 정곡을 찌르는 말이 있었다.

"목사님이 똑똑했으면 여기 있지 않았다."

권사님의 의도와 상관없이 듣는 사람은 기분이 썩 좋지 않았다. 내가 '모자란 사람'이라서 여기 있다는 말인가? 사실 나는 똑똑한 사람이 아니다. 그러다 보니 부와 명예를 가져 본 적도 없고 남에게 자랑할 만한 것도 없고 아무것도 없는 빈털터리다. 그러다 보니 나도 무엇인가 보여주려고 패터슨에서 평생 파묻혀 있는 것일 수도 있겠다. 그런데 너무 나이를 먹어서일까? 이러면 어떻고 저러면 어떠랴, 모두다 가는 길은 한 방향이고 그 끝은 다 무덤인데. 좀 더 가져보고 좀 더 누려보고 좀 더 휘두르다가 떠나면 속히 후련해질까? 빨리빨리 무덤에 가려고 애쓰기보다 이제는 우리가 가진 것을 나눠 주는 너그러움이 인자함이 예수를 따르는 자들에게 임한다면 얼마나 좋을까.

비록 똑똑한 사람은 아니지만 나 역시 목표를 향해 빨리빨리 달려보았다. 더 빨리 가다가 사고도 내 보았고 지름길로 가려다가 오히려 더 먼 길로 들어선 적도 있다. 이제는 속도를 줄이고 더 조심해서 나머지 시간을 하나님께 드리고자 한다. 쓸 만한 물건은 아니지만 하나님 혹시 필요하시면 쓰세요. 주님의 길에는 '빨리빨리'가 없다. 답답하지만 이 길은 너무 천천히, 느린 길이다. 왜냐하면 모두가 무지하여 깨닫지를 못하기 때문이다.

PART 21

이제 남은 나의 삶

||||||||||||||||||||||||||||||||||||||||||

    만 60을 바라보며 하나님께 감사드리는 것은 내가 해보고 싶은 일은 거의 다 해보았다는 것이다. 여기에서 하나님이 허락하시면 앞으로 더 나갈 것이고 그만하라고 하시면 감사합니다 하고 내려놓을 것이다. 나는 세상을 가장 아래서 올려다보았고 또 주제넘게 높은 곳에서 내려다보았다. 그 안에서 서로 죽이고, 빼앗는 사건을 매일 목격하며 사람들의 울부짖는 소리를 들었다. 더욱 놀란 것은 그리스도의 몸이라는 교회가 수천 년 동안 하나님의 사랑보다 인간의 사랑을 받으며 권력자들과 협력하여 낮은 자들과 약한 자를 강탈하고 수탈을 이어온 것이다. 이러한 역사적 배경과 비교할 때 지금의 교회는 한결 약자의 편에 서 있는 것이다.

    하지만 기억해야 할 것은 이전에도 그랬고 지금도 교회는 충분히 양의 탈을 쓴 늑대가 인도하는 단체가 될 수 있고 또 떼거리로 몰려다니는 늑대의 무리가 될 수 있다는 것이다. 미국을 기독교 국가로 만들겠다는 복음주의자들이 그렇고 한국에서 땅을 놓고 지역 주민과 시비를 벌이는 교회들이 그러한 단체다. 이런 부류가 되지 않기 위해서는 내려놓아야 한다. 편한 것을 내려놓고 화려한 것을 무너뜨리고 스스로 불편하다고 느낄 때까지 우리가 가지고 있는 것을 내려놓아야 한다. 교회가 가지고 있는 수많은 건물과 땅이 교인에게 편리함을 줄 수는 있어도 하나님의 사람을 양육하고 사회에 빛을 발해야 하는 교회의 책임을 못 하게 하기 때문이다.

나는 역사 속에서 교회가 수없이 많이 저지른 범행으로 인해 가슴이 아리다. 특히 유럽의 교회 역사에 담긴 범죄로 드러난 사람의 악함으로 인해 기운이 빠진다. 나는 한국교회만이라도 이런 전철을 밟지 않기를 바란다. 세상과 돈과 권력과 명예를 모두 내려놓고 겸손히 가난한 자 궁핍한 자를 위해 존재하는 교회가 되기를 소망한다.

하나님이 허락하시면 나는 나머지 시간을 다음과 같은 일에 사용하고자 한다.

첫째, 이미 계획한 대로 패터슨에서 자라나는 가난한 가정의 아이들을 위하여 내 남은 삶을 사용하고 싶다. 그러기 위해서는 내가 1인 3역을 해야 한다. 그러기 위해서는 건강해야 하고 하나님이 건강을 주셔야 가능한 일이다. 깨끗한 환경에서 이들에게 경쟁력 있는 학업을 갖게 하고 부모의 가난에서 벗어나 사회의 일원이 되도록 예수의 이름으로 이들을 지원할 것이다. 아이들의 종교가 기독교이든 이슬람이든 상관없다. 나는 예수의 이름으로 모든 일을 하고자 한다. 이 아이들이 예수를 믿으면 좋겠지만 그것은 내 몫이 아니다. 그러나 우리의 섬김이 이들을 감동시킬 수 있다면 하나님께서 분명히 아이들의 마음에 사랑을 심을 것이다. 그리고 그 사랑은 인간에게 보여준 최고의 사랑, 십자가의 사랑을 보게 될 것이다.

둘째, 사회의 그늘에서 죽어가는 영혼을 살리는 일을 계속하고자 한다. 죽어있는 영혼을 살려내는 일은 고달픈 일이다. 하지만 이

보다 값진 일이 이 세상에 얼마나 더 있을지 나는 잘 모른다. 그래서 나는 이 일을 허락하신 하나님께 감사드린다. 의사가 하는 일이 죽어가는 사람을 살리는 일이라면 나는 패터슨에서 죽은 영혼을 살려내고 있는 것이다.

의사가 시술하여 살리는 사람이 몇 %인지 알 수 없지만 나는 이제껏 10%의 생명도 살려내지 못하였다. 하지만 지금부터는 달라지리라 생각한다. 왜냐하면 이전에 나는 일개의 한국 사람이었다. 열심히 일하고 이들에게 근면 성실을 가르치려 한 것이다. 하지만 이제는 다르다. 나는 흙이다. 한국 사람도 미국 사람도 아닌 한 줌의 흙이다. 하나님의 능력이 앞으로 이 흙을 통해 나타나 이전에 없던 놀라운 일을 만드시기를 기도드린다. 그래서 한 영혼이 하나님의 영으로 새로운 사람이 될 때마다 나는 하나님께서 주시는 구름을 타고 하늘을 비행할 것이다.

셋째, 예수를 따르는 청년을 양육하는 일을 하고자 한다. 교회를 다니는 성도는 많지만 예수를 따르기 위해 가진 것을 던지는 사람은 많지 않다. 그렇기 때문에 가져보기 전에 준비시켜야 몇 명이라도 건질 수 있지 않을까? 미리 준비한 사람은 넘어질 확률이 적다. 사회로 나가 '돈' 맛을 보기 전에 돈을 어떻게 써야 하는지 선교회를 통해서 가르치고자 한다. 낮에는 아이들을 가르치고 오후에는 그리스도 예수를 따르는 길을 배워서 이 사회가 필요로 하는 사람이 되기 전에 예수께서 필요로 하는 사람이 되는 데 나를 이용하기 원한다.

지금도 이스라엘과 하마스는 서로를 향해 미사일을 쏘아 대며 사람이 죽어 나가도 서로의 땅을 주장하며 양보하지 않고 있다. 한편은 유대교의 본산지이고 또 한쪽은 이슬람의 무장 세력이다. 교회사에 나타난 로마교회와 동방정교가 천 년 동안 기 싸움을 하는 동안 교회는 권력과 재물의 흐름을 놓고 투쟁하였고 그 후 로마교회는 또 하나의 적을 만나 가지고 있던 상당수의 땅과 돈을 개신교 수장들에게 내어주게 된다.

그 후 로마교회는 또 한 번 갈라지게 되는데, 영국의 헨리 8세가 자신이 교회의 머리라고 주장하여 거대한 돈과 권력을 상실하게 된다. 마찬가지로 로마교회와 갈라진 개신교는 갈래갈래 찢어져 이 시대의 젊은이들은 종교가 무엇이고 이들이 추구하는 것이 무엇인지 더 이상 관심이 없다. 그사이에 교회는 가톨릭이 판매한 면죄부와 비슷한 방법으로 교인들에게 '평안하다 평안하다'를 주문처럼 외우게 하며 교회 안에 우리의 몸과 마음을 가두고 사회와 벽을 세우게 하였다. 나는 이 벽을 부수고 교회가 세상을 향해 빛을 비추기를 바란다. 그 빛은 예수께서 죄인 된 우리를 살리시기 위해 자신을 내어주신 것처럼 교회도 사회를 위해 예배당과 교회가 쌓은 재물을 내어놓아야 한다. 헨델의 메시아를 아무리 멋있게 공연하여도 그것은 우리의 귀를 즐겁게 하는 음악일 뿐 세상에 빛이라고 하기에는 가소로운 것이다. 그리고 교인은 우리를 거룩한 하나님의 백성이라고 자신의 신분을 치켜세우기보다 값없이 받은 은혜에 감격하여 하나님의 사랑을 사회의 음지에 있는 이웃과 친구들에게 전달하는 매체가 되기를 힘써야 할 것이다. 나는 누구에게 명령할 자격이 없는 소리일 뿐이다. 하지만 내가 성경에서 본 예수가 교회의 머리라면 교회는 예수의 소리를 들어야 하고 마땅히 **마태복음 25장**에서 보여주는 영광의 보좌 오른편에 위치한 양이 되어야 할 것이다.

나는 큰 기대를 하지 않는다. 사람은 모두 자기가 편한 대로 믿다가 때가 되면 가는 것이다. 사람이 하나님의 음성을 잘 들었다면 이스라엘과 하마스가 그리고 교회가 이렇게까지 서로를 죽이는 역사가 있을 수 없었을 것이다. 나는 내가 본 예수의 모습대로 살 뿐이다. 나의 믿음에 나의 아내와 내 자녀만이라도 함께 할 수 있다면 그것으로 만족하려고 한다. 그리고 나머지는 하나님의 영역이므로 나는 주신 일에 전념하고자 한다.

땅에서 본 세상 하늘에서 본 세상

1판 1쇄 발행 2024년 4월 26일

지은이 김항욱

교정 신선미 편집 이새희
마케팅・지원 김혜지

펴낸곳 (주)하움출판사 펴낸이 문현광

이메일 haum1000@naver.com 홈페이지 haum.kr
블로그 blog.naver.com/haum1000 인스타 @haum1007

ISBN 979-11-6440-558-9(03230)